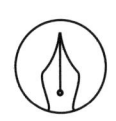

文案创作完全手册

第 4 版

文案大师教你一步步写出销售力

[美] 罗伯特·布莱（Robert W. Bly）—— 著

刘怡女　袁婧 —— 译

北京联合出版公司

献给大卫·贾斯蒂斯、斯科特·马丁和布莱恩·克罗纳要以某种形式进行广告宣传,因为很明显,如果一个人有件好东西要卖却无人知晓,就不会有任何收益。

——P. T. 巴纳姆,《赚钱的艺术》(*The Art of Getting Money*)

第4版序言

在数字时代的读者眼中，所有讲解文案的书籍只要出版日期早于上周超市里卖的鸡肉保质期，就是老旧过时的。因此，有读者向我指出，上一次修订《文案创作完全手册》第3版已经是十多年前的事，我就知道该推出第4版了。

无论你读过这本书更早的版本，还是第一次阅读，我想你都会认为经过修订和更新的第4版很有趣，也很有用。

虽然文案创作的核心，即人类心理学在十个世纪中都没有变化，但世界在以令人眼花缭乱的速度变化着，这也影响了市场营销。例如，我们曾经说，一个不满的顾客会告诉十个人他对一家商户不满意。现在有了在线评论和社交媒体，一部分人可以把这件事告诉成千上万的人。

在过去的十年里，数字营销以迅雷不及掩耳之势发展，如今已经占到所有营销费用的半壁江山甚至更多。由于出现了几十种线上线下的营销渠道，如今的营销策略规划比三十多年前《文案创作完全手册》第1版问世时要复杂得多。①

那么，第4版有什么新内容呢？为什么这本书比之前的版本更实用、更符合时代需求呢？

书中的一些章节是专门为第4版编写的：第12章讨论了登录网页，第14章讨论了网络广告，第15章讨论了社交媒体，第16章讨论了视频内容，第17章讨论了内容营销，第18章讨论了如何写好文案。其他章节也都进行了修订，有些章节只是小幅修订，有一些则进行了大幅更新。特别是关于数字营销策略指南的内容，其中包括在线视频、搜索引擎优化（SEO）、线上

---

① 想要更深入了解如何策划多渠道营销活动，请参阅我的《营销策划手册》(*The Marketing Plan Handbook*) 第2版，该书由企业家出版社（Entrepreneur Press）出版。

转化、电子邮件营销、在线广告、社交媒体和内容营销的内容都进行了更新，本书是我在能力范围内能提供的最新、最准确、最有效的内容。

罗伯特·布莱

第1版序言

如果你是写作、编辑、审批文案的广告公司文案写手、自由职业者、广告公司经理、客户经理、创意总监、宣传人员、企业家、销售经理、市场拓展经理、产品经理、品牌经理、网络推手、公关专家或是企业所有者,那么这就是为你而写的。这是一本丰富的书,里面包含了很多规则、建议、技巧和想法。

很多大广告公司的文案写手和创意总监会告诉你,广告写手不会循规蹈矩,"伟大"的广告都是打破常规的。

也许是吧。但在你能打破常规之前,你需要先了解这些规则。而且关于营销的规则和限制在大量增多。

这本书就是为了给你一些有关写作的指导方针和建议,便于你能写出有效的文案。这里的有效是指文案能引起别人的注意,使信息得以传播,说服顾客去购买产品。初学者可以在这里学到他们需要了解的所有基础知识,如:文案是什么、文案能做什么、如何创作有效的文案。

对于那些已经在这一行工作了一段时间的人,《文案创作完全手册》可以助你进一步提高,以便能写出清晰、简明、直接的文案。本书中包含了一些新想法、新例子和新的观察结果,它们能够帮助你提高文案的销售能力。即便是"老手"也会从中发现一些新想法,或是能在客户面前让陈旧的点子更有卖点。

我的方法是结合实例进行讲解。无数的亲身经历、广告样本、电台电视广告、直邮广告以及宣传册的案例都能为创作有效的文案提供思路。这些指导方针都是一些短小的、易于消化的规则和注意事项。也许有的文案写手并不懂规则,同样可以创作出好作品,但这只有千分之一的概率。其余的时间他们写出来的都是些没有力度的、无效的文案。这些文案看着很漂亮,读起来也很舒服，但是卖不出产品。(他们的文案写成这样，原因是他们不知道好文案需要什么！)

如果你掌握了书中的基础部分，我不能向你保证，你将会创作出"伟大的"广告作品，或者能够赢得颇有知名度的广告大奖。但我能够保证的是，你的文案将会很不错，简洁干脆，看得出来下过一番功夫。这种作品能让顾客甘心自掏腰包购买你的产品，而不是别人的产品。

阅读这本书，它能解答一个长久以来困扰你的问题。文案写手既不是从事文学创作的人，也不是有创造力的艺术家。文案写手是推销人员，他们的工作是说服顾客购买产品。但也别失望，当你能写出卖座的文案之后，你就会像我一样，发现创作具有说服力的文字可以像创作诗歌、杂志文章或是短篇小说一样充满挑战，一样令人心潮澎湃，而且报酬也会多得多。

有件事我要请你帮个忙，如果你的文案写作技巧非常有效，那么你可以将它发给我，这样我们就可以在下一版中和读者们分享。当然，你可以得到很高的荣誉，以下是我的联系方式：

Robert W. Bly

Copywriter

31 Cheyenne Drive

Montville, NJ 07045

电话：973-263-0562

传真：973-263-0613

电子邮箱：rwbly@bly.com

网站：www.bly.com

罗伯特·布莱

读者说明

本书的读者有两类：一类是专门服务客户的广告从业人员，另一类是委托制作广告的营销经理。我会用"你"来指代这两类读者，相信根据上下文可以清楚地判断出我所指的是谁。当然，本书中大部分内容对这两类读者都是奏效的。

致 谢

以下人士和机构为本书的出版提供了作品案例或文案写作技巧，对此我要表达感谢：

吉姆·亚历山大，亚历山大营销公司（Alexander Marketing）
布莱恩·克罗纳
凯西·达马切克
马克·福特
莱恩·基尔希，基尔希通信公司（Kirsch Communications）
沃利·舒巴特，查克·布洛尔和唐·里奇曼公司（Chuck Blore & Don Richman Incorporated）
洛丽·哈勒
布莱恩·科恩，技术解决方案公司（Technology Solutions）
莱恩·斯坦，可视公关公司（Visibility PR）
西格·罗森布拉姆
理查德·阿姆斯特朗
赫舍尔·戈登·刘易斯
约翰·蒂尔尼，DOCSI 公司
桑德拉·比尔曼，圣路易斯石材工业协会（Masonry Institute of St. Louis）
佩里·马歇尔，佩里·马歇尔顾问公司（Perry Marshall & Associates）
弗雷德·格利克
安德鲁·林克
克莱顿·梅克皮斯
米尔特·皮尔斯

尼克·厄斯本
凯莱布·奥多德
以及其他很多人

  我还要感谢我的编辑马德琳·琼斯，感谢她为这个项目倾注的耐心与专注；感谢我的经纪人多米尼克·亚伯，他一直在为我这本书寻找好归宿；感谢金·斯泰西和彭妮·亨特，感谢他们协助编辑和研究。

目 录

第1章 下笔前，先搞清楚什么叫"广告文案" 1
1.1 互联网是否改变了写手和读者 7
1.2 数字时代写好文案的3个关键 8
1.3 带给老派文案写手的好消息 11
1.4 网络视频是怎样改变文案创作的 13
1.5 社交媒体是怎样改变营销的 14
1.6 多渠道营销是怎样改变文案创作的 15

第2章 如何写出吸引注意的标题 17
2.1 成功吸引注意力的标题有哪些特质 19
2.2 标题的4大功能 21
2.3 8种基本标题类型 25
2.4 38个常备标题范例 30
2.5 创造有效标题的4大公式 34
2.6 关于标题的提示 36
2.7 标题写作的技巧 37
2.8 读者感兴趣的标题，就是好标题 39

第3章 你的广告文案，读者真的看得懂吗 41
3.1 如何写出逻辑清晰的文案 43
3.2 文案写作的几个窍门 57
3.3 文案写手的确认清单 61
3.4 印刷使用与网络使用 62

第4章 抓对卖点，写出热卖文案 65
4.1 用顾客的语言说明产品特色与功效 67
4.2 促进销售的5个步骤 69
4.3 利用"伪逻辑"，让事实支持你的销售论点 73

4.4 独特的销售卖点 75

4.5 提供读者"次要的承诺" 79

4.6 了解顾客，与顾客的心产生共鸣 82

4.7 善用"BDF文案公式" 85

4.8 提高"购买意愿"的说明清单 88

4.9 长篇文案与短篇文案 90

4.10 代际营销 94

4.11 定位 96

第5章 这样做市场研究，让你的广告文案成功一半 97

5.1 文案写作调研 98

5.2 在线调研：速览 99

5.3 如何为广告文案委托案做准备 101

5.4 通过访谈搜集情报 106

5.5 组织你采集的信息 110

5.6 要不要先写大纲 111

5.7 社交媒体作为信息来源 112

5.8 在线调查 112

5.9 制定一套你的写作流程 113

5.10 为资料来源建档 115

5.11 如何创作具有销售力的广告 115

5.12 广告的类型 120

第6章 平面广告文案：营销人必练的基本功 121

6.1 如何写出优秀的广告文案 125

6.2 你的广告需要标语吗 134

6.3 广告文案的原稿格式 135

6.4 从"内容"来划分的广告种类 137

6.5 写小版面广告文案 139

6.6 写分类广告和微型广告 140

6.7 反应机制 144

第7章 直邮广告：最个人化的营销渠道 147

7.1 直邮广告是个人化的媒介 150

7.2 销售信的写作技巧 151

7.3　销售信的15种开场白　152
　　7.4　你应该在信封上撰写提示文案吗　163
　　7.5　宣传手册负责说，销售信负责卖　165
　　7.6　如何增加收件人的回应　165
　　7.7　可选择的直邮格式　168

第8章　宣传册、目录与其他印刷品及PDF销售手册　171
　　8.1　撰写宣传册文案的11个窍门　173
　　8.2　如何架构你的宣传册文案　188
　　8.3　如何撰写产品目录　192
　　8.4　其他类型的宣传品　195

第9章　公关新闻稿："产品说明"是最无趣的信息　197
　　9.1　公关新闻稿和付费广告有何不同　198
　　9.2　直达消费者的网络公关　200
　　9.3　什么是公关新闻稿　201
　　9.4　你的公关新闻稿有新闻性吗　203
　　9.5　关于公关新闻稿的问与答　207
　　9.6　撰写专题报道　209
　　9.7　撰写推荐稿　211
　　9.8　如何撰写演讲稿　213
　　9.9　如何撰写新闻快讯　217
　　9.10　新闻快讯的内容清单　220

第10章　电视和广播文案：有效结合视听效果，打造热卖广告　223
　　10.1　电视广告的12种类型　225
　　10.2　撰写电视广告文案的秘诀　230
　　10.3　规划一部电视广告脚本　232
　　10.4　如何撰写电台广告　235
　　10.5　何谓"非广播影音"　240
　　10.6　如何制作PowerPoint　243

第11章　网络文案：日益重要的营销利器　245
　　11.1　这样做，线上营销超有效　246
　　11.2　如何撰写一般性网络文案　250

11.3　如何撰写电子商务网站文案　251
11.4　撰写高点击率的网站文案　254
11.5　撰写网站文案时的其他注意事项　255
11.6　如何撰写"搜索引擎优化"文案　258

第12章　利用登录网页文案获取潜在客户　261

12.1　10个提高登录网页转化率的技巧　263
12.2　登录网页有效化的其他准则　266
12.3　为登录网页增加流量的7种方法　267

第13章　电子邮件营销文案：别让好文案被扔进垃圾邮件箱　271

13.1　15个诀窍让你写出能够有效营销的电子邮件　272
13.2　如何打通网络服务提供者及邮件过滤软件　277
13.3　如何进入收件人的通讯录或白名单　280
13.4　触动垃圾信件过滤功能　281
13.5　电子邮件文案的理想篇幅　285
13.6　如何撰写转换购买意愿的电子邮件　288
13.7　如何撰写营销电子报　292

第14章　关于网络广告文案，你需要了解这些　299

14.1　横幅的大小　300
14.2　页面位置　302
14.3　横幅设计与内容　302
14.4　搜索引擎点击付费广告　303
14.5　电子通讯中的广告　305
14.6　脸书广告　307
14.7　创作脸书图片广告　309
14.8　脸书视频广告　310
14.9　脸书视频与YouTube：哪种更好　312
14.10　其他脸书广告格式　312
14.11　点亮帖子与推广帖子　313
14.12　在脸书上做广告要花多少钱　313
14.13　领英广告　313
14.14　撰写领英文字广告　315

第15章 如何撰写社交媒体文案 317

15.1 关于社交媒体平台你需要知道什么 318

15.2 开通商业账户 318

15.3 采用漏斗策略 319

15.4 社交媒体发帖注意事项 320

15.5 根据时间表定期发布内容吸引读者 322

15.6 脸书 323

15.7 领英 326

15.8 推特 329

15.9 总结如何使用社交媒体平台 330

第16章 视频文案：视频正在占领营销世界 333

16.1 视频脚本的类型 334

16.2 怎样开始写脚本 336

16.3 搭建脚本 337

16.4 如何写脚本 338

16.5 脚本搭建完成后 338

16.6 视频销售信 341

16.7 资源 342

第17章 内容营销文案：当今营销的热门领域 345

17.1 7个最常见的内容写作错误 348

17.2 4种内容格式 351

17.3 白皮书 352

17.4 利用白皮书进行营销的9个步骤 354

17.5 博客 361

17.6 个案研究 363

第18章 如何决定谁来写文案 367

18.1 选择1：自己写文案 368

18.2 选择2：外聘 369

18.3 选择3：内雇 370

18.4 选择4：软件 371

18.5 为什么有些客户不尊重他们的文案写手 371

18.6 如何聘用一个员工或自由接案写手 372

18.7　如何跟文案写手一起工作　380

第19章　设计和制作文案　389
19.1　文案写手在设计中的作用　390
19.2　给文案写手的版面设计指导　392
19.3　其他设计建议　396
19.4　文案写手身兼二职　399

重要词汇　401

第 1 章
下笔前，先搞清楚什么叫"广告文案"

AN INTRODUCTION TO COPYWRITING

"文案写手（copywriter），就是坐在键盘后面的销售人员。"

这句话出自零售广告公司朱蒂丝·查尔斯创意传播公司（Judith K. Charles Creative Communication）总裁朱蒂丝·查尔斯。这是我听过对"文案写手"这个角色的最佳定义。

如果你是一名文案写手，你能犯下的最大错误，就是对广告的概念跟外行人没什么两样。假如你想得跟外行人一样，那么你最后会变成一名艺术家或演艺人员，而不是你应该扮演的销售人员角色。你写出的文案，只会浪费客户的时间与预算。

容我解释一下。一般人聊到广告的时候，他们聊的是最滑稽、最有趣、最特殊或最具煽动性的平面、电视广告。譬如，美国盖可保险公司（GEICO）的广告中有只会讲话的蜥蜴，百威啤酒的"真男人"系列（Real Men of Genius）电台广告，当然也少不了超级碗期间花大钱制作的电视广告——大家会指着这些广告说："我超喜欢！"

然而广告的目的不是要讨好、娱乐观众或赢得广告大奖，而是要把产品卖出去。一名有智慧的广告人，并不会操心大家是否喜欢他的广告或评价他的广告是否有趣。让观众开心固然没什么不对，但广告终归是达成目标的工具，而这目标就是为广告主增加销售量跟获利。

这是个简单的道理，相当浅显易懂，但大多数文案写手跟广告从业人员似乎都忽略了这一点。他们制作出艺术感十足的平面广告、美得出奇的产品目录，以及品质媲美精致电影的电视广告，却没能顾及"销售"这个真正的目标，也忘记了自己应该是"坐在键盘后面的销售人员"，而不是艺术家、演艺人员或电影导演。

广告文案写手通常都热衷文艺，自然希望作品具备宜人美感，就跟那些广告艺术总监一样。但辞藻优美的广告文案,不表示它就能说服更多消费者掏腰包来买产品;有时候,低制作成本的广告,虽然只有简单直白的文字,没有什么花哨噱头,却更能吸引消费者买单。

我并非主张广告应该低俗,或低俗的广告才能对销售有帮助。我要表达的是,广告的视觉效果、风格和图像,应该交由产品和潜在顾客主导,而不是去追随当下广告业的流行做法,或者由那些重视美感的人主导;重视美感的人往往将销售视为违背良知的俗气差事,避之唯恐不及。有些人(错误地)认为没有人再阅读了,我们完全生活在一个视觉时代。对此,拉根传媒公司(Ragan Communications)的卡林·陶维特(Carlin Twedt)是这样回应的:"当然,视觉作品越来越受欢迎,但文字仍然是传播者最宝贵的商品。"

身为创意人员,你当然希望能写出独具巧思的文案,或推出令人惊叹的宣传,不过,身为从业人员,你有责任以最低预算为客户增加销售。如果一个横幅广告比整版的杂志广告效果更好,就使用它。如果简单的明信片比彩色带背景音的弹出式商务邮件能拉到更多业务,就用明信片。

一旦你理解了"销售"才是广告的目标(文案写手卢瑟·布罗克将销售定义为:将全部重心放在如何让读者现身跟你交易上),你会发现,要写出具有推销效果的文案,还真的需要发挥创意。

销售跟艺术表现的困难之处不尽相同,艺术表现的挑战在于写出具有美感的文字,而销售效果则要求你深入了解产品或服务、挖掘出顾客购买产品的理由,然后将这些概念形诸消费者愿意阅读、能够了解而且愿意予以回应的文案,这样的文案才会有说服力,能让消费者忍不住想买广告中的商品。

数字营销的最大优势之一是可以快速而准确地看到结果。页面浏览量、页面浏览时间、点击率、转化率、选择加入率和销售额,如果这些数据不如同一客户使用的其他电子邮件、网页的数据,那么文案写手们很难为自己的创造力或幽默感辩护。

当然了,相信文案写手应重视销售效果甚于娱乐效果的人,不止有我跟朱蒂丝·查尔斯,接下来是广告界其他专家对广告、文案、创意及销售的想法:

1 汉克·塞登，纽约希克斯与瑞斯特广告公司（Hicks & Greist）副总裁

根据我自己的定义，平面广告或电视广告的目的不是娱乐大众，而是要设法说服合适的消费者接受你的产品或服务，让这些原本使用竞争对手产品或服务的人转向你家。这是最基本，或者说最应该达到的目标。要做到这一点，你得承诺消费者从现用产品或服务得不到的好处，都能够从你那里得到，而且要把全部心力放在满足这些足以让消费者转向的需求上。

2 艾尔文·叶克夫，叶克夫广告公司（A. Eicoff & Company）董事长

多年来，有些广告公司犯了罔顾现实的错误。他们强调表面功夫，却忽略销售实质，结果造成太多的平面广告和电视广告看起来像三流杂耍，处心积虑地以老掉牙的笑点跟歌舞吸引观众注意。回归到最根本，广告的专业在于研究产品、找出产品的独特之处，然后将它的独特性适当呈现，如此一来，消费者才会有购买产品的动力。

3 凯斯·孟克，雀巢集团总部高级主管

全球广告业受到了不少谴责，而令我们感到诧异的是，人们批判的其实不是广告本身，而是部分广告作品。这些作品的主要目的，竟然是帮创意总监的个人资历锦上添花，或只是做出媲美电影的漂亮画面。也许，对任何国家的任何创意人员来说，最重要的入门守则是认识到普通"消费者"根本不知道广告代理商、创意总监、美术指导或文案写手这些人的存在。尤有甚之，他们就算知道也不在乎；他们感兴趣的是产品，而不是什么创意总监。

4 霍华德·索耶，博雅公关公司副总裁

当然，我从来不认为创意对广告公司有太大贡献。读越多商业杂志，我就越肯定广告业的失败通常来自创意过剩——这些创意手法旨在吸引注意，却没能达成与特定对象沟通的目的；更糟的情况是，这些创意仅供广告人自鸣得意之用。

5 刘易斯·科恩菲尔德，3C连锁店无线电工作室（RadioShack）董事长

如果你的广告文案直截了当地要求消费者购买，明列价格与购买地点，并出现"立刻"这种字眼，那么这种广告就是强迫推销型广告，它应该是最优先被选择的广

告方式。看起来最有美感的广告，通常是最无法衡量效果，也最没有销售力度的广告。

6 罗伯特·斯诺戴尔，《电视广告为什么不管用》（刊载于《广告时代》周刊）

太卖力搞笑的广告，通常会让消费者反感，但目前有许多广告公司风行这一套。这让我产生一个疑问："为什么他们要制造出这些脑残的角色，耍宝个30秒或更长的时间，且这些角色从头到尾只提到产品名字一两次？"难道他们是不敢只秀出产品，然后说明为什么观众应该购买他们的而不是竞争对手的相似产品？广告人员犯下的最愚蠢的错误，就是在广告角色解释产品特色的同时配上背景音乐，而且还经常是震耳欲聋的摇滚乐。通常音乐会盖过人声，以至于广告无法发挥应有效果。越来越多的人靠平面广告来接收信息，协助自己决定该买哪些产品；那些强调娱乐效果的电视广告根本无效。

7 理查德·科申鲍姆，科申鲍姆广告公司（Kirshenbaum Bond & Partners）共同主席

幽默的广告不好处理，因为你得把商品本身与商品带来的好处联系起来。消费者通常会记得好笑的广告，但不记得广告里的商品。

8 特德·尼古拉斯，《如何下笔成金》（尼古拉斯直复营销公司，2004年出版）

直复营销是唯一能够客观评量效果的广告形式，只有直复营销能让你追踪每一份订单的来源以及所有成本的去向。采用传统广告的大型企业无法辨别真正打动消费者的究竟是哪一则广告，但如果你采用直复营销，你就可以清楚看出哪些广告确实有效。

9 尤金·施瓦兹，《创新广告》（伯登出版社，2004年出版）

文案无法创造购买商品的欲望，只能唤起原本就存在于百万人心中的希望、梦想、恐惧或渴望，然后将这些"原本就存在的渴望"导向特定商品。这就是文案写手的任务：你要做的不是创造大众的欲望，而是将欲望引导到你要它去的地方。

10 克劳德·霍普金斯，《科学的广告》（贝尔出版社，1960年出版）

广告不是用来娱乐大众的。如果广告变成娱乐，它将会吸引想被娱乐的对象，而不

是你期待的消费者。这是广告业可能犯的重大错误之一：文案写手抛弃了自己的本分。他们忘记自己是销售人员，反而表现得像个演艺人员；他们希望听到的是掌声，却并不追求销售。

11 布鲁斯·巴顿，黄禾国际广告公司共同创办人

文案写手要能创造出鼓励消费者掏钱的广告，就必须尊重消费者的判断能力，而且打心里相信商品的价值。

12 大卫·奥格威，《一个广告人的自白》(雅典娜出版社，1963年出版)

好广告能够在卖出商品的同时，避免彰显自我的存在，它应该让消费者的注意力牢牢钉在商品上。巧妙地隐藏操作手法，是广告公司应尽的专业责任。

13 詹姆斯·伍尔夫，《广告时代》周刊

广告的"文学性"不是衡量其成就的标准。辞藻优美不见得就是优秀的宣传文案；其他特色如标新立异、引经据典、别出心裁的想象或押韵又好记，也都不是成功文案的必备要素。

14 埃莉诺·皮尔斯，《印刷》杂志

我明确地感觉到，广告人过度容忍华而不实的文案，将全部心力放在炮制措辞巧妙的句子，而不是努力争取销售上。

假如将广告界分成主张销售和主张创意两个阵营，那么我会跟主张销售的站在同一阵营。对此，前文引述的专家们也都有同感。

本书的目的是要指导你写出有热卖效果的文案。要能说服消费者购买商品，文案必须做到以下四点：

1 吸引注意力。

2 达到沟通效果。

3 说服消费者。

4 要求回应。

本书第 2 章将告诉你如何写出引人注意的文案。你会学到同时运用标题及图片这两种工具，也会学到如何让它们相辅相成。

第 3 章是一堂基础课程，教你写出有沟通效果的文案。该章提供了一些守则，依照这些守则，你就能写出清楚、精练、简单的文案，让你的信息得以传达给线上和线下的消费者。

第 4 章针对如何写出有说服力的文案，提出了一些指导原则。该章将指导你如何兼顾文案写手及销售人员的角色。

第 5 章提供了按部就班的指导，有助于你为各种文案写作任务做好准备。

在第 6 章到第 17 章中，你会学到如何将这些文案写作原则应用在各种媒体上，包括网络媒体。

在第 18 和第 19 章中，我们会讨论写作、设计、制作好文案的多种方式，其中包括使用图形、视觉化效果和版面设计等内容。

1.1——
互联网是否改变了写手和读者

我们这个时代，最重要的转折点就是互联网的兴起，而它也成为营销媒介与交易渠道的一部分。

本书初版的许多读者问我："这本书提到的文案写作技巧，在网络时代还派得上用场吗，尤其是在撰写网络文案这一块？"

答案是：是也不是。说服力的核心是没有变化的。改变的是如今的"销售漏斗"或"客户旅程"。正如伟大的文案写手盖瑞·哈尔伯特敏锐地观察到的："基本原理从未改变，但你需要时刻利用好基本原理适应当前的变化。"

不可否认的是，由于互联网的速度、可及性、简易性和低成本的特点，它已经彻底改变了市场营销：发送电子邮件营销比通过邮寄、广告杂志或电视广告等形式更快、更容易、更省钱。脸书广告可以直接锁定你想接触的潜在客户。此外，电子邮件和线上广告只要挂出，几分钟内你就能掌握初步的效果。而过去的直邮销售需要等上几周才知道效果如何。

1.2——
数字时代写好文案的 3 个关键

以下是互联网影响当今文案创作撰写、评估和测试的 3 种方式：

1. 人的情绪

首先，过去的好文案主要是基于对人类情绪的理解创作的。这也是指导文案写手创作成功文案的主要因素。

但到了今天，影响文案创作并使其发挥作用的关键因素不再是一个，而是三个：人的情绪、数据和合规性（图 1.1）。

文案写手弗兰克·约瑟夫写道："所有类型的营销都会受到情绪和真诚的加持。"SLAM！事务所的泰勒·凯利说："我认为数字营销专家将会崛起，

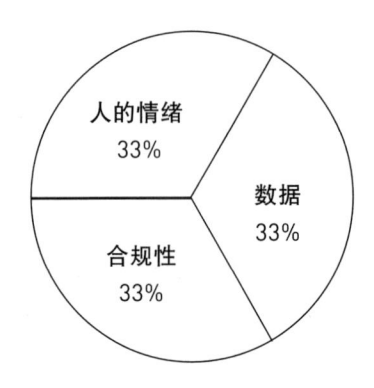

图 1.1　文案创作基于 3 个因素：人的情绪、数据和合规性

他们既了解数据，也了解人——他们知道客户在想什么，怎样会受到鼓动以及为什么会购买。"

但有个重点是，互联网并没有改变人性。消费者也不会因为广告信息是网络上看来的，就改变消费的心理模式。就如同克劳德·霍普金斯在他的经典著作《科学的广告》中所描述的："人类的本质是不会变的。从大部分的角度来看，现代人跟恺撒时代的人没什么两样，所以基本的心理学原则依然牢靠，因此，你永远不必将学过的心理学原则全部打破、重新建立。"

2. 数据分析

人的情绪固然重要，但文案创作越来越受到数据报告和数据分析的驱动。一份来自 Signal 的白皮书指出："决策者不能再依赖经验、直觉和二手信息。……数据……是真相唯一的来源，是在变化才是唯一不变的世界中引导营销人员的启明星。"HubSpot 公司的乔丹·普里蒂金认为："伟大的营销人员都听得懂数字。"

在接受全球知名市场研究机构 eMarketer 调查的营销人员中，55% 的人表示利用好数据，更有效地对受众进行细分和定位是他们的三项首要任务之一。

忽视数据会给你带来危险，因为它展现了今天的情况怎么样。同时，基于实时数据和测试的量化评估每次都会胜过主观判断的结果。

至于那些用于文案创作的原始数据和信息，网络上十分丰富，内容涵盖可以想象的各种主题，有的客户每 5 分钟就会给我发来新的参考链接。

几十年来，我总是对客户说多多益善。但现在我开始重新思考这件事。有时候，关于一个主题的文章就有千篇之多。（我刚刚在谷歌上搜索"减肥"，不到 1 秒钟就得到了近 200 万页的链接。）如果我仔细阅读或快速浏览关于减肥的所有文章，就没办法在截稿日到来前完成稿件了。

知名记者约翰·麦克菲说："写作就是筛选。"在信息过载的时代，写作时进行筛选变得比以往任何时候都重要。

有些营销人员太看重数据以致忽视了表达强烈情感的文案，而很多测试表明，较之于普通文案，这类文案往往能激发更强的反馈。

他们还针对产品类别和首选媒体进行了大量的广告测试，并制定了规则，这些规则与经验丰富的文案写手所以为的恰恰相反。例如，某小众行业的一位客户发现，报纸半版广告标题的最佳长度是 8 到 12 个单词。长了或短了，效果都会变差。我在为他们写文章之前从未听说过这些，但他们的数据比我的训练、观点和直觉更能说明问题。

3. 遵从数字法则

你需要顺应搜索引擎、社交网络、网站广告、电子邮件服务商以及其他想要投放广告的数字平台的准则。如果不这样，广告就不会起效，也没有人会看到它。

合规往往意味着在创作线上广告的时候，你没办法表达自己想说的东西。

举例来说，在我写作本书时，脸书拒绝发布涉及具体减肥效果的广告（例如 7 天减掉 4.5 千克）。那么，如何在这里有效地投放减肥广告呢？2018 年，谷歌也拒绝了违反其广告政策的 32 亿条广告。

营销人员会想办法绕过这些限制。对于减肥和其他健康类产品，脸书上铺天盖地的营养补充剂广告已经取代了对产品效果的鼓吹。（例如，"顶级医生说应该把这种蔬菜扔进垃圾桶！"）

聪明的营销人员逐渐学会了更真诚、聪明的做法，一批更有力、大胆、具体的广告获得了脸书和其他媒体的合规批准。

然而，数据合规性带来的阻碍是过去我们没有遇到过的。文案写手理查德·阿姆斯特朗对数字广告规则的第二和第三条做出了如下总结：

"我们只能将'当我坐在钢琴前时他们笑了……但当我开始弹奏时'改为'如果你愿意投入数个小时学习和练习，本广告销售的函授课程可能会帮助你熟悉钢琴演奏'。"

合规很重要，但怎样算是合规是有解释空间的。不过，经验告诉我们：靠近完美合规性 10%，回应率就会下降 10%。事实就是这样简单明了，在很多情况下，过于热衷遵守规定会削弱文案的效果。

网络广告合规指南

亚马逊广告政策
https://advertising.amazon.com/resources/ad-specs/en

脸书、照片墙（Instagram）、受众网络（Audience Network）广告政策
https://www.facebook.com/business/help/223106797811279

谷歌广告政策
https://support.google.com/adspolicy/answer/6008942?hl=en

微软广告政策
https://about.ads.microsoft.com/en-us/resources/policies

1.3—— 带给老派文案写手的好消息

好消息是，你在职业生涯中学到的大量文案创作技巧和销售原则仍然是有效可行的，其中也包括本书中的内容。

那么，互联网是否改变了受众？是的，有了很大改变——以下是我观察到的：

1 网络、计算机、电子游戏以及其他电子媒体让我们的专注力变短促了。尽管精简向来是文案写作的美德，但精简的重要性在现代有增无减。这并不表示篇幅较长的文案就一定无效，也不表示现在的人都不阅读了（不少人有这种错误认知），更不表示文案一定要走极简风（我的某些视频文案脚本长达

6500个单词）。我的意思是，你最好遵照威廉·斯特伦克的著作《英语写作手册：风格的要素》(*The Elements of Style*)当中的明智建议："删除所有赘字。"让你的文案读起来更为简练利落。

2 在整个人类历史上，我们从来没有过被广告信息和四面八方涌来的其他信息轰炸到这种程度。正如同耶鲁大学图书馆馆员拉瑟福德·D. 罗杰斯所说："我们的信息泛滥，知识却贫乏。"这表示你得挖空心思让你的文案与消费者切身相关，了解消费者关心的是什么，然后将他们的需求、渴望、期盼或担忧表现在广告中。

3 经过网络的洗礼，消费者已经变得相当老练。他们懂得闪避推销，更能分辨浮夸的宣传，变得越来越多疑，而且偏好具有教育价值的广告素材，因为这种广告尊重他们的判断能力，不会把他们当傻瓜，同时传递了他们认为有助于解决问题、做出购买决定的信息。

4 主要内容是信息而非销售内容的文案如今被称为"内容营销"。那些看起来更像是文章而非付费广告的文案叫软广告（advertorial）或原生广告（native advertising）。

5 你的潜在客户很忙，时间紧迫。方便快捷是当今产品和服务的一大卖点，节省时间也是卖点。

6 营销人员现在可以选择将商品信息放进平面广告或在线广告，他们也可以两者都尝试。"多渠道营销活动"通常是在印刷品和数字制品之间交替进行。

7 印刷品和数字制品在很大程度上已经一体化了，销售漏斗和客户旅程——营销人员掌握线索进行销售以及客户购买产品所经历的流程——与前互联网营销时代相比，步骤更多更复杂。我们将在第11至17章详细介绍这些变化。

对文案创作人员而言有个好消息：数字营销的迅猛增长，各种新渠道层出不穷，但无论在线上还是线下，文案创作都是至关重要的技能。

为什么？今天的消费者受过更好的教育，也更具有怀疑精神。这要归功于互联网，顾客可以更容易、更快速地获得产品信息和价格，以便进行比较性购物。可供选择的产品和品牌更多，商业广告、电子邮件、横幅广告、邮件等广告信息都在争夺人们的注意力。

因此，我们的潜在客户比前几代消费者接收到更多的信息轰炸。人们可以访问的网站数量超过 10 亿，可以收看的电视频道超过 800 个。更不用说我们当中有些人一天能收到数以百计的电子邮件，甚至十几个推销电话。有这么多信息在抢夺销售对象的注意力，你得分外努力才能让你的平面或在线营销脱颖而出、抓住销售对象的注意力。当然，这当中的关键便是：吸引读者的强而有力的文案。

没错，商品本身和价格条件确实非常重要，但你很快就能找出最合适的产品及定价。找到之后，另一项提高消费者回应的加分工具就是——广告文案。在网络世界，文案对销售绩效的影响也至关重要。正如尼克·厄斯本在他的著作《网络文案》中所说："点进你最喜欢的网站，拿掉光鲜的设计与科技，最后剩下的只有文字。这是在网络上脱颖而出的最后手段，也是最好的方式。"可以这么说，在营销界，无论我们谈的是网络还是平面媒体，文案都仍旧扮演着关键角色。

1.4—— 网络视频是怎样改变文案创作的

微幕（Vimeo）和 YouTube 等平台上有很多 20 秒到 45 秒甚至更长的营销视频。

YouTube 是领先的在线视频平台。每天有近 50 亿的视频播放量，每分钟有 300 小时的新视频上传。

过去，营销视频都需要刻录在 DVD 上寄送给潜在客户，或是由销售人员用笔记本电脑向客户展示播放。有些 DVD 和视频还会附在直销邮件或视频手册当中。

学习有四种基本模式：看、听、读、做——最后一种也被称为"体验式学习"。问题是，你很难根据对方喜欢的学习模式来细分市场。因此，我们要将内容制作成多种形式：

- 为喜欢看的人提供 MP4 视频文件
- 为喜欢听的人提供 MP3 音频文件
- 为喜欢读的人提供书籍
- 为实践学习的人举办研讨会、培训和其他现场活动

（根据 ClickZ 2019 年 5 月 1 日的一篇文章，73% 的人参与品牌的体验式营销后更有可能购买。）

第 16 章会讲解如何创作在线短视频和长视频文案。

1.5——
社交媒体是怎样改变营销的

社交媒体完全改变了互联网，尤其从以下四个方面改变了网络营销。

第一，想要将信息传递给全世界不再需要大笔的广告预算。你要做的只是在一个或多个社交媒体上开设免费账号，就可以开始编辑内容了，只不过想要增加浏览热度和发布广告并不是免费的。（"增加浏览热度"意味着要向脸书付费，才会把内容分发给更多的人。）

第二，虽然在互联网上一对一的通信是私人化的，但如果在脸书上发布信息，无论文字还是照片都是公开的。因此，社交媒体降低了网络用户的隐私性。

第三，社交媒体比其他数字渠道更具互动性。用户可以随心所欲地对其他用户发布的内容进行评论。此外，社交网络有时也颇具争议，冗长的评论有时会变得很粗鲁、刻薄，充满个人攻击色彩、丑陋。显然，人躲在键盘后面侮辱他人是很自在的，他们可以说一些永远不敢当面讲出的话。

第四，大多数社交媒体都会出售广告位，这往往是他们主要的收入来源。由于社交网络由其管理层控制，他们有权拒绝任何广告且不需要对这一

行为进行解释。因此，与其说网络在广告方面是信息交流的自由媒介，不如说它受到了严格的限制和控制。

第 15 章介绍了营销人员应当如何在社交媒体上创作文案、建立品牌、产生点击率和转化率，并最终将商品销售出去。

1.6——
多渠道营销是怎样改变文案创作的

自《文案创作完全手册》第 1 版出版以来，最主要的变化便是互联网作为营销媒介和电子商务的渠道崛起了。

营销经理、品牌主管、小企业主和文案人员面临的问题是，营销渠道越来越多，如何将它们整合成一次成功的活动，创造销售漏斗，获得最大化的效果。"销售漏斗"指的是一系列预设好的沟通方式，引导一个不熟悉你的人最后与你做生意。

例如，很多客户要求文案写手提高其网站的转化率。当文案写手问及目前的转化率是多少的时候，一些客户回答不上来，因为他们没有测算过。（"转化率"是指登录网站或页面订购产品、下载免费内容，或以其他形式响应商家的用户百分比。）如果没有一个衡量和评估结果的指标，你就无法得知哪些文案是最有效的。

销售渠道激增带来的另一重挑战是"归因"。在现代营销术语中，归因指的是了解咨询或订单最初来自哪个渠道。在多渠道的世界里，想要准确归因是很困难的，点击的来源过多，而且往往是同时发布的。问题在于，如果不能准确将广告的效果归因，就不知道哪些是有用的，哪些推广活动需要继续进行，哪些活动只是昙花一现需要终止。

根据 eMarketer 的数据，在接受调查的 1000 多名营销人员中，超过 40%的人认为"整合营销工具提高效率"是首要任务。

第 2 章
如何写出吸引注意的标题

WRITING TO GET ATTENTION :
THE HEADLINE AND
SUBJECT LINE

阅读杂志或报纸的时候，你会跳过大部分的广告，顶多只读其中几则。然而，在你忽略不看的广告中，有几则可能是对你有用的。你跳过大部分广告的理由很简单，因为有太多广告同时在争取你的注意力，但你没有时间，也不打算一一阅读。

这就是为什么身为文案写手，得挖空心思让他们的平面广告或电视广告赢得注意。无论在网络、杂志、电视媒体上，还是你的信箱里，都有太多事物在争夺你的注意力。

例如，美国公司每年在媒体广告上的花费约为5000亿美元。

更糟糕的是，你的竞争对手是读者办公桌和屏幕前的全部内容。

打个比方吧。假设你要写的广告是要将实验室器材卖给科学家，你的广告会刊登在某份科学期刊上，与这份期刊中的其他数十则广告竞争。然而，一名科学家每个月可能会收到十几份同类期刊，每一份都有许多需要研读的最新科学报告或文章。而科学家们也经受着信息过载的煎熬：每年有250万篇科学文章发表——世界上的知识总量每12天就翻一番，这听起来很不可思议。

持续增加的信息量使得任何一条信息想脱颖而出，都变成了难如登天的事。住在城市里的大多数美国人每天都会接触到4000多条广告信息。

显然那些没有成功抓住读者的广告，不是没能得到注意，就是根本被当成空气。因此，前《商业营销》杂志编辑鲍伯·多纳特表示，成功的广告必须能够"在一片混战中异军突起"。直邮广告的广告主知道，一封推销信只有5秒钟的时间能够抓住读者的注意力。假如读者在浏览5秒钟后没发现什么有趣的内容，就会直接把信扔进垃圾桶。同样的道理，一则平面或电视广告只有几秒钟时间勾起销售对象的兴趣，否则他们就会翻页跳过，或离开电视去开冰箱。推销电子邮件（此处的"推销"指的是根据租来的邮件地址发送邮件）的打开率大概在 14% 到 23%。

在广告界，争取注意力是标题的责任。《如何让你的广告赚钱》(How to Make Your Advertising Make Money) 的作者约翰·卡普尔斯（John Caples）就曾这么写道："标题写得好，几乎就是广告成功的保证。相反，就算是最厉害的文案写手，也救不了标题太弱的广告。"

2.1——
成功吸引注意力的标题有哪些特质

无论是哪一种形式的广告，读者的第一印象，也就是他们看到的第一幅影像、读到的第一句话或听到的第一个声音，可能就是决定这则广告成功或失败的关键。假如第一印象是无趣或跟自己没有相关性，那么，这则广告就不可能吸引销售对象；但如果这则广告提供了新信息或有用的信息，或承诺看完这则广告会带来好处，那么这份第一印象就可望赢得注意力——这是说服读者购买商品的第一步。

但具体来说，到底什么是"第一印象"呢？

1 平面广告的第一印象取决于标题和视觉设计。

2 网站的第一印象取决于主页的标题和文案。

3 电台或电视广告的第一印象取决于播出的前几秒钟。

4 直邮广告的第一印象取决于封面文案，或销售信的前面几句话。

5 公关新闻稿的第一印象取决于第一段文字。

6 商品目录的第一印象取决于封面。

7 产品说明会的第一印象取决于前几页幻灯片。

8 线上视频的第一印象取决于视频的前 20 秒。

9 电子邮件广告的第一印象取决于寄件人和主旨栏。

无论你的内文文案多有说服力或者产品有多杰出，如果无法吸引消费者的注意力，广告就无法成功。大部分的广告专家会同意，能够赢得注意力的标题才是广告成功的关键要素。

《一个广告人的自白》（Confessions of an Advertising Man）的作者大卫·奥格威对标题发表了自己的看法：

"标题在大部分的广告中，都是最重要的元素，能够决定读者到底会不会看这则广告。一般来说，读标题的人比读内文的人多出 4 倍。换句话说，标题的价值将是整个广告预算的 80%。假如你的标题没有达到销售效果，那么可以说你已经浪费了客户 80% 的广告预算。"

奥格威说，将现有的广告换上新标题，销售力度就能增强 10 倍。到底是什么原因，让一个标题沦为失败之作而另一个标题却大获好评？

不少文案写手掉入了一个陷阱，以为卖弄文字游戏、双关语或俏皮话就能构成好标题。但只要稍微想一想，当你要买东西的时候，你会期望销售员提供娱乐吗？还是，你会比较想确定自己买到了物美价廉的商品？

答案不言而喻。当你要买东西的时候，你希望商品能够满足需求，同时符合预算。优秀的文案写手认识到这一点，并将你的期望写进标题里。他们不会装可爱、卖弄文采或玩些牛头不对马嘴的花招；他们知道读者浏览标题的时候，只想知道："这对我有什么好处？"

有效的标题会告诉读者："嘿，听我说，你一定会想要的！"如同邮购文案高手约翰·卡普尔斯所说："最出色的标题，能够关照消费者的自身利益或提供新信息。"

下面列举了几个相关的例子：

1 一个能够关照消费者自身利益的经典标题：如何赢取友谊与影响他人（How to Win Friends and Influence People）。它同时也是人际关系专家戴尔·卡内基的书名。上述标题承诺看完广告、订购这本书后，你不但能交到朋友，还可以说服别人，这样的好处简直难以抵挡，毕竟，除了隐士谁不想多交些朋友？

2 卡夫食品（Kraft Foods）的一则广告用这个标题吸引家庭主妇："如何省钱吃得好。"假如你关心家人的营养，同时得注意预算，那么这则广告可说是直接打中你的心了。

3 加拿大美乃滋品牌贺尔曼（Hellmann's Real Mayonnaise）的广告，丢出一个问题来吸引我们的注意："你知道制作出口感绵密、层次丰富的蛋糕的秘诀吗？"它承诺了一项回报：假如我们读这则广告，就会知道做出好吃蛋糕的秘诀。

4 "盖可在 15 分钟内可以为您节省 15% 的汽车保险费用"提供了最基本也是最抓人眼球的内容：节省时间和金钱。

5 "美元剃须俱乐部：让剃须和美容变得简单"强调了便利性：自动寄送剃须刀和其他剃须用品，省去前往药店购买的麻烦。

这些标题都向消费者揭示了好处，也就是读完广告文案能获得什么回报。同时，每则标题也都承诺会给你具体、有用的信息，以回报你阅读这些广告所花的时间以及你购买产品所花的金钱。

2.2——
标题的 4 大功能

标题的目的不仅仅是赢得注意。举例来说，上述戴尔·卡内基的标题，承诺了提供有用的信息，好吸引你继续阅读它的广告文案。贺尔曼的广告也会让你有兴趣继续往下读，同时，它的标题还筛选出特定类型的读者，也就是那些喜欢烘焙蛋糕的人。

由此可知，你的标题可以做到下列 4 件事：

1 吸引注意。

2 筛选受众。

3 传达完整的信息。

4 引导读者阅读文案内文。

接下来让我们来看看，标题要如何完成上述使命。

1. 吸引注意

我们已经谈过，标题可以通过"为读者提供好处"来获得注意，下面是几个例子：

文案	广告主
帮助孩子击败蛀牙	佳洁士牙膏
挥别炎热，就从今年夏季	美国通用电气冷气机
深层清洁，平衡控油	诺珊玛保湿露

另一种吸引注意的有效开场白是提供新信息，这类标题通常会出现"新的""发现""引进""宣布""现在""问世""终于""最近推出"这类字眼。

文案	广告主
新影片教你雕塑迷人大腿	运动教学录影带
发现浓郁烘焙风味	低卡咖啡

假如你能够直接将"免费"放进标题，何乐而不为呢？这是文案写手的词典里功效最强大的词——大家都想得到免费的东西。

其他相当管用的字眼还包括："如何""为什么""快速""简单""划

算""最后机会""保证""效果""证明"以及"省钱"等。不要因为其他文案写手经常用到这些字眼，你就舍弃不用；其他文案写手之所以会经常用到，正是因为它们很有效，所以你也应该使用它们。你应该从文案创造出的销售来评价自己的表现，而不是从文案的原创性。

为读者提供有用信息的标题，也能够达到吸引注意的效果。标题承诺要提供的信息，可以出现在文案内文或准备寄送给读者的免费手册上。以下列举几个例子：

文案	广告主
67只成长型潜力股免费研究报告	美林证券
木材加工简单三步骤	明威克斯牌木材涂料
如何烤豆子	凡坎普罐头食品

许多广告人绞尽脑汁写标题、玩花招，却没承诺读者任何好处，或文案写得天花乱坠，却跟产品本身无关。

曾经有个工业产品制造商的广告用了张清凉美女照，还说只要消费者剪下广告页上的赠送券寄给制造商，就会收到这张照片的复制版以及产品的介绍手册。这个广告效果惨淡。

这种噱头能得到注意吗？的确是可以，但这种注意力不会带来销售，也无法让顾客对产品本身真的感兴趣。纯粹为了吸引注意而制造的噱头，只会招来一堆好奇的旁观者，真正有购买意愿的顾客少之又少。

当你在写标题的时候，你应该选出一项对顾客来说深具价值的产品优点，然后用清晰、大胆的方式呈现出来。尽量避免装可爱、卖弄聪明、煽情但言不及义的标题或概念，它们或许能激起顾客一时的兴趣，但不会带来实质销售。

2. 筛选受众

假如你要卖保险给年过65岁的人，那么写年轻人会有兴趣的文案就没什么意义。同样，售价高达 9.5 万美元的跑车，其广告中应该明确点出："这是给有钱人看的！"你不会希望把时间浪费在回应那些买不起这种商品的消费者身上。

标题可以为你的广告筛选出合适的受众，剔除不属于潜在顾客的读者。一则有效的寿险广告标题可能会这样写："专为 65 岁以上男女设计、保费合理的寿险。"

下面几个例子说明了好的广告标题能为商品筛选出合适的受众：

文案	广告主
给递延年金保单保户的重要信息	人寿保险公司
你的电费太高了吗？	电力公司广告
你敢相信那些名字都没听说过的太阳能取暖公司通过电话推销的太阳能屋顶板吗？	太阳能电池板

3. 传达完整的信息

大卫·奥格威认为，80% 的读者只看广告标题，不看内文。假如这个观点正确，那么你的标题最好能够包含完整的陈述，如此一来，你的广告就能针对那 80% 只看标题的读者进行推销。以下是几个传达完整信息的广告标题：

早期发现，高露洁就能挽救蛀牙！
为您省下一半的冷气与暖气费
好事达保险——意外险，保证汽车保险费率不会因为事故而上涨

奥格威建议，广告标题内，不妨同时包含商品好处的承诺及品牌名称。虽然有许多出色的标题并没有提到品牌，但倘若你怀疑读者懒得看广告内文，那么就把商品名称放进标题吧。例如，在报纸半版广告里，如果把产品

名称放在标题或副标题中，通常都会提高回应率。

4. 引导读者阅读文案内文

有些种类的商品，例如酒、软性饮料或时尚商品，确实能够通过好看的照片、强而有力的标题以及最精简的文字来吸引消费者。然而，有许多其他种类的商品，必须提供给读者相当多的信息，像汽车、计算机、书籍、唱片、在家研习课程、人寿保险或金融投资商品，这些产品的信息会出现在广告内文。为了发挥宣传效果，你的标题要能引导读者继续往下阅读内文。

要做到这一点，你得先激发他们的好奇心，可能是利用幽默感、吊胃口或者让他们猜谜，你可以提出一个问题或一段挑衅的说法，也可以承诺提供奖赏、新消息或有用的信息。

举个例子，假设你寄了份教育培训课程手册给几名公司主管。这封信的标题是"日本主管有哪些美国主管没有的优点"，无疑，美国主管就会想继续往下读，看看日本主管拥有哪些有效的管理技巧。

另一个经典例子是面霜广告的标题："只要花 5 美元就能享受美容手术的效果。"读者会很好奇，这个能够取代昂贵手术的商品到底是什么。换个角度思考看看，一旦标题改成"用售价 5 美元的乳液取代昂贵的美容手术"，这个标题还会那么吸引人吗？

2.3——
8 种基本标题类型

创意人员希望避免公式化作风，同时发挥原创性、提出全新的表现方式，这是可以理解的。对许多创作者来说，本章列举的许多标题，看起来都像在写公文："如何……""三个简单步骤……""推出新的……"等。某种程度上来说，文案写手确实得遵循特定法则，因为这些法则已经被无数销售信、宣传手册、平面或电视广告、电子邮件和在线视频证实有效。

切记，身为文案写手，你应该是销售员而非艺术家。你的工作不是要创作文学作品，而是要说服大家购买产品。已故的顶尖直销邮购文案写手约翰·弗朗西斯·泰伊指出："我们这一行要的不是原创性，而是将有效的元素重组运用。"当然，约翰的意思，并非要文案写手刻意模仿其他人的作品。我们的挑战是——找出那些对销售有帮助的做法，然后将这些做法以激发兴趣、容易记住、具有说服力的方式，运用在商品上。当然，最优秀的文案写手是靠突破法则来获得成功的，但在你突破法则之前，得先了解这些法则是什么。

接下来，我要列举 8 个同样通过时间考验的标题类型，它们卖出了价值数十亿美元的商品与服务。好好地加以研究、运用吧，那样你就能超越法则，写出真正创新的标题。

1. 直言式标题

这种标题开宗明义，直接点明了商品宣传，不玩文字游戏、隐喻或双关语。"真丝上衣打 7 折"就是一种再直接不过的标题。大部分零售商刊登的报纸广告，就是运用这类标题来宣布折扣活动、吸引顾客上门。

2. 暗示式标题

婉转暗示的标题不直接做推销，而是先勾起好奇心，然后再通过广告内文解答读者的疑惑。

以工业混合设备的广告为例，标题写的是："千万分之一的比例，我们没问题。"乍看之下，这个标题像是在说这家公司有信心打赌，他们的机器铁定能处理你要混合的材料。但如果你往下读内文，就会发现它真正的意思是：他们的机器能混合两种浓度相差千万倍的液体。这样的标题有双重寓意，你得读完内文才能明白真正的信息。

3. 新知式标题

假如你有关于商品的新消息，不妨在标题中就说出来。这项新消息可能是新商品的问世、现有商品的改良（例如新推出的厨房纸巾），或某个旧商品的新应用。以下是这类标题的例子：

文案	广告主
特朗普更加严苛的移民政策让民主党人怒不可遏	政治
总算有了跟广告传单一样棒的加勒比海之旅	挪威邮轮
有史以来的最大市场商机	商品投资快报

挪威邮轮的标题除了提供新消息，还附带了其他诱因，因为它表现出对读者的感同身受。对于那些夸大不实的旅游广告，我们都曾经感到失望，挪威邮轮点出这个广为人知的事实，反而能提升它在我们心中的可信度。

4. "如何"式标题

无论在广告标题、杂志文章或书名当中，"如何"都有其神奇效果。市面上有超过7000本书以"如何"为书名。很多文案写手相信把"如何"放进标题里，这个标题再差也差不到哪里去——这个说法可能是对的。

"如何"开头的标题，等于承诺了提供具体的信息、有用的建议以及问题的解决之道。比方说"如何将简单派对变成皇家舞会""如何写得更好、更快""如何在30天内戒烟……否则无效退费""如何利用网络会议加快购买周期"。

每当我文思枯竭，我就先在纸上写下"如何"两个字，接下来的句子往往还挺像样的，除非后来有更棒的灵感出现。

5. 提问式标题

这类标题要能发挥效果，提出的问题必须是读者会有共鸣或者想知道答案的，举例来说：

文案	广告主
我究竟是怎么了？	健康杂志
员工请病假时，你的公司需要多长时间恢复正轨？	寿险公司
你的泵耗电量太高吗？	泵制造商
即便一个人在家，你也会想要关上浴室门？	《今日心理学》杂志
你有以下这些装潢问题吗？	地毯公司
日本主管有哪些美国主管没有的优点？	商业杂志

这类标题必须专注于读者本身的利益，他们想知道什么、需要什么，而不是想着广告主想要什么。许多公司会犯"自我中心"的错误，典型的这类标题类似："你们知道某某公司最近打算做什么吗？"读者的反应必然是："关我什么事？"然后将这些信息抛诸脑后。

6. 命令式标题

这类标题直接告诉销售对象该怎么做，并用这种方式创造销售，以下是几个例子：

文案	广告主
点火烧烧看这张防火材质的优惠券	哈梭化学公司
今日订阅，即可获免费特刊	《预防》杂志
提高愿景，开拓新视野	美国空军

请注意，这类标题的第一个词应该是明确的动词，要求读者做出行动。

7. 目标导向式标题

一个简单有效的撰写广告内文的方法，就是分点列出商品特色。假如你用这种方式写广告内文，那么就可以用明确的目标来写标题，引导读者往下读你列出的清单。

这类标题的例子包括："你不该错过钱瞻多伦多世界投资博览会的 5 个理由""未来 4 天，一定要买毛皮大衣的 4000 个理由"。但你不见得一定要用"为什么"这三个字。"6 种方法""7 个步骤"以及"教你如何"也符合这类标题的原则。

8. 见证式标题

运用见证式的广告，就如同你的顾客在帮你卖产品。举例来说，美国杂志促销商的广告会让历届抽奖得主告诉大家，他们是如何一夕致富的。见证式广告之所以有效，是因为它们提供了某项商品的确能满足客户需求的证明。

在平面广告中，见证式广告的文案要写得像某位顾客的口述，而且广告通常会放上这名顾客的照片，并借由标题与内文的重点文字来暗示读者，这可是其他顾客的亲身见证。

撰写这类文案时，你应该尽可能引用顾客自己的话，别画蛇添足地去美化他的用语，因为自然通俗的口吻反而更能够强化见证的可信度。

"非署名证词"

即便这些话不是证词或引语，如果足够重要，也要给标题加上引号。引号可以吸引读者眼球，让人觉得这些话是引用的，或者至少是事实，尽管这些文字并没有特定的发言者或来源。

2.4——
38 个常备标题范例

建议你准备一个资料夹用来搜集精选范例，以便你在构思自己的营销素材时参考。假如你一时想不出广告标题该怎么写，这些范例会是最有帮助的灵感来源。

最好的样本是常用的那些。之所以反复使用是因为它们真的好用。在你看过许多次的范例旁边打一个红色的 ×，这样就可以看出哪些是最好用的。

以下是几个标题范例的例子，当然，我的精选范例不止这些。我会将这些范例加以分类，参考的时候比较一目了然。

1 在标题里提出疑问
日本主管有哪些美国主管没有的优点？

2 结合时事
和玛莎·斯图尔特一样掌握市场先机，且不必像她那样做内线非法交易。

3 创造新名词
"强化隔离润滑油"在金属表面形成保护膜，让你的机械工具寿命延长 6 倍。

4 传递新消息，并且运用"新推出""引进"或"宣布"这类词汇
国防部已宣布一项轻松降低预算计划。

5 给读者建议，告诉读者应该采取哪些行动
点火烧烧看这张防火材质的优惠券。

6 利用数字与数据
前所未闻，1 棵树开出 17000 朵花？

7 承诺会提供对读者有用的信息
如何避免在建造或购买房屋时犯下大错。

8 强调你能提供的服务

即日起,我们的最佳新书提供预购,就如同订杂志一样简单。

9 讲故事,描述一段过程

我坐在钢琴前时,他们还在笑;然而当我开始弹奏……

10 提出推荐性的意见

现在就必须买进的 5 只科技股。

11 说明好处

管理 UNIX 系统数据库,已经从困难变得容易。

12 做比较

只需要文氏洗涤塔一半的用电量,就能够解决贵公司的空气污染防治问题。

13 使用能够让读者脑中浮现画面的词汇

为什么有些食物会在你的肚子里"爆炸"?

14 引述见证

超过 80 万千米的飞行记录证明,我们的凸轮轴在保证期限内运转优良。

15 提供免费的特别报告、目录或宣传册

我们的免费报告揭露鲜为人知的秘密,告诉你百万富翁如何守财,并且善用政府提供的资源。

16 直接点出服务内容

手术台修复服务,修复期间免费租借替代手术台。

17 勾起读者的好奇心

你必须买进的唯一科技股,不是你想的那个!

18 承诺要公开秘密

揭露华尔街的潜规则。

19 具体说明

在时速 96.6 千米的驰骋下，新劳斯莱斯的最大噪声来自电子钟。

20 锁定特定类型读者

高薪招聘。

21 加入时间元素

不必久候，快速办理公司登记。

22 强调省钱、折扣或价值

价值 2177 美元的宝贵股市快讯，现在只要超低价 69 美元就订得到！

23 给读者好消息

银发族也可以拥有好听力。

24 提供能够取代竞争对手产品及服务的其他选择

没时间上耶鲁大学？参加我们的在家进修网络课程吧。

25 提出一项挑战

你的头皮健康经得起指甲测试吗？

26 强调有保证

保证应用软件开发速度增加 6 倍，否则退费。

27 明列价格

主机连接 8 台计算机，只要 2395 美元。

28 做出看似矛盾的说法

靠"内线交易"致富，而且 100% 合法！

29 提供读者无法在其他地方得到的独家好处

鲜为人知的交易秘密武器，让您获利 5 倍以上。

30 指出读者关心的事
为什么大部分的中小企业以失败收场？我们提供突破之道。

31 不妨用"听起来难以置信……"句型
听起来难以置信，但今天一家股价 2 美元的小研发公司，不久的未来股价可能飙升到 100 美元。

32 画大饼
让您年轻 20 岁！

33 强调商品的投资报酬率
雇用不称职员工所造成的浪费，超过他们年薪的 3 倍。

34 运用"为什么""原因""理由"来写标题
制作公司在拍摄重要的电视广告时，偏好采用 Unilux Strobe 牌灯光设备的 7 大理由。

35 回答关于商品或服务的重要问题
委托债务催收公司前要提出的 7 个问题……我们对每个问题都有好答案。

36 强调买就送
免费送给您——现在订购，就送价值 280 美元的免费好礼。

37 协助读者达成目标
协助您在未来 30 天内推出突破性的营销计划，而且完全免费！

38 做出看似矛盾的说法或承诺
不需要开冷气，您家里的每个房间就能立刻凉爽无比！

请注意，这些标题中很多都用了数字。数字可以吸引读者的目光。写出来的时候一定要写数字。如果你说"7 个原因"，潜在客户就会想知道是哪 7 个原因，并且会继续阅读广告进行了解。另外，把广告和内容写成清单或是"清单体文章",会看起来更像是编辑过的内容,它很容易写,也很容易读。

2.5——
创造有效标题的 4 大公式

销售对象看你的广告时,会在一两秒内就决定要继续读还是跳过去,决定的依据主要是看标题。然而,在广告信息泛滥的今日,你要如何用几个字就说服忙碌的销售对象,让他们相信你的广告值得一看?

下面要介绍的"4U"文案写作公式,对上述问题应该会有帮助。这 4U 分别是 Urgent(急迫感)、Unique(独特性)、Ultra-specific(明确具体)以及 Useful(实际益处):

1. 急迫感

急迫感等于是给读者一个立即采取行动的理由,你可以在写标题时加入时间元素,借此塑造迫在眉睫的感觉。打个比方:"今年在家工作要赚进 10 万美元"比起"在家工作赚进 10 万美元"显得更为急迫。你也可以通过提供限时优惠来营造急迫感,例如到某个日期截止的折扣或赠品方案。很多数字营销人员会给潜在客户 24 小时或更短时间的优惠报价。一旦优惠时间过去,价格就要改变。但是,我发现消费者也可以接受在优惠报价时间之后的"延长报价"。

2. 独特性

有力的广告标题不是描述新事物就是将读者听过的事物以全新方式来呈现。举例来说,有个日本进口沐浴套装的电子邮件广告标题是"为什么日本女性拥有美丽肌肤"。这与老套的"日本沐浴套装 9 折优惠"效果截然不同。

3. 明确具体

广告快讯发行公司 Bottom Line, Inc. 是这类文案的个中高手，能够让读者着迷并进一步读文案内文，甚至掏腰包购买。范例包括"在飞机上绝对不要吃的东西""迟缴账单免烦恼"和"申请退税的最佳时机"。

4. 实际益处

好的标题会诉诸读者自身的利益，提供实际上的好处。在"欢迎来到平价滑雪旅游网"这个标题中，要给消费者的好处就是"省钱"。

当你要写标题的时候，不妨问问自己，你的标题在这 4U 方面表现如何。你可以利用分数做评量，满分是 4 分，不佳为 1 分，其余依此类推。

很少有标题能够在 4 个 U 方面，全部得到 3 或 4 分。但如果你的标题无法在至少 3 个 U 上拿到 3 或 4 分，这可能表示你的标题不够有力，重新再写会比较好。

业界常犯的错误是，以为消费者反应好就表示标题写得好。但我们其实应该倒过来想：假如广告标题这么弱，商品都能得到消费者青睐，想想标题如果能够符合 4U，广告主岂不日进斗金。

有个市场营销人员写信告诉我，他曾经用"免费特别报告"作为标题，进行了一次相当成功的电子邮件宣传。但这个标题符合 4U 原则吗？

1 急迫感

上述标题完全没有急迫感，也没有提出时间。如果用 1 到 4 分来评量，以 4 分为最高分，那么"免费特别报告"只得到 1 分。

2 独特性

虽然不是每个营销人员都会提供免费特别报告，但确实有不少人是这样做的，所以"免费特别报告"在独特性方面只拿了 2 分。

3 明确具体

有任何比"免费特别报告"更模糊的说法吗？大概只有"免费惊喜礼物"了吧，所以"免费特别报告"在这方面得 2 分。

4 实际益处

假设读者都够聪明，猜得出这份特别报告会提到一些有用信息。但从另一方面来看，所谓有用信息是报告里才有的内容，广告标题可完全没有暗示。收到这份电子邮件的人已经有那么多信息要消化了，真的还需要多看这份"免费特别报告"吗？所以在实际益处方面，我给 2 分。或许标题应该改得更明确具体一点，例如："我们的免费特别报告要教您，如何通过在线学习省下 9 成培训经费。"

我非常鼓励你在写下每个标题之后，练习检视它在 4U 的得分各是多少。你也可以将这套方程式运用在其他类型的文案上，包括电子邮件标题、直邮广告封面预告、销售信信头、网页标题、小标题以及条列项目。

检视完标题在 4U 的得分之后，将标题重新拟过，设法写出能够在 2 个甚至 3 或 4 个 U 各提高至少 1 分的标题。这项简单的练习不需要费多大心力，就可以显著提升标题的阅读率跟回应率。

2.6——
关于标题的提示

以下是你在评估标题时，可以参考的一些重点：

1 你的标题是否承诺了阅读广告之后，能够得到某种益处或奖赏？

2 你的标题是否够清楚直接？它是不是以简单的表达方式快速切入重点？

3 你的标题是否尽可能具体化？（例如"3 周内减重 8.6 千克"这个标题，比"快速减重"要来得好。）

4 你的标题吸引注意的方式，是否运用了鲜明的销售信息？表达方式是否够戏剧化、让人耳目一新？

5 你的标题是否能跟产品产生合理的联系？（避免使用煽情的标题，因为这种标题最后可能让人觉得过于吹嘘，实际产品没有标题承诺的那么好。）

6 你的标题是否跟视觉设计做了很好的搭配，足以构成整体性的销售概念？

7 你的标题是否能勾起好奇心，吸引读者继续往下看内文？

8 你的标题是否筛选了特定受众？

9 你的标题内是否提及了品牌名称？

10 你的标题是否提及了广告主？

11 避免使用含糊的标题，也就是别让读者必须要往下读文案内容，才知道标题在讲什么（"伸出你的手"就是这类标题，这个广告卖的是粉饼）。

12 避免使用不相干的文字游戏、双关语、噱头或其他文案把戏。这种广告或许有趣，但不见得能销售产品。

13 避免使用负面表达方式（如将"不含钠"改成"健康盐"）。

2.7——
标题写作的技巧

每个文案写手创作标题的方式都不一样。有些写手会先花 9 成的时间想出几十个标题，然后才开始写文案内容。有些则是先开始写内文，再从内文提炼出标题。不少文案写手会搜集旧广告，从中建立一份标题模板文档，然后在创作标题时以这份文档作为灵感来源（我在前文提供了个人搜集的含有 38 个标题范例的模板文档）。

大型广告公司的文案写手，通常仰赖艺术指导协助他们构思标题，但我相信专业的文案写手应该能独立写出标题、概念和看法。

以下我将描述自己创作标题的过程，你可能会发现其中某些技巧对你也有用。首先，我会先问 4 个问题：

1. 我的顾客是谁？
2. 这个商品有哪些重要特色？
3. 竞争产品缺乏哪些特色？
4. 顾客为什么会想买这个商品？（哪些产品特色对顾客来说最重要？）

当我知道第四个问题的答案之后，我就知道自己想在标题中强调的卖点是什么了。接下来的工作很简单，只要把这项卖点用清楚、鲜明、有趣的方式呈现出来，能够吸引读者注意、想要进一步了解商品，这样就行了。

有时候我会用"如何"开头的标题。有时候我会在标题提出一个问题或使用"为什么"。也有些时候，我采用的模式不属于任何一类。重点是，我不会勉强套用任何模式，而是先设定一个销售信息，然后写出最能彰显这项信息的标题。

我通常会在尝试两三次之后，就写出理想的标题。不过我知道，有些文案写手会为了一则广告，创作出十几个标题。假如一口气想出很多好标题对你最有帮助，不妨就这样做吧。有些标题就算最后没被选上，也可以用来当副标题或文案的内文。

为现有产品撰写新广告的时候，我会把它之前的广告都看一遍，看看这些广告提到哪些销售卖点。通常我会在某些广告的内文当中，找到可以用在标题上的销售信息。

有时候，我苦思冥想写不出生动的标题，就干脆列出一张清单，写下一连串跟产品有关的词汇，然后排列组合这些词汇，用这种方式组成好几个标题。举例来说，有位客户请我针对一款新型的牙套撰写广告文案。旧牙套的材质是比较硬的金属线，而新牙套采用柔软好塑形的金属丝，更容易适应病患的齿形。

对此，我列出的词汇清单像下面这样：

·转弯	·护套	·牙齿	·新的
·研发	·牙齿	·镶边	·金属丝
·钢丝	·适应	·容易	·技术
·发明	·轮廓	·曲折	·革命性
·牙医	·引进	·弹性	·松弛

混搭这张清单上的词汇，可以建构出五六个还不错的标题。其中我最喜欢的是"我们的牙套技术会转弯"。客户喜欢这个标题，也将它用在了一个相当成功的广告上。

假如你一个标题也想不出来，别让自己陷入文思枯竭的困境。不妨将它搁置，先写内文的部分，同时复习自己过去针对标题所做的笔记。这样一来，你自然就会产生一些跟标题有关的想法。把这些想法都写下来，稍晚再回头斟酌。虽然大部分的想法都不够好，但完美的标题很可能就是通过这种方式产生的。

2.8——
读者感兴趣的标题，就是好标题

标题是广告的一部分，功能在于引起注意，而引起注意是说服读者购买产品的第一步。

耍噱头、卖弄文句或夸张吹捧，都不是构成出色标题的要素。一则设计精妙的标题，当它的精妙之处能强化销售信息、加深读者印象时，才算真正具备价值。可惜许多文案写手为了创意而创意，导致精心的设计反而模糊了销售信息。

假如你得在巧妙隐晦和简单直接之间做选择，我会建议你选择简单直接。虽然你不会因此赢得广告大奖，但至少能够多卖点儿产品。

吉姆·亚历山大是亚历山大营销公司的总裁，他也深信标题应该具备销

售力,以下就是他在这方面的想法:

我们相信广告应该强化产品的销售信息,能吸引目光、激发热忱,这些是平面广告的重要元素。而简单明白的陈述以及朴实的视觉设计,通常才是让广告深入人心的关键。

打个比方,你可能觉得"为您处理硫酸"听起来很无聊、没创意,然而对于天天要花高额经费应付这种腐蚀性物质的化学工程师来说,这个简单的标题意义非凡,让他想继续仔细看文案里提供了什么解决之道。

所以,在我们的客户抱怨广告很无聊之前,我们可以先问他们:"对谁很无聊?"是对广告主还是对读者当中可能成为顾客的人?我们很容易忘记广告的真正目的是沟通想法和提供产品信息。有太多的广告获得业主青睐是因为它的娱乐价值。但这只是在浪费钱而已。

在本书后面的部分,我们将深入讨论如何为特定的数字媒介(包括网站、电子邮件、在线广告)撰写线上营销活动标题(参见第11、13和14章)。

第 3 章
你的广告文案，读者真的看得懂吗

WRITING TO
COMMUNICATE

《哈佛商业评论》（*Harvard Business Review*）发表了一篇文章，描述一项被设计来衡量广告效益的实验。结果并不令人意外，实验显示广告越简单易懂，效果就越好。换句话说，你的文案越浅显明白，你卖出去的商品就越多。

理论上，制作简单的广告何难之有。反正广告本来就多半在处理一些简单的主题——服装、汽水、啤酒、香皂、唱片之类的。然而，在实务操作上，许多广告的沟通效果并不如预期。以下是一则出现在《现代新娘》（*Modern Bride*）杂志的广告：

他们喜欢我的 3 号星球款式

当哈里向他们展示我们的最新款式时，他们礼貌性地微笑。然而当他打开自动驾驶舱头，他们的一个孩子突然尖声大笑，结果他的星形耳朵被赏了一耳光……

我的写作研习营学生称这则广告"不知所云"。这是个"借力型"广告的典型例子：因为文案写手没把握把产品变得有趣，所以罗织出一个以 3 号星球为场景的对话，将自己隐身其后。结果呢？留给读者的只有困惑，沟通效果却少得可怜。

令人困惑的文案通常来自"借力型"广告，不过其他类型的文案也可能成为罪魁祸首，包括过长的句子、陈词滥调、难字、没重点、不够具体、专业术语、杂乱无章……

接下来提供几个诀窍，帮助你写出能够将信息明确传达给读者的文案。

3.1——
如何写出逻辑清晰的文案

1. 读者优先

《商业写作的制胜诀窍》(*Tips to Put Power in Your Business Writing*)的作者查克·卡斯特建议企业主管在撰写商业信函或备忘录时应该将读者放在心上。

他说:"从现在起想象你的读者,就算你不认识他们也没关系。你可以把你的读者想象成你认识的一个人,然后写信给他。"

要将读者放在心上。你可以问自己:读者会了解我在说什么吗?他懂我刚刚用的专业术语吗?我的文案有没有告诉对方重要信息、新消息或有用的信息?假如我是读者,这篇文案能说服我购买产品吗?

有个技巧可以让你写出"为读者而写"的文案,那就是直接在文案中使用"你"这个称谓,就像我在本书中称呼"你"。文案写手称这项技巧为"以你为导向"。假如你翻翻杂志,就会发现其中90%的广告都在文案内文使用了"你"这个称谓。

接下来的表格列举了一些未能做到读者优先的文案,我会在表格右栏将这些文案修改成以"你"为导向。

以广告主为导向	以你为导向
本公司最新的会计软件不但功能升级,还有友善的操作界面,适合中小企业处理应收账款、应付账款以及会计总账的运算。	我们的会计软件能帮您平衡收支、管理现金流、追踪尚未付款的顾客。最棒的是,这套软件操作简便,不需要额外接受训练。
每日现金累积账户追求最大税后收益,同时降低资本风险、保持资产变现能力。	这个现金账户能为您的投资争取最高报酬,同时承担最低风险。而且,您可以随时从这个账户提取现金,额度不限。

以广告主为导向	以你为导向
取消订单只需将商品连同原包装退回。当我们收到并确认书况适合转售，将通知会计部门取消发票。	如果您对这本书不满意，只需将其退回并撕毁发票。您不会欠我们一分钱。还有什么比这更公平吗？

2. 循序提出你的卖点

中西部一家银行的经理想知道，他们寄送出去的小册子到底有多少人会读，于是，他们在小册子里多写了一段话，然后寄给 100 名顾客。这段话藏在 4500 个单词的技术性信息里，他们宣称，任何人只要跟银行开口，银行就会赠送一张 10 美元钞票。

最后到底有多少顾客要求银行给这笔钱呢？答案是一个也没有。显然，你组织素材的方式，会影响到读者的阅读效果。假如银行把"免费送 10 美元"这句话写在宣传手册或信封袋的封面，就会有很多顾客做出回应了。

写文案的时候，如何组织你想表达的卖点，需要仔细斟酌。在一则广告中，你可能会有一个最重要的销售信息（这辆车的每升油行驶里程数很高），以及几个较次要的信息（内部空间大、低价、可享 500 美元折扣）。

广告标题应该点出最大卖点，接下来的几段文案则解释这项卖点的细节，其他次要的卖点就安排在后面的内文中。假如文案篇幅较长，那么每项次要卖点都应该有独立的标题或编号。

销售卖点要如何安排在文案中，有几个决定因素，包括它们的相对重要性、你想给读者多少信息以及你撰写的文案类型，比方说：广告信、平面广告、电视广告或公关新闻稿⋯⋯

西屋公司的公关经理特里·史密斯针对如何在演讲或产品说明会上依序提出销售卖点，有一套他自己的法则。这套法则就是："先告诉他们，你要告诉他们什么，并且如实告诉他们。接下来，说明已经告知他们的那件事。"这位演讲稿高手会先告诉听众，这场演说大致有哪些内容，他会按顺序提出本次演说的要点，然后针对这些要点先做一番简要的说明。听众跟读者不一样，他们没法通过印下来的文字复习听过的内容，所以这些内容简介跟简要说明，有助于听众记住演说重点。

特约文案写手伯顿·平卡斯为广告信发展出了专门的编排模式。他一开始的标题会提出一个承诺，再说明这项承诺如何实现，然后他会提出证明，指出这项产品完全符合文案所说。最后，他会告诉读者如何订购，解释为什么跟产品价值比起来，价格根本不是考虑重点。

在你着手写广告文案之前，不妨先写下你的销售卖点，然后用符合逻辑、有说服力、清楚明白的方式编排，最后再依序呈现在文案中。

3. 将整篇文案打散成几个短的段落

假如你的广告内容可以分成几个销售卖点，你可以分段处理个别卖点。对于不到 150 个单词的短篇文案，这样做固然没必要，但如果篇幅较长，文案会变得比较不容易阅读，那么将文案打散成几个小段落确实有帮助。

将长篇文案分段处理的最好方式是什么？假如你的段落之间，可以用合乎逻辑的方式前后衔接，或者你可以依照重要性逐条列出销售卖点，那么我建议你使用数字当项目编号。

假如销售卖点之间没有重要性或逻辑上的先后关系，那么你可以使用星号这类小图标（icon）作为项目符号，或者用破折号来展开每个新段落。如果你的每个段落均是长篇的文案内容，不妨使用小标题（就如同本书的做法）。

你的每一个段落都要简短，太长的段落会让读者望而却步。一本塞满小字的大部头书所传达的信息只是："这本书一定很艰涩！"

编辑文案的时候，不妨将主要段落再细分成几个小段落，并且为每个分段加上小标题。段落之间应该保留足够空间，长的段落最好分成几个短的段落。例如包含 5 个句子的段落，通常可以打散成各为 2 句跟 3 句的段落，前面一段说明新概念的引进，后面一段则解释这个新概念是什么。

遵守简单的 4S 公式

这里有 4 条简单的写作原则，它们比其他任何写作技巧都更能帮助你将文案写得清晰易懂：

- 短词（Short words）
- 短句（Short sentences）
- 短段（Short paragraphs）
- 短篇（Short sections）

4. 运用短句

短句比长句容易阅读。所有的专业写手，包括报社记者、公关人员、杂志作者或文案写手，都被教导要写出简洁利落的句子。长句会让你的读者精神疲倦、头昏眼花，等到他们好不容易读到最后，已经忘记前面在说什么了。

《科技论文写作》（*Writing a Technical Paper*）的作者之一门泽尔教授做过一项调查，希望找出最适合科技论文的句子长度。他发现，如果一个句子超过 34 个单词，就会变得不容易理解。比起有心阅读重要论文的科学家，消费者对于冗词赘句的耐性显然低得多。

知名作品《为什么约翰尼无法阅读》（*Why Johnny Can't Read*）、《简单说话的艺术》（*The Art of Plain Talk*）的作者鲁道夫·弗莱施指出，商业写作的最佳句子长度是 14 至 16 个单词；20 到 25 个单词还勉强可以接受，但超过 40 个单词就会变得很难阅读。

由于广告文案写手会将简洁放在第一位，他们的句子通常比弗莱施建议的 14 至 16 个单词还短。

现在，我们要来看看如何将长句变短。首先，你应该尽量将长句子拆成两三个较短的句子：

原先的长句	新的长句
既然时至今日每一分利润都很重要，我们希望贵公司的泵质量能物超所值。	现在，每一分利润都很重要。我们希望贵公司的泵质量物超所值。
这篇文章提到1977年在海地针对15岁到49岁的妇女所做初经年龄追踪资料的一些调查发现。	这篇文章提到一份1977年在海地所做的调查，针对15岁到49岁妇女，提供了初经年龄的追踪资料。

另一个将长句拆成短句的方式，是利用标点符号把句子分成两部分。

原先的长句	新的长句
我们的目标是让你能够认识到对上要应付企业总裁、对下要照顾新进人员的人资专员的重要。	我们的目标是，让你体认人资专员的重要——他们对上要应付企业总裁、对下要照顾新进人员。
结果就是说明会未达到效果而且其他人还怀疑你是否尽了责任。	结果，说明会未达到效果……而且其他人还怀疑你是否尽了责任。

如果所有的句子都是同样长度，文案会变得很无趣。你得让句子长短相间，文案才会产生律动。偶尔出现短句，甚至不完整的句子，可以让你的文案句子平均长度减至可以接受的范围，如此一来就算你经常使用长句也无妨。

原先的长句	新的长句
我们现在有超过3万名会员是航天工程师。想加入他们，只要连同下面的优惠券寄146美元的支票来，今天你就可以变成会员。	目前，我们有超过3万名会员是航天工程师。想加入他们？将下面的优惠券与146美元的支票寄给我们，今天你就可以成为会员。
现在就来试试我们的牙套，它的设计优雅、能有效矫正，有多种先进辅助技术能帮助你快速简便地固定牙齿，而且价格合理。	现在就来试试我们的牙套……它的设计优雅、能有效矫正，还有多种先进辅助技术能帮助你固定牙齿。快速！简便！价格合理！

不妨多训练自己写出简洁利落的句子。当你结束一个想法的时候，就停下来。有新的想法时，再写出新的句子。编辑文案的时候，你应该自动找出那些可以被拆成两句的长句子。

5. 使用简单的词汇

简单的词汇沟通效果比生僻词汇好。有些人使用生僻词汇是为了让别人印象深刻，但事实并不然。通常难字只会让读者不愉快或者分心，结果忘了写的人到底要表达什么。尽管如此，生僻字词依然存在，因为使用这种浮夸的词汇会让部分读者或写出这些东西的人自我感觉良好。下面是近来两个使用生僻字词的例子：

> 有位一神论牧师在布道会上声称："假如我是上帝，我的目标将是美德最大化（maximize），而非邪恶永恒化（eternalize）。"

> 西屋公司国防科技研究中心发行的《国防新闻》刊登了一则漫画，里面一名主管告诉部属："我要你们集中化选择项目，制定参数优先级，编列可支出预算，最后将产量做行程编列。"《广告时代》的作者弗雷德·丹齐克曾经问赫顿证券公司的主管，为什么他要说"市场走势呈区间整理"，而不干脆说"市场会上下震荡"。

撰写广告文案的时候，你的任务是"沟通"，而不是设法让别人佩服或自我满足。你必须避免使用华而不实的词汇或句子。邮购专家塞西尔·霍格曾经说，文案里的用字应该"像店铺门口的橱窗，能让读者一目了然，立刻看见产品"。

下面的表格列出了最近出现在平面广告、宣传手册以及文章中的几个生僻字词，表格右栏提供了更简单也比较推荐的替代用法。

生僻字词	替代用法	生僻字词	替代用法
取得（obtain）	得到（get）	消费（purchase）	购买（buy）
操作（operate）	使用（run, use）	实证（substantiate）	证明（prove）
绝佳（optimum）	最好（best）	选取（select）	挑选（pick）
参数（parameters）	变因（factors）	优越（superior）	最好（best）
优先等级（prioritize）	排顺序（set priorities, rank）	运用（utilize）	使用（use）
获取（procure）	得到（get）	终结（terminate）	结束（end, finish）
排汗（perspiration）	流汗（sweat）	容貌（visage）	脸（face）

无论你的读者是农民、物理学家、渔夫，还是金融从业人员，简单的字词向来是比较好的选择。约翰·卡普尔斯说："受过最高教育的人，并不会讨厌简单的字词；但简单字词，却是能够让最多人理解的唯一用字方式。"

海明威有一句名言："可怜的福克纳。他真觉得生僻词才能反映真情实感？他以为我不懂那些'高级货'单词，我懂！但我用的词更古朴、简练，也更好！"

别以为词汇太简单，你的文案就不会被当回事。莎士比亚最有名的一句话——"生存还是毁灭？（To be or not to be?）"里头最长的一个单词，也只是用3个字母拼成的。

6. 避免使用术语

使用术语的不只有制造业广告文案。以下的例子是保时捷刊登在《福布斯》杂志上的广告：

新款保时捷有最新型2.5升四汽缸、铝硅合金引擎，由德国魏斯萨赫研发中心设计，祖文豪森厂生产制造。

  它在转速为 3000 rpm 时最大扭力达 137.2 ft-lbs，转速 5500 rpm 时更可创造出 143 hp 最大马力。

  它还有保时捷独门的变速差速器、空气动力及操控性能设计。

跟许多《福布斯》杂志读者一样，我并不是汽车引擎专家。我不知道扭力的单位是 foot-pound，也不知道 3000 rpm 算是扭力提升得很快。我知道 hp 指的是马力（horsepower）、rpm 指的是每分钟转速（revolutions per minute），但我不知道转速 5500 rpm 时输出 143 hp 马力算是表现很好、很差或是普通。

  重点是，假如你的受众不跟你使用一样的专业语言，那么就别使用术语。只有在一小群专家互相沟通时，术语才有真正的用处。既然文案是写给门外汉看的，术语只会让读者迷惑，反而模糊了销售信息。

  IT 专业人士创造了一种新语言：机器智能、量子计算、兆字节、千兆赫兹、栅格图像、线框图。但非计算机专业人士可能并不知道这是什么意思。

  一名企业主管或许知道"软件"跟"硬件"，但他不会了解"进程间通信缓冲区""异步软中断"或者"四字节整数数据类型"到底指的是什么。

  会用行话搞得我们一头雾水的技术人员，不是只有计算机专家。华尔街金融人员也会使用外星语言，像"急跌""冻结""缓步上扬""扩大税基"等。医院管理人员也有一套自己的语言："费用超标者""前瞻性支付""医事服务地区""疾病诊断关联群"或"国际疾病分类标准"。

  专家不是文案写手而是广告主，后者是最常用术语使读者困惑的人。曾经有客户重写了我的宣传手册文案，就为了强调他们的筒仓不只会贮存谷物，还会"以均重运输"。

  究竟什么时候适合使用术语、什么时候最好用大白话来解释概念呢？对此我提出两项原则：

1. 除非 95% 以上的读者都懂，否则不要使用术语。假如你的客户坚持要用读者不熟悉的术语，那么，请务必在文案中解释这些术语的意思。

2. 除非术语能够精确传达你的意思，否则不要使用。我会用"软件"这个词，是因为没有其他更简短的说法可以替代。但我不会用"离机"这个词，因为我可以更简单地说"下飞机"。

7. 文句要简洁

一篇好文案必然是简洁的。冗词会浪费读者的时间、稀释销售信息，而且浪费广告空间——这些空间本来可以被更好地使用。

创作出简洁文案的关键，在于重写。第一次的草稿完成时，文字会随想法流泻而出，你忍不住要多说几句。进入编辑阶段之后，你应该删除不必要的字句，最后才能创作出鲜活利落的文案。我认识的一位文案写手，描述自己的文案"如丝绒般滑顺"——让销售对象从对商品感兴趣，一路顺利走到成交。冗词就像路上的颠簸障碍，会中断这个顺畅的过程。

举个例子，一个写作顾问的网页上写到，客户们会收到"可靠的文案作品编辑建议"。难道他会提供不可靠的建议吗？不如把"可靠的"这几个字省了吧。写作杂志上的一则广告则提到"未完成的进行中手稿"。很显然，进行中的手稿一定是未完成的。

你应该让文案保持简洁，避免冗词或赘句、被动式的写法、没必要的形容词，或其他占用版面却无法让文案更清晰明白的写作习惯。建议你在重写文案时拿掉所有没必要的字词、句子或段落。

以下的例子告诉你如何删除冗词，让文句变得更精简。

冗词赘句	精简版本	冗词赘句	精简版本
乍看之下	乍看	唯一的一个	唯一
第 20 号	20 号	完全停下来	停下来
免费礼物	礼物	整个议题	议题

冗词赘句	精简版本	冗词赘句	精简版本
无论是否	无论	最为独特	独特
一般普遍性的原则	一般原则	没趣无聊	无聊
特定的例子	例子	在年度的基础上	每年
他是这样的一个人	他	以……的形式	如同
他们设法使用	他们使用	展示出能力	可以
从最低的6分到最高的16分	从6到16分	或许你可能知道	或许你知道
多种各式各样的模型	多种模型	多到数不胜数	很多
大约有17吨左右	大约17吨	张三李四或王五等等	张三李四
特殊专家	专家	女性专用的妇女卫生产品	妇女卫生产品
使用简单容易	使用容易	最初出生的地方	出生地
能够帮助你	帮助你	你自己的家	你的家
能够被视为是	是		

8. 明确具体

广告是通过提供商品的具体信息来说服我们购买的，文案包含的商品信息越多越好。那些懒得探究商品特色的文案写手，最终都会写出模棱两可、说服力弱、无意义的文案。

斯特伦克在著作《英语写作手册：风格的要素》中指出："如果说，研究过写作艺术的人有任何共同遵循的重点，那么一定是：能够维持读者注意力的唯一确定方式，是明确、清楚、具体的内容。那些最伟大的作家，像荷马、但丁或莎士比亚，他们的作品之所以动人，是因为他们讲究具体情节、会详尽描述故事的细节。"

当你坐在计算机前面，你准备的背景资料，应该至少比最后用在广告上的素材多一倍。假如你准备了足够多的事实供自己选用，那么写文案就会变得容易得多：你只要挑出最重要的事实，然后用清楚、精确、直接的方式描述就行了。

假如文案写手不知道要说些什么，他们就会退而求其次，铺陈漂亮却空泛的文句、华而不实的描写，好填满纸张上的空白。读起来很美，但实际上等于什么也没说。而且这则广告还卖不了产品，因为它的文案什么也没告诉消费者。

9. 直接讲重点

假如标题是整则广告最重要的部分，那么文案第一段必定是第二重要的部分。假如文案第一段达成标题所做的承诺，读者就会被吸引继续往下读。但第一段也可能用无趣、不相关或废话连篇的内容，浇熄读者的兴趣。

我在职业生涯撰写的第一则文案，是一份描述机场雷达系统的宣传册。我的第一段是这么写的：

> 时代不同了。今日的机场处理的空中交通量，远多于20世纪60年代。当年的雷达设计并未考量未来的变化，以致机场导航控制系统无法处理快速增加的需求。有鉴于今日机场的交通量以惊人速率持续攀升，机场监视雷达除了要能处理现在的交通，也必须能应付未来更复杂的交通管制需求。

我写的这些都是事实，而且对身为门外汉的我来说，这些事实蛮有趣的。不过阅读这篇文案的人，是个在大型或中型机场负责空中交通管制的专家。他难道会不知道，机场的交通量正在持续增加？假如他已经知道，我就是在重复已经摆明的事实、浪费读者的时间。很多文案新手会落入这个陷阱。他们在文案前几段先"热身"，然后才进入销售部分。等到他们终于开始谈产品，大部分的读者已经跑了。

你应该在第一句就开始进行销售。以下是雷达宣传文案第一段应该有的内容：

X-900 雷达系统能够在 233 千米的范围内，侦测到体积最小的商用飞机。尤其它的 L 波段应用效率，甚至比 S 波段雷达高出 40 倍。

假如你还是觉得有必要先"热身"才能下笔，那么就照做吧。只要在最后版本出炉前，把这些热身部分删掉就行了。最终确定版一定要从第一个字就开始进行销售，直到最后一个字。

以下是一则未能直接讲重点的例子：

提高愿景，开拓新视野！
要做到向来不容易。但开拓地平线正是我们要提高目标的目的。因为要开拓地平线，你必须有高远的视野，不只看到现在，也看到未来……

为什么要写这样一份语义不明的文案？这份文案原意是想制造戏剧化的效果，但最后结果是沦为空洞的修辞，让读者不知道到底在广告什么。

这是美国空军的招募广告。加入空军的好处包括旅行、职业培训以及驾驶飞机的机会——为什么不一开始就强调这些重点？

10. 以友善的对话作为文案风格

安·兰德斯是美国最受欢迎的专栏作家之一。她为什么会这么受欢迎？安自己的说法是："我被教导写作要像讲话一样。"

大家都喜欢阅读清楚、简单、容易理解的文章。而最简单、最清楚的写作风格，就是让文字像讲话一样。写作专家称之为"对话式语调"。

"对话式语调"在广告界尤其重要，因为平面广告取代了成本相对较高的推销员。企业登广告的唯一理由是，比起到处奔波的推销员，广告可以用更便宜的方式接触更多消费者。轻松、对话式的文案，远比中规中矩的商业、科学或学术文章容易阅读。假如你写出的文案容易阅读，你就成了读者的朋友。但如果你想卖弄辞藻，你在读者心中只会是个无聊的家伙。

20 世纪 80 年代，IBM 用卓别林的系列广告来推销第一台个人计算机，结果这台计算机变成热销商品。该系列广告采用的友善、乐于助人、对话式风格的文案，堪称这类文案中的经典。以下举个例子：

> 广大的信息世界正在等待你。但是要使用、研究、享受这个世界，甚至要从中获利，你得先走进来。
>
> 所有信息就在你的指间，只要你有一部电话、一个调制解调器以及一台IBM 个人计算机。

请注意文案中口语的说法（"广大的信息世界""就在你的指间"），以及非正式的用语（"正在等待你""你得先走进来"），IBM 似乎很想亲自帮助我们，而且他们的文案听起来就像朋友之间的对话。所以你应该怎么写呢？《华尔街日报》（*Wall Street Journal*）曾经刊登约翰·路易斯·狄格塔尼的一篇文章，里头建议了检测对话式语调的简单方法："你在审视文案草稿的时候，不妨反问自己，你写的东西，能不能用讲话的方式念出来而不觉得拗口。你也可以想象，自己对着别人念这些文案，而不只是阅读它。"

我的前任老板写过一封销售信，开头是"邮件里有您所要求提供的资料"。我问他："假如你是把这封信亲自交给我，而不是寄给我，你会怎么说？"

他回答："我会说'这是你要的资料'或'我已经把你要的广告手册寄给你'这类的话吧。"我问他："那么你为什么不这样写呢？"结果他照做了。

下面提供几个诀窍，可以帮助你掌握"我手写我口"的原则，写出更接近自然、对话式风格的文案：

1 使用代名词——我、我们、你、他们。

2 使用口语化的表达——没问题、好东西、敲竹杠、OK。

3 使用简称——生技、工研院、奥委会。

4 使用较简单的词汇。

5 假如你要在语气自然和文法正确之间做选择，就选择语气自然吧。

11. 避免使用有性别偏见的词汇

我们现在已经不用带 man（男人）这三个字母的词汇了，像广告人（advertising man）、销售员（salesman）或冰激凌车小贩（Good Humor man）已经改成广告专家（advertising professional）、销售员（salesperson）和冰激凌车摊主（Good Humor vendor）。

文案写手必须避免使用带有性别偏见的词汇。无论你接不接受，性别偏见词汇都会惹恼大部分的人。在消费者愤怒的情况下，你是没办法把产品卖给他们的。

在这个时代，性别是写作中的一个敏感问题。这里有几个建议：

1 使用复数。把"医师收到他的伤员病情报告"，改成"医师们收到他们或她们的伤员病情报告"。

2 重写文案，避免提到性别。例如把"经理要求他的部属召开会议"，改成"经理召开部门会议"。

3 轮流变换性别。以往我习惯在整个文案都使用男性代名词，但我现在会偶尔替换成女性代名词。

4 两个性别同时提到。在简单的句子里可以这样做，但如果句子长了，可能会变得累赘，例如"当他或她刷了他或她的考勤卡之后，机器就会开始自动计算他或她的加班费"。有时候你也可以把"他或她""他或她的"改成"她或他""她或他的"。

5 不要用他／她，或他的／她的这种别扭的写法。改成"他或她"以及"他或她的"。

6 不妨在文案中创造出一个想象的角色，来建立特定性别。例如："多丽丝·富兰克林正在加班。当她刷了考勤卡之后，机器就会开始自动计算她的加班费。"

性别偏见	中性说法
空姐	空服员
女工	工作人员
发姐	理发师
接线小姐	电话客服
女警	警察
老板娘	店主
家政妇	家政服务人员

3.2——
文案写作的几个窍门

文案写手会用上许多写作技巧，将许多信息流畅地安排在短短的几段文案中。以下列举了几个写作技巧：

1. 将介词放在句尾

将介词放在句尾，会让句子感觉上比较接近对话式语调。知名作家如威廉·津泽、鲁道夫·弗莱施、亨利·福勒以及许多其他现代写作权威人士都认同这样的做法。以下是几个例子：

原说法	介词放在句尾的说法
我们一起走吧	我们走吧，一起出发！
赶走空气污染	把空气污染赶出去
他们开始得意	他们得意了起来

2. 适时断句

适时地断句，可以让你的平均句长维持在可以接受的字数范围内。而且，适时断句也可以为你的文案增添戏剧效果与韵律感。

适时断句的示范
万用的基础眼影刷，每个人都需要一支。唯一的眼妆法宝。
《财富》杂志全球1000强企业当中，没有任何一家追得上我们的成长率。答案并不奇怪。智能手机是21世纪20年代最热门的产品，顾客需求看不到尽头。
阻挡成功之路轻而易举。一个从脑中闪过的想法，一则从未写下的笔记。

3. 在句首使用连接词

在句首使用"而且""或者""但是"或"因为"这些连接词，可以在不同的想法之间创造出比较顺畅的联系。

同时，不要用比较复杂的连接词。"但是"比"然而""纵使"或"相反"更简短，也更好；也不要用过时的词汇，当"而且"已经够好用的时候，就不要用"尤有甚之"或"再者"。

在句首使用连接词的示范
你可以免费上第一堂课。但是我不能打电话要你来，你得自己踏出第一步。
选择很简单。你可以当个文书抄写员或者下载实时通信软件来用，而且以音速般的速度进行工作。
我们的电话系统，会帮你自动拨打你选定的前两个号码，直到对方接电话。它会帮你传达紧急求救信息，并提供你的地址。而且，它会不断自动重复这个动作。

4. 一段只用一句话

偶尔把"一句话"当成一个段落，可以改变文案的节奏，让整个文案变得比较活泼。如果所有的句子跟段落长度都差不多，读者会渐渐变得麻木，就像汽车司机行驶在又长又直的道路上时，可能会陷入恍惚。如果突然冒出只有一句话的段落，就像道路突然出现转弯，能让你的读者吃惊，完全清醒过来。以下的例子摘自一封推销"文案写作服务"的销售信：

> 对许多广告人来说，为制造业制作广告是件麻烦的差事，既需要详细研究产品，又得弄懂艰涩的技术。要撰写这类文案，你需要同时懂得专业技术以及文案沟通技巧的双料人才。
>
> 所以，你需要像我这样的人。

5. 利用视觉设计来强调文案中的字句

大学生会用黄色荧光笔，在课本里面画线。这么做可以节省读书时间，因为他们可以挑画线的地方来复习重点，不必整本书重新再看。

跟课本一样，加亮字体和下画线也可以让平面广告里的部分字句凸显出来。许多读者在看文案的时候只是草草读过，所以加亮字体和下画线可以帮助读者注意关键字句、段落或销售卖点。

当然了，下画线或类似设计只能偶尔为之。假如你在销售信里画一堆线，效果等于没画。换句话说，如果你在一整页的销售信里只给3个字画了线，那么你就可以确定大部分的读者会注意那3个字。以下列举了一些文案写手让读者注意关键字句的几种做法：

- 下画线
- 大写字体
- 缩进段落
- 粗体字
- 斜体字
- 彩色字
- 手写体
- 箭头、页边的附注
- 字加框
- 黄色标记
- 黑底白字
- 对话框
- 附言（在信函中用 P.S.）

6. 利用项目清单

撰写订阅出版物宣传文案的最有效技巧之一，是将出版物的内容列成有项目符号的清单，例如"7个在今年冬天降低暖气费用的方法"。许多文案写手会立刻列出一堆清单，再加上项目符号，这样将导致这些项目看起来平平无奇、一点儿也不吸引读者。

你得多付出一点儿心力跟创意，才能列出够抢眼的项目清单，像"在飞机上绝对不要吃的东西"这个经典范例。

列清单时最常犯的一个错误是，文案写手未能把握好透露信息的程度。文案作家帕里斯·兰普罗普洛斯曾经说："告诉读者太多，等于免费赠送信息，读者就没必要订购产品来获得答案了。举例来说，假如你列出的项目清单讲明了'如何利用唐辛子制成的非处方药膏舒缓疼痛'，那么读者就不会对产品感到好奇，因为你已经泄露天机了。"

但兰普罗普洛斯也指出，如果你列出的项目清单揭露信息太少或者不够具体，也会让读者失去兴趣。"假如你说，'为什么维生素 B 对有这种疾病倾向的人来说不可或缺'，我可能就不会往下读，因为我不知道'这种疾病'指的是什么。"

针对文案中的项目清单要如何吸引读者，兰普罗普洛斯从经验中得到一项法则：提出"问题"要具体，但是对"答案"则模棱两可、保持神秘。此外，你还要在问题与答案之间创造一些曲折、悬疑或特殊角度。

兰普罗普洛斯举了一个例子。某位文案写手曾经为一本谈自然疗法的书写宣传稿，这本书提到的保健提醒之一是，坐在体积大的物品上会引发背痛，因此，如果你的皮夹又鼓又大，就应该把它从后面口袋拿出来，改放在前面的口袋，这样一来可以防止背部受压。这位文案写手于是想出了"扒手如何帮你减轻背痛？"这样的文案，他对问题很明确（背痛），对答案则保持神秘（扒手如何帮你减轻背痛）。

3.3——
文案写手的确认清单

在你把完成的文案交给客户或创意部门之前，先问自己以下几个问题：

1 这份文案是否落实了标题所做的承诺？

假如文案的标题是"如何赢得友谊、发挥影响力"，那么接下来的文案就应该告诉你，用什么方式赢得友谊、发挥影响力。假如文案没能落实标题的承诺，就等于是在欺骗读者——而且读者绝对会发现。

2 这份文案够有趣吗？

假如读者边读你的文案边打哈欠，那么你的文案就不可能点燃读者心中对产品的热情。你可以在文案中讲故事、提供新信息、改善读者的生活，总之务必要让它看起来有意思。无趣，不是让读者掏钱购买的方法。

3 这份文案容易读懂吗？

读者看你的文案时，并没有义务猜你在说什么，反而是你有责任用简单的语言表达清楚。你应该使用较短的句子跟段落以及简单的词汇，使你的语义清晰明确。

4 这份文案具有可信度吗？

曾经有个老师这样描述我写的文章："这段话的诚信度只值一张 3 美元钞票。"大众本来就不信任广告或广告人，你得格外努力才能说服读者相信你的话。建立可信度的方法之一，是拿出满意顾客的见证说法；另一个方法是提供实际展示或科学证据，以证明自己所言不假。然而要让大家相信你的最好方法，还是——说实话。

5 这份文案有说服力吗？

文案光是清楚易读还不够，你得兼顾销售及沟通效果。要达到销售目的，你的文案必须先能赢得读者的注意力，将他们吸引住，接着让他们对商品产生购买欲望，并且证明商品的优越之处，最后才能要求他们掏腰包。（本书第 4 章将谈到平面广告的基本推销术。）

6 这份文案够明确具体吗？

要说服大众购买，你得提供具体细节，包括相关事实、产品特色、使用益处、折扣优惠等，各种他们应该买这项商品的理由。内容越明确具体，你的文案就越有信息性跟可信度。

7 这份文案够简洁吗？

尽量用最少的字来叙述整个故事；当故事讲完，就立刻停笔。

8 这份文案跟商品紧密相关吗？

特约文案作家西格·罗森布鲁拉姆解释："优秀文案要遵守的原则之一，就是不要谈自己。别告诉读者，你做了什么努力、达到什么成就，或你喜欢什么、不喜欢什么……这些对读者都不重要。真正重要的是读者喜欢什么、需要什么、渴望什么！"所以你应该确保文案提到的事实，都跟读者自身的利益相关。

9 这份文案的节奏够流畅吗？

优秀的文案会从一个重点，流畅运行到下一个重点。当中没有造成困扰的段落，没有令人迷惑的说法，也没有奇怪的词汇来影响读者、打断阅读的流畅度。

10 这份文案是否能够鼓励读者实际购买？

你希望消费者转而购买你的产品、写信要求寄送免费宣传册、打电话给你的销售代表，然后寄给你一张支票吗？那么你应该在文案中，说明接下来要采取什么步骤，并且要求读者付诸行动。为了达成目的，你可以提供优惠券、回复卡、免付费服务电话以及其他能够增加回应的做法。

3.4——

印刷使用与网络使用

在第 11 至 17 章中，我们会更详细地介绍为印刷品写作与为网络写作之间的差异。比如：

1 如果是印刷文案，字母末端带有小卷曲的衬线字体是首选。没有卷曲的非衬线字体在屏幕上阅读更容易。Times Roman 是衬线字体，Arial 是非衬线字体。

2 当段落只有一两句话时，电子邮件会更易阅读；证据是这样的邮件打开和点击率更高。同时，每行不要超过 60 个字母，超过 60 个字母会使邮件看起来令人毛骨悚然。

3 在网站上，主题会划分成多个网页展示，每个网页聚焦一个主题，不会超过 400 个单词。长期以来，将文本切分成小块一直是提高可读性的策略，而多网页的网站正是这种写法的理想媒介。

4 大多数线下文件模式都是相似的：黑色墨水打印在白纸上。但网站可以延伸到多种不同格式和媒体，包括音频、视频、色彩、动画。

5 一本书可以在参考书目中列出其他书籍。在网络中，可以用超链接点入你的网页，也可以再链接到其他 10 亿个网站的内容上。读者可以迅速获取更多详细内容。

6 网络是一个双向沟通的渠道。举例来说：你写了一篇博客文章，读者发表评论。与此类似，你访问了另一个网站，也可以与聊天机器人进行对话。

7 读者收到邮寄目录后，可以把它放在书架上供未来参考，而且每天都会在那里看到它。读者浏览完你的网站后会点击离开，手里并没有留下任何实质性的内容。

8 幸好有谷歌搜索引擎，你可以更轻松地找到正在搜寻的信息。谷歌可以访问超过 100 万万亿字节的内容，并在一秒钟内全部传送到你的屏幕上。图书馆所拥有的只是其中极小的一部分，而且往往被埋在书堆里，查找起来非常耗时。

9 在网上写作意味着人们会用关键词来搜索你的内容或产品（参见第 11 章），同时还要避免在电子邮件中使用会触发垃圾邮件过滤器的词（参见第 13 章）。

10 网页上的初稿并不一定要很完美。原因：它们是数字化的，很容易纠正、改变和更新。

第 4 章
抓对卖点，写出热卖文案
WRITING TO SELL

扬雅广告公司（Young & Rubicam）的创办人雷蒙德·鲁比卡姆直言："广告的目标就是卖产品，没有其他借口可说。"

对菜鸟写手来说，这可能是个新鲜想法。假如你从事过其他文字工作，例如杂志文章、新闻报道、小说或技术文件，那么你应该懂得如何用清楚简单的文字来表达。你知道如何在字里行间提供信息，说不定还能写出娱乐效果。但现在你面临一个全新的挑战：写出能够说服读者购买产品的文案。

这个挑战令大部分文案写手茫然无措。你得做出许多选择，而且除非你在销售界或广告界待过，否则你不知道该怎么写。

举例来说，你应该把文案写得长一点儿还是短一点儿？（假如你写得很长，大众会去读吗？据说大众懒得读超过3段的广告，这是真的吗？）你应该设计一些噱头、口号式标语或性感的模特来吸引读者注意吗？还是应该专注于商品本身？

假如你的商品优势跟竞争对手比起来胜出不多，你应该强调这项优势吗？还是应该专注在使用这项商品的一般性功效（也就是那些读者可以在你的商品或对手的商品中都能得到的益处）上？假如你的商品跟对手没有区别，你该怎么办？

你要如何知道自己的文案对读者来说，有没有说服力、读起来是否有趣？假如你有两三个构想，你要如何从中选出最好的一个？

本章接下来，将告诉你这些问题的答案。

4.1——
用顾客的语言说明产品特色与功效

要撰写具有销售力的文案，第一步是告诉读者能得到什么益处而非描述产品特色。所谓"特色"，是针对产品或服务的事实描述，讲的是产品的本质；而"功效"是产品能为消费者做什么，讲的是产品或服务的使用者从产品特色中得到的好处。

举例来说，我正在通过个人计算机写这本书。这台机器的特色是能够让我编辑、更正打好的字，所以我不必重打整页内容，就可以移动一个句子或新增一个字。这项特色的好处是我省了很多时间，而且提高了生产力，同时赚更多钱。

再打个比方，我的个人计算机的第二个特色是，它有个可分离的键盘，有一条缆线连接主机。这项特色的好处是，我可以把键盘放在姿势最舒服的地方。

动力销售训练公司（Learning Dynamics Incorporated）在他们的出版物《为什么有些销售人员会失败》（Why Don't Those Salespeople Sell）中指出，销售人员成交失败的十大理由之一，包括了欠缺凸显产品功效的能力。该公司解释："顾客买的不是产品或服务，而是这些产品或服务能够为他们做的事。然而，许多销售人员只会描述产品特色，以为顾客应该自己知道产品有什么好处。销售人员要懂得'如何将特色翻译成功效'，然后用'顾客的语言'来呈现这些功效。"

同样的道理，也适用于文案写手。菜鸟写手往往只写产品特色，一些手边有的资料跟数字。但经验丰富的写手会将这些特色转化为消费者的益处，也就是读者应该购买的"理由"。

挖掘产品功效有个简单的技巧：拿出一张纸，然后做个有两栏的表格。左边那栏写下"特色"，右边那栏则写下"功效"。首先，在左边那一栏，列出产品的所有特色。这些特色的部分内容，可能来自先前搜集的产品背景资料（本书第5章将告诉你如何做这门功课），其他部分则来自亲自使用验证或是跟其他相关人士的对谈，包括消费者、销售人员、经销商或工程师。

　　接着，逐条检视这些特色，问自己："这项特色能够为消费者提供什么功效？这项特色如何让产品更有吸引力、更实用、更有乐趣或更让人负担得起？"当你完成这份清单时，右栏应该已经填满了产品能够为消费者带来的好处，而这些好处，就是你应该写进文案里的"卖点"。

　　你可以用家里的日用品来做练习。以下是我为 2 号铅笔列出的特色与功效清单。你可以为这份清单增加项目，或者想出更有力的陈述方式来说明功效吗？

特色	功效
铅笔是一条圆柱形状的木头。	可以重复削尖，让你能随时写出清晰的字。
铅笔是六边形的。	不会从桌子上滚下去。
其中一头装了橡皮擦。	方便的橡皮擦设计，让你可以很快擦干净错误。
橡皮擦以金属环紧密固定。	橡皮擦紧贴着铅笔，不会因为松弛而破坏铅笔的便利性。
铅笔有 7.5 英寸[①]长。	7.5 英寸的石墨芯可以书写很久。
铅笔的直径是 0.25 英寸。	修长的造型容易握笔，使用起来比较舒服。
铅笔芯是 2 号笔芯。	石墨芯的硬度刚好，写起来既滑顺又清晰。
铅笔有黄色外观。	明亮又吸引人的外观，在铅笔盒或抽屉里特别显眼。
铅笔可成打销售。	跑一趟文具店就可以买到足够用好几个月的铅笔。
铅笔也能买一整箱，共 144 支。	对于企业跟学校这些大量使用者来说，整箱购买既方便，又便宜。
铅笔是本国制造。	质量的保证。（而且，买本国产品还有助于搞活经济。）

---

① 1 英寸 = 2.54 厘米。

现在，你有一张消费者益处清单了，接下来得决定哪一项卖点最重要，也就是你想放在标题里面当广告"主轴"的；同时，你也得决定文案要采用或舍弃哪些卖点。然后，你要想一套逻辑来依序呈现这些卖点。

下面让我们来看看一套有助于依序呈现卖点的五大步骤。这套步骤能带领读者从初步的兴趣顺利实现最后的成交。

4.2——
促进销售的 5 个步骤

过去多年以来，许多广告文案写手发展出了各种"文案公式"来建构平面广告、电视广告以及销售信。

其中最为人所知的公式是 AIDA，即注意力（Attention）、兴趣（Interest）、渴望（Desire）以及行动（Action）。根据 AIDA 公式，文案首先要争取读者的注意力，然后让他们对产品感兴趣，接着将这份兴趣升华为拥有产品的强烈渴望，最后才能直接要求读者购买产品，或是请他们采取其他能促进成交的行动。

另一个也很有名的文案公式是 ACCA，即认知（Awareness）、理解（Comprehension）、确定（Conviction）以及行动（Action）。首先，消费者必须先认知到产品的存在，接着他们必须能理解产品的内容及功能。在理解之后，他们还必须确定有意愿购买产品。最后，他们必须采取行动，真的掏钱购买。

第三个有名的公式是 4P，即描绘（Picture）、承诺（Promise）、证明（Prove）、敦促（Push）。文案写手描绘出一幅景象，让读者看见产品可以为他们做些什么，然后承诺假如读者购买产品，这幅景象就能够变成现实，并且证明产品也曾经让其他使用者满意，最后敦促读者立即采取行动购买产品。

第四个就是我个人最喜欢的"激励序列",写出具有销售力的广告文案的 5 个步骤。

1. 吸引注意

这是广告标题跟视觉设计的工作。标题应该锁定对读者最有吸引力的一个好处。

有些文案写手企图在开头用文字游戏、双关语或与产品没有直接关系的信息来吸引读者,结果把产品最有吸引力的好处留到文案最后,打算来个漂亮的收尾。这样做大错特错。假如你不在一开始就点出产品最吸引人的好处,读者可能连标题都懒得看完。因为产品的实际功效才是读者会对它感兴趣的最重要原因。(想快速复习如何写标题,请重读本书第 2 章。)

2. 指出需求

所有的产品都可以在某种程度上解决某个问题或是满足某种需求:汽车能够解决上下班的通勤问题;空调能够让你在夏天不必汗流浃背;含氟牙膏能帮助你预防蛀牙;漱口水则让你免于口臭的尴尬。

然而对大部分的产品来说,消费者需求可能并不明显或是读者心中并没有深刻的匮乏感。因此写出具有销售力文案的第二个步骤,就是为读者指出为什么他们需要这项产品。

举例来说,许多小型企业负责人都自己报税,从来没有想过雇用会计师。不过深谙税则的会计师懂得利用最新的报税规定来节税,为公司省下数百甚至数千美元的企业所得税。

因此,一家减税公司在电视广告中承诺:如果你欠国税局 1 万美元甚至更多,我们可以帮助你以几分钱的价格解决未付税款。

3. 满足需求,将产品定位为问题的解决方案

一旦你让读者相信自己确实有需求,就得尽快指出你的产品能够满足他

的需求、回答他的问题或解决他的麻烦。

会计师的广告可以这样起头：

你想付 1000 美元来省下 5500 美元吗？

去年，一间本地花店决定雇用会计师来申报企业所得税的退税。他们担心雇用会计花费大，但实在没时间，也没有足够的专业知识来自己申报。

当他们雇用的会计指出，他们的所得税可以比预期少缴数千美元时，你可以想象他们有多么喜出望外。

我就是他们的会计师。而且我想告诉各位，那家花店以及我服务过的其他数十家公司，如何通过合法节税、避税的方式，每年省下 2000 美元、3500 美元甚至 5500 美元或更多。

这份文案还不甚完美，需要再经过一番修改。不过它确实已做到了吸引注意、指出主要需求（省钱）并且说明产品可以满足这些需求。

4. 证明产品的功效如广告所说

既然你希望读者将辛苦赚来的钱花在你的产品或服务上，而且摒弃竞争对手选择你，那么光宣称产品可以满足需求是不够的，你还得提出证明。你要如何展示自家产品优于竞争对手？你要如何让读者相信你的话？

要说服读者购买你的产品能得到好处，以下提供一些经过验证的成功技巧：

1 指出产品或服务的实际好处（不妨先做一份本书稍早提过的特色/功效表，然后从中引申）。指出产品能够发挥什么功效，等于告诉读者为什么要购买。

2 利用使用者见证，让满意顾客用他们自己的话来称赞你的产品。比起制造商王婆卖瓜，来自第三者的担保要有说服力得多。

3 跟你的竞争对手做比较，逐项解释为什么你的产品功效更胜一筹。但要有文件对你的观点进行支持，以免文案遭到质疑。

4 假如你已经做过研究证实产品的优越性，就把证据引述在文案中。你也可以提供免费的研究副本给有兴趣的读者。对膳食补充剂来说，证据就是临床研究——最好是随机双盲有对照组的临床试验，结果发表在经过同行评审的医学杂志上。

5 让读者知道你的公司值得信赖，而且会永续经营。不妨提及公司的员工人数、经销网的规模、年销售业绩、已经维持多少年的成长。

5. 要求实际购买

任何文案的最后一定是呼吁读者实际购买。假如产品是通过邮购贩卖，那么广告会要求读者寄来订购单。假如产品是通过零售商贩卖，那么文案可能会要求读者剪下广告，带去店里面。

如果你的广告文案并非直接销售产品，那么就找出销售流程的下一个步骤，然后告诉读者该怎么做。举例来说，你可能会免费提供产品宣传册、说明书或是样本。再不济也会鼓励读者就算今天不买，往后也可多注意你们的产品。

每份文案都要注明公司名称、地址、电话号码，确保读者采取实际行动时顺利无碍。

假如你写的是零售商的文案，记得注明店面营业时间以及地点。

倘若你是为饭店或旅游景点写文案，记得附上容易遵循的交通指引以及附近地区的清楚地图。

如果你希望读者寄回订购单或是写信要求寄送免费宣传册，不妨设计一张容易裁剪的优惠券，方便他们将这些优惠券寄回。

假如你希望读者打电话，就在文案上用较大字体注明免付费电话号码。如果你接受信用卡订购，务必要告知读者这一点，并且列出可接受的信用卡类型。产品目录要附带订购单，销售信要附带回复卡，官方的产品介绍则要列出经销商名单。总之要让你的读者容易回应。

提供网页回应选项，广告超链接到在线表格上，潜在用户可以用它来获取更多信息或下订单。

还有，可能的话，要让读者有立即回应的诱因。这诱因可以是优惠券、限时拍卖、前1000个订购者有折扣等。别怕鼓励读者立即采取行动、购买产品或担心这样会影响形象。你不但要鼓励读者回应，而且应该要求他们立即回应。

4.3——
利用"伪逻辑"，让事实支持你的销售论点

"伪逻辑（false logic）"是我一个朋友，文案大师迈克尔·马斯特森创造的词汇，指的是通过写作技巧，操作（但不是谎称或故意造成误解）既存的现实。目的是经由文案写手筛选出的事实让读者做出结论，认为若非因为这些事实，产品可能不会那么好。

哈里与大卫公司的一份产品目录描述他们的梨子是："亲自尝过的人不到千分之一。"文案提到这项数据，是要让产品听起来颇为稀有，而这也是一般消费者会有的解读。这正是文案写手希望达成的效果。

不过这句话若是由逻辑学家来分析，可能会说这项数据只显示了这家公司的梨子不怎么受欢迎，几乎没有人要买。

你也可以说伪逻辑已经近似欺骗，但到底是不是欺骗只有销售的一方说了算。一家金属进口代理商的广告宣称"95%的订单直接从库存运送"，表示他们公司随时能够出货。但是这家代理商根本没有仓库，只有一间办公室。他们怎么能够自称可以直接从库存运送？

他们的解释是："我们确实有95%的订单，是直接从库存运送出货。但不是从我们的库存，而是供应商的库存。我们只是中间的代理商。我们没有在广告中强调这一点，是因为供应商的形象欠佳。"

对于一则推销股市快讯服务的广告，则比较花99美元订阅股市快讯和花2000美元请人代操股票，哪一种比较划算。2000美元的算法，是假设每笔投资最低额度为10万美元，这笔投资要抽2%给经理人当管理费。

这则广告的文案暗示，花 99 美元订阅股市快讯的效果，等于花 2000 美元请人管理投资，却并未点明订阅快讯跟请经理人管理其实不是同一回事。

类似的例子还有我朋友唐·霍普曼为"美国演说家"做的广告。这家公司为企业主管提供制作成活页本的演讲要点。他在广告中指出，这家公司会在为期一年的会员资格有效期间，协助你应付每一场演讲，而不像专业演讲作家为你撰稿，单场就要收费 5000 美元。当然了，"美国演说家"并不是真的帮你撰写整篇演讲稿。

消费者的购买决定究竟是出于感性还是理性，到目前还争论未定。不过大部分成功的销售人员都知道，感性的因素还是比理性更能影响购买意愿。他们常说："我们买东西是以感性为出发点，然后再用理性合理化购买决定。"

感知逻辑市场调查公司（Sensory Logic）总裁丹·希尔指出："我们的思绪里，只有 5% 是完全有意识的。神经学上的证据显示，我们在 3 秒之内做出的要不要购买某件产品或服务的决定，是基于感性的，因此我们应该创作出能与消费者的情感联系的广告。"

正由于购买决定是基于强烈的感觉以及根深蒂固的信念，市场营销人员应该要为消费者已经想做的事，提供合理化的说法及支持。只要你的销售论点听起来合理可信，读者就会买单。他们不会像拉尔夫·纳德、迈克尔·穆尔这两位消费者保护前锋或《消费者报道》《洛杉矶时报》的调查记者那样，要求科学证据或追根究底。

有些批评者认为直复营销比一般营销更没道德、更爱撒谎、更不值得尊敬。这些人或许会觉得，我鼓吹利用伪逻辑更证明了他们的看法。但事实上伪逻辑并非直复营销的专利，一般营销也经常采用，而且大获成功。

麦当劳一直在宣传已经"卖出数十亿"汉堡，引导消费者认为卖出了这么多数量的产品，一定是好的。出版商也会运用同样的逻辑来吹捧一本书登上"《纽约时报》畅销书排行榜"。

这种做法很不道德吗？你可以有自己的定见，但我认为事实并非如此。文案写手就像律师一样，服务的对象是客户或雇主。律师必须采用所有对客户有利的证词，文案写手则必须运用所有能为客户赢得消费者的事实。

当然了，我们不应该为非法、危险或伤风败俗的产品做营销，虽然"维多利亚的秘密"这一系列广告对某个人来说只是女性内衣目录，对另一个人来说却像色情片。但如果我们不能运用所有可能资源来说服买家，我们不是无能就是有负业主托付，或者两者兼具；而伪逻辑正巧是最有效的工具之一。

4.4——
独特的销售卖点

塞缪尔·约翰逊曾说："承诺，尤其是重大承诺，正是广告的灵魂。"

但你要如何在广告中，做出足以说服消费者的承诺，让他们舍弃竞争对手的产品转而投向你的产品？方法之一是发展出一套 USP，即"独特销售卖点（Unique Selling Proposition）"。

什么是"独特销售卖点"？《实效的广告》（*Reality in Advertising*）的作者罗瑟·雷弗斯发明了这个术语，用来描述产品能胜出竞争对手的主要优势。主要概念是：假如你的产品没有比同类型对手更好或做出区别，那么消费者就没有理由只选择你的产品，而不选择别家的。所以为了有效宣传，你的产品必须有独特的卖点，也就是其他品牌广告所没有的主要功效。

根据雷弗斯的理论，一个 USP 必须符合 3 项要件，我引述《实效的广告》的内容如下：

1. 每则广告都必须为消费者提供一个卖点。每则广告都必须说："买了这个产品之后，你就可以获得这样的好处。"你的文案标题必须包含一项购买益处，也就是给读者的一个承诺。

2. 每个卖点都必须是竞争对手所没有或无法提供的。这就是独特卖点的精髓所在。光是提供益处并不够，你还得让产品有别于其他同类产品。M&M 公司的独特之处在于，巧克力被坚硬的糖果外壳所包裹，因此不会在你手中化开。

3 **产品的卖点一定要够吸引人，才能让众多新顾客投向你的产品怀抱。所以你的产品不能只是在小地方做出区隔，这个独特的卖点必须对读者是足够重要的。**

为什么有这么多广告未能发挥促进销售的效果？原因之一是营销人员没有为产品打造出够强的独特卖点，然后在这个独特卖点之上经营广告。打造独特卖点并不困难，只是要多花些心思，但许多营销人员懒得动脑筋。假如你在撰写直复营销信件和广告文案的时候，没有事先想过产品的独特卖点是什么，那么你的广告力度就会很弱，因为其中没有什么能够鼓励读者回应的元素。到最后你的文案跟别人的没什么不同，内容对读者也没什么重要性。

一般来说，营销人员会砸数百万甚至数十亿美元的成本来建立强势品牌，借此创造市场区隔。

可口可乐就是靠品牌取得优势。假如你想喝汽水，市场上有十几种品牌的苏打水可以挑选。但如果你想喝可乐，那么可口可乐就是明显的选择。英特尔也有同样的品牌优势，它花了惊人的成本宣传奔腾系列处理器。多数企业的规模都太小，所做的营销必须能立即产生投资回报，所以根本负担不起重金打造品牌。针对这样的公司，我们应该用其他方式来为产品的独特卖点做出市场区隔。

一个常用的方式是通过产品或服务的特色，来做出市场区隔。而这项特色必须是竞争对手的产品或服务所没有的。通过特色建立独特卖点时，最常犯的错误是这项特色虽然与众不同，但销售对象并不在乎，所以也不太可能转而尝试你的产品或服务。

举例来说，在化学设备工业中，泵制造商经常靠强调独特的设计来争取客户。可惜这些设计常常对实际效能未能做出明显改善，也没有带来客户会关心的真正益处。

在20世纪的一个经典工业广告中，布莱克默泵业公司（Blackmer Pump）意识到它无法在技术设计原则的基础上实现差异化，所以另辟蹊径：从产品的应用层面来打造独特的卖点。

他们的广告上出现一份从工业采购指南上撕下来的广告，上面列满包括布莱克默公司的泵制造商。他们的公司被圈选起来，广告标题写着："只有在少数特定的时候，你应该打电话给布莱克默。知道是什么时候吗？"

接下来的文案内文解释（我并没有逐字照搬）："在许多应用方面，布莱克默泵的表现不会比较糟，也没有更好。所以我们并不是首屈一指的最佳选择。"

但文案接下来写到，在几个应用方面，例如处理黏稠性液体、含摩擦性液体、泥浆以及其他几种材料的时候，布莱克默公司经证明表现得比其他制造商的泵更好，将是合理的品牌选择。文案最后提供能够证实上述宣称的免费技术手册。

我的老朋友吉姆·亚历山大，是密歇根州大急流城的亚历山大营销公司的创办人。布莱克默公司的广告宣传就是由他负责的，他告诉我那次的广告大获成功。

打造独特卖点最容易的情况，是当产品确实具备只此一家的特色，而且这项特色能够带来莫大好处的时候，那么这一定会是消费者真正在意的卖点。无关紧要的差异性并不能吸引消费者。

但如果这种独家卖点并不存在呢？如果你的产品跟竞争对手基本上没什么不同，而且也没有值得拿出来大书特书的特色呢？

对这些问题，雷弗斯有答案。他认为独特性可以来自强势品牌（虽然这一项对 95% 的广告主不成立），或来自"其他广告没有特别提到的声明"。换句话说，其他品牌产品或许拥有同样的特色，但广告人员还没告诉消费者。

以包装食品 M&M 巧克力为例："只融你口，不融你手。"一旦 M&M 以这项宣称作为独特卖点，其他竞争对手还能怎么做？难道要登广告说"我们也只融你口，不融你手"吗？

成功的市场营销必须创造出净收益高于成本的广告。雷弗斯相信所有的广告都应该做到这一点。他将广告定义为"以最低的成本，将独特卖点植入最多人心的艺术"。假如我可以修改他的定义,我会改成:"以最低的广告经费,将独特卖点植入最可能购买产品的人心里。"

艾伦营销顾问公司(Ahrend Associates)总裁贺伯·艾伦曾经说:"文案写手必须创造出能够被明确感受到的价值。他必须自问:'这项产品的本质是什么?它有哪些不同之处?假如没有不同之处,它有什么竞争对手还没有提过的特色?'"

SSC&B 广告公司前任总裁兼创意总监马尔科姆·麦克道格尔指出,为看似没差异的产品做广告有 4 种方法。

1. 强调大部分人还不知道的产品益处

曾经有一名文案写手跑去参观酿酒厂,希望能发掘这家酒厂的啤酒跟其他品牌有什么不同。他很惊奇地发现啤酒罐就跟牛奶罐一样,会在蒸汽蒸馏水中冲洗杀菌。虽然所有啤酒品牌都会用这种方式杀菌,但是没有其他酒厂强调过这一点。所以这位文案写手在文案中提到,该品牌啤酒非常洁净,酒罐都经过蒸汽蒸馏水冲洗。这家酒厂的产品独特卖点就此产生。

你不妨先研究产品的特色及功效,再看看竞争对手的广告。找寻其中是否有任何对手漏掉的重要功效,也就是你可以用来当作产品的独特卖点,使产品有别于其他品牌的有效定位。

2. 用戏剧化的方式呈现产品功效

Flex 防水胶带的独特之处在于可以进行防水黏合。该公司播放了一个电视广告,其中一条金属船被锯成了两半。用胶带将两半绑在一起,船航行到湖里。在高速行驶的时候没有任何泄漏现象。

3. 设计别出心裁的产品名称或包装

还记得 Pez 牌糖果吗?就是将糖果放在塑胶匣,而且塑胶匣一端有米老鼠、布鲁托等卡通人物造型的那款糖果。Pez 卖的只是一般糖果,但是外包装的设计让这款糖果变得特别。

同样的设计概念还有 L'Eggs 牌丝袜，它的独特之处不在于丝袜的设计、材质或风格，而是销售成品的蛋壳形包装。让产品名称或外包装变得家喻户晓，确实能让消费者在货架上众多品牌中选择你的产品。不过打品牌知名度所费不赀。除非你的客户有上百万美元的营销预算，否则很难靠打响名气来促销产品。

4. 建立长期品牌个性

全国性知名制造商还会利用广告来为品牌塑造"个性"。

莎拉·杰西卡·帕克为时代啤酒（Stella Artois beer）拍摄的广告，将该啤酒定位为大都会、马提尼或其他鸡尾酒的精致替代品。

同样，《抢答！》（*Jeopardy!*）的主持人亚历克斯·崔贝克作为宾夕法尼亚人寿保险公司（Colonial Penn Life Insurance）的代言人，向观众传达的形象是聪明人都想拥有的金融产品。

如果你有几百万美元的预算，就可以利用广告为产品塑造独特的"个性"，深植到消费者心中。不过就算你的广告预算没那么充裕，你还是可以通过产品特色及功效来打造独特销售卖点，让你的品牌有别于市场同类产品。

4.5——
提供读者"次要的承诺"

塞缪尔·约翰逊说得不错：要在众声喧哗中凸显自己的广告，同时创造能够带来收益的回应，任何营销都必须做出一个重大承诺。以下是一些经典广告如何做承诺的例子。

> **承诺式广告的范例**
>
> 月付600美元就能在国外享受退休生活。
>
> 专门为您保留的免费资金。
>
> 肯尼迪总统有。黛安娜王妃有。迈克尔·乔丹现在也有了。这就是为什么他们能受到数百万人的敬爱。打开我们的信一探他们究竟有什么，以及您如何得到它。

测试显示，至少在直复营销这一块，听起来较小的承诺无法打动消费者。要得到注意、让读者感兴趣，你得做出更大、更有力的承诺。

问题在于，万一读者心存怀疑呢？毕竟重大承诺听起来太梦幻了，简直不像真的。如果担心这一点，你不妨再添上次要的承诺。

次要承诺指的是产品能够带来的功效中，比较不那么令人注目的。虽然它听起来不如重大承诺美好，但还是要有一定程度的重要性，足以成为购买产品的理由，同时又不至于好得令人难以相信。

如此一来，就算读者对广告的重大承诺抱怀疑态度，还是会相信次要承诺，而且仅根据这些次要承诺决定购买。

举例来说，最近有个投资广告在标题点出一项重大承诺："听起来不可思议，但这间小研发公司的股价今天虽然只有2美元，不久的未来却可能飙涨到100美元。"

这实在是个很大的承诺，股价从2美元涨到100美元，等于赚了49倍。换句话说假如你买1000股，将会有98000美元利润。

问题是在熊市期间，这种收益对部分读者来说高得无法置信，除了一种情况例外：假如这家公司的新药获得美国食品与药物管理局核准，那么股价涨至50倍就是可以预期的了。

说服读者相信的办法就是，在标题的主要承诺下方列出副标题，同时抛出一个次要承诺：

> 我认为这项治疗肝病的新科技将可奏效。如此一来股价上涨50倍不成

问题。

但就算新药未获成功，这项疗法完全失败，这家公司的股票还是可以在未来 2 年内，为初始股东赚进 5 倍价差。

这段话的吸引人之处在于，就算新疗法没能获得美国食品与药物管理局的核准，公司还是会将同样的研发科技发挥在其他应用上，赢得丰厚利润（尽管所获利润会少于被美国食品与药物管理局核准的情况）。所以就算重大承诺没能成真，次要承诺还是让这只股票看似值得拥有。

当你的读者对广告承诺表示怀疑，还有许多其他技巧派得上用场。包括利用满意顾客的证词、个案研究、测试结果、有利的使用者说法、优越的产品设计、业绩表现、研究方法或制造商的声誉。

这些都是好办法。但麻烦的是，假如读者觉得你的重大承诺太扯甚至根本不屑一顾，那么之后无论提供再多证据支持你的说法，仍然难以打破读者的成见。

遇到这种情况，我还是会提供证据，但克服重大承诺造成反感的最好方式，还是加上同样值得消费者考虑，但比较具有可信度的次要承诺。

次要承诺扮演辅助文案的角色。如果你的广告同时包含重大承诺跟次要承诺，那么重大承诺负责的是吸引读者。在证据提供充足的情况下，仍然会有许多读者相信你的重大承诺。

至于那些怎样都不肯相信的销售对象，克服他们的方式只有再抛出次要承诺，否则他们会直接扔掉广告，根本懒得回应。

加上次要承诺，而且在文案中彰显（放在标题或第一段），会让那些拒绝相信主要承诺的人反而觉得次要承诺不但可以相信，还颇具购买吸引力。

事实上，次要承诺可以让那些不相信主要承诺的人买单。他们会觉得："假如主要承诺碰巧成真，那么这项产品当然值得买。假如主要承诺夸大不实，光是次要承诺也还是值得我花这笔钱，次要承诺总不会也是骗人的吧。所以无论如何我都没有吃亏。"

4.6 ——
了解顾客，与顾客的心产生共鸣

《今日心理学》(*Psychology Today*)曾经刊登一篇研究，旨在发掘成功的销售人员有哪些特质。

研究作者指出："顶尖的销售人员会通过'催眠式步骤'，先营造信任的氛围和亲切感。在催眠式步骤的进行过程中，销售人员的说辞与姿态反映了顾客的观察、经验及行为。这是一种镜像模仿，像是在暗示对方：'我跟你一样。我们是一致的。你可以信任我。'"

换句话说，成功的销售人员可以与顾客产生共鸣。他们不会套用刻板的销售术语，而会先设法了解顾客的需求、情绪、个性与偏见。借由在销售过程中对映出顾客的想法跟感受，他们可以突破顾客的抗拒心理、建立信赖感跟自己的可信度，同时凸显那些真正符合顾客利益的产品特色。

文案写手也必须深入了解顾客。要写出具有销售力的文案，关键在于了解顾客以及他们的购买动机。

有太多广告是在真空状态下创作出来的。厂商跟广告代理公司所写的文案，仅根据那些吸引他们自己的产品特色，而不是那些真正对消费者有重要性的特色。结果就是写出来的文案只爽到厂商跟广告代理公司，消费者一点儿感觉也没有。

有市场营销简报发表过一项调查，其中询问广告代理公司和高科技产品买家，他们认为哪些产品特色比较重要。结果显示广告代理公司认为应该强调的特色，对买家来说都无关紧要。广告代理公司也忽略了许多对买家而言相当重要的信息。举例来说，采购专员跟工程师认为购买高科技设备时，价格是第二重要的考量因素。但广告代理公司并不认为价格应该是文案的重点，反而觉得高科技产品的广告应该强调顾客可以省下多少时间。然而工程师与采购专员都说，省时的考量远远比不上产品功能与限制。

别靠空想来撰写文案。不要只是坐在计算机前面，随便选些符合自己喜好的产品特色跟功效。你应该找出读者真正关心的特色跟功效，然后写出那些能够鼓励读者购买产品的卖点。

接下来这个例子，是我从 *Inc.* 杂志订阅销售信上看到的佳作。这封销售信是这样起头的：

亲爱的创业家：对，就是你！
　　一项专属美国企业英雄的特别邀请。
　　各位中小企业主是自由企业精神的基石。你们的雄心、视野以及勇气，将永远是美国经济背后的驱动力。
　　遗憾的是，许多商业刊物似乎遗忘了这一点。它们将重心放在企业集团、跨国公司、富可敌国的石油公司这些大目标上，却对民间的小公司漠不关心。

这封销售信之所以有效，是因为它直接诉诸创业者"一切靠自己"的荣誉感。文案写手能够对读者感同身受，同时了解创业者如何看待自己，因而做了一次成功的出击。

你也同样必须了解你的读者。要做到这一点，方法之一是开始密切注意你自己的消费行为。

一旦你开始将自己的定位调整成消费者而不是文案写手，你就会对读者有更多尊重。你也会写出包含实用产品信息、具有销售力的文案，而不是空洞花哨的文字游戏。

另一个了解销售对象的方式是实地观察消费者、积极了解市场。当你进入超市的时候，多多观察其他消费者，观察哪些人会选择折扣商品、哪些人会选择大品牌。

造访汽车经销商的时候，你可以观察成功的销售人员如何运用说话的艺术应对顾客。仔细听他们如何向你推销，然后思考为什么有些话能打动你，有些话却不管用。

你应该对商业世界如何运作保持兴趣。在脸书上看到广告时，注意主题、报价和设计。

你也可以跟交易的对象多聊聊，包括店主、水管工人、你的律师或园丁、帮你修热水器的技工等，听听他们用什么技巧来推销自己的服务或商品。那些在第一线跟顾客面对面的小生意人，对销售现实的了解更胜于大部分的广告业务代表或企业品牌经理。仔细听他们说什么，你就会学到打动顾客的技巧。（本书第 5 章将提供了解顾客的其他诀窍。）

有句俗语说："你不可能讨好每个人。"广告跟销售也是同样的道理。你不可能制作出能够打动每个人的平面广告或电视广告，因为不同的消费群体有不同的需求。所以，身为一名文案写手，你的首先要务是确定目标对象，也就是你想主攻的市场区块，接着再研究哪些产品功效符合这群消费者的兴趣。

接着，你要为这群销售对象量身打造文案内容跟信息呈现方式。卖冷冻食品给家庭主妇时，她们最感兴趣的是营养价值与商品价格。但是一名年轻的单身专业人士，会比较在意商品的便利性。他们并不想在厨房花太多时间。所以价格不会是他们最重视的因素，因为他们比家庭主妇拥有更多的可支配收入。

再以复印机为例。大型企业采购复印机，重视的是机器速度是否够快、是否具备多项功能，像是彩色复印、自动分页或双面打印。但在家工作的个体经营者有不同的需求。他们的预算有限，所以复印机不能太贵。而且既然他们在家工作，空间必然是优先考量，所以体积小也是个重要因素。至于速度跟功能就不是那么重要了，在家工作的人不像企业主那样需要那么大的印量。

有时候，你很容易看得出来针对个别消费群体应该强调哪些产品功效。不过有时候你得先询问广告主或他的顾客，才能知道应该强调哪些产品特色。我曾经被指定要卖一套净水设备给两种不同类型的客户群：海上使用者（大部分是商业渔船）以及化学工业使用者（例如化工厂）。同样的产品，却有截然不同的买家。

我跟两种买家都聊过之后，发现海上使用者最重视低故障率，因为他们在海上工作时经不起没有净水可用的风险。设备重量也是重要因素，因为设备占用空间越大，船只负载的油耗就越多。

相反，化学工业使用者不在意重量，因为设备是装在工厂地板上的。而且因为他们的水源充足，低故障率也不是那么重要。化学工业买家几乎都是一群训练有素的工程师,他们对技术层面比较感兴趣。他们想了解每项产品细节,连一颗螺丝、一根管子或一条线路也不放过。假如我没开口问,不会知道这些差异的存在。这就是了解顾客之所以重要的原因。

你对顾客究竟有多少了解？光知道自己的销售对象是农民、信息科技专业人士或水管工,还只是个起点,你得更深入地挖掘。但这要怎么做呢？

要写出具有销售力的文案,你对销售对象除了掌握年龄层,还得确实了解驱使他们购买的动力,包括他们是什么样的人、他们想要什么、有什么感受、面临哪些问题、有哪些担忧是你的产品可以帮忙解决的。你的文案必须在理性、感性以及个人层面上打动销售对象。

理性是第一个层面,虽然有效,却比不上另外两个层面。理性的诉求建立在逻辑之上,打个比方:"买我们投资快讯推荐的这只股票,你就可以比市场多赚 50% 到 100%。"

不过更能打动销售对象的是感性层面。你可以运用恐惧、贪婪、爱、虚荣等情感或者诉诸仁慈来为慈善基金募款。再回到刚刚那则投资快讯的例子,感性层面的诉求可能是:"我们的建议可以为你降低损失、赚更多收益,让你的财富胜过亲友邻居。你也可以用现金换新车,想买雷克萨斯、宝马或任何高档车都不成问题。而且你晚上还会睡得更香甜。"

打动消费者最有力的方式,还是得通过个人层面。再以上述的投资快讯为例:"你曾经在 2000 年 4 月的科技股泡沫中损失一笔财富吗？结果造成你得暂时打消退休生活或财务独立的美梦？现在你有机会赢回所有的损失,重新打造财富,实现提前退休或财务独立的梦想。而且达成速度比你想象中还快。"

4.7——

善用"BDF 文案公式"

要同时在理性、感性、个人三个层面都打动销售对象,你得了解文案作家迈克尔·马斯特森所谓的消费者"核心情结",也就是驱使他们购买的情绪、态度以及渴望。这些核心情结可以用 BDF 公式作为代表,即信念(Beliefs)、渴望(Desires)以及感受(Feelings)。

1 信念

你的受众相信什么?他们对产品的态度是什么?他们如何看待产品解决问题的能力?

2 渴望

他们想要什么?他们的目标是什么?他们想要在生活中看见哪些改变,正巧是你的产品可以协助达成的?

3 感受

他们有什么感觉?他们是自信气盛,还是紧张害怕?他们对生活中、商业来往或业界的重要问题有什么感受?

举例来说,有家公司专门为 IT 人员举办沟通讲座,让他们学习人际交往技巧。某个营销团队通过分组会议,让 IT 人员做了 BDF 公式练习,结果得到以下观察:

1 信念

IT 人员认为自己比其他人聪明、科技是全世界最重要的事、使用者都很笨、管理阶层不够赏识他们。

2 渴望

IT 人员想要被赏识、被认同。他们宁愿跟计算机打交道,尽量避免应付人,而且他们希望可以有更多预算。

3 感受

IT 人员通常跟管理阶层或使用者发生对立,虽然两者都是他们的服务对象。他们觉得对方不喜欢他们、瞧不起他们,而且也不了解他们在做什么。

根据以上分析，特别是 IT 人员的感受，这家公司撰写了一份直复营销信函，后来成为"IT 人员人际关系技巧"讲座最成功的一次营销。这份信函有个颇不寻常的标题："想叫终端使用者去死吗？以下是给 IT 人员的重要消息。"

在你下笔写文案之前，不妨先以 BDF 公式描述你的目标市场。你也可以与工作团队分享这些描述，跟他们取得共识。接下来再根据这些共识来撰写文案。

有时候正式的市场调查也能够揭露销售对象的渴望以及他们关心的是什么。举例来说，为食用油广告撰写文案时，可以先阅读焦点团体的谈话内容记录，从中找到使用者说法："我会先用这种油炸鸡，然后把剩油倒进量杯。结果我发现炸鸡竟然只用掉一小汤匙的分量。"

上述说法被埋藏在焦点团体报告的附录里，但最后造就了一支成功的电视广告。广告卖点就是食材不会吸收这种油，所以用来煮东西不油不腻。

资深广告人乔·萨科曾经为糖尿病患者注射胰岛素所使用的新型注射笔撰写文案。产品的关键销售卖点是什么？跟乔·萨科谈过的糖尿病患者，都对新型注射笔赞不绝口，因为它够锐利。非使用者可能会觉得锐利是个负面形容词，但假如你为自己或别人打过针，你就会知道针头越尖，就越容易推进，疼痛感也更低。乔·萨科于是以针头尖锐为卖点，推出了一则成功的广告，强调新款胰岛素注射笔不但使用更容易，而且没有疼痛感。

文案作家唐·霍普曼建议："从销售对象出发，而不是产品本身。"有了 BDF 公式，你可以在尝试销售产品之前，很快取得对销售对象更进一步的了解。接下来你通常能制作出更强而有力的广告。

4.8——
提高"购买意愿"的说明清单

正如我先前所说，每个人购买产品的理由不同。假如我打算买车，我只是要一种可靠的交通工具，能够载我到想去的地方，所以便宜的二手车就够我用了。但保时捷或奔驰的买家要的不只是交通功能，他们也购买身份地位的象征。

下笔写文案之前，你最好先审视消费者为什么要买你的产品。为了协助你思考，以下是我列举的"购买意愿"清单，总共有22项消费者掏腰包的背后动机。这张清单还不尽完备，但已足够帮助你厘清销售对象是谁以及你说服他们购买的理由。

接下来就是消费者购买产品的22个理由。别只是读过而已，你应该好好思考每一项理由，以及这些理由如何应用在你手头的产品上。

1 为了被喜欢

2 为了被感谢

3 为了做正确的事

4 为了感觉到自己的重要

5 为了赚钱

6 为了省钱

7 为了省时间

8 为了让工作更轻松

9 为了得到保障

10 为了变得更吸引人

11 为了变得更性感

12 为了舒适

13 为了与众不同

14 为了得到快乐

15 为了得到乐趣

16 为了得到知识

17 为了健康

18 为了满足好奇心

19 为了方便

20 出于恐惧

21 出于贪心

22 出于罪恶感

不妨回想你买过的东西，还有你买这些东西的理由。

你买香水，是为了让自己好闻。而你想让自己好闻，是为了吸引伴侣。你买运动设备是为了得到乐趣。你加入休闲健身中心是为了健康。你买镀金的钞票夹是为了与众不同、想要感觉到自己的重要。

你买保险是为了得到保障。你买拖鞋是想要舒适一点儿。你买有制冰机的冰箱是为了方便。

一旦你了解到消费者购买的动机是什么，你就会知道如何推销产品以及如何撰写文案。剩下的工作只需将文案组织好、适当修改，并运用一些简单的技巧。

4.9 长篇文案与短篇文案

一则多年前的香烟广告标语说："重点不在长度，而是延长享受时间。"这也是如何决定文案长度的实用法则。

换句话说，重点不在于你应该写多少字，而是你需要提供多少信息才能达成销售目标。

通常文案的长度取决于3件事：产品本身、广告受众以及文案的目的。首先，你应该先考虑你的产品，是不是有很多地方值得一提？提供这些值得提的事实有助于说服消费者购买吗？

有些产品有许多值得在文案中强调的特色及功效，像是计算机、音响、汽车、书、保险、投资机会、课程跟讲座、休闲度假旅游、录像机、软件、相机、家用健身器材等。

然而也有许多产品缺乏这么多特色或功效，值得一提的地方不多，像是软性饮料、快餐、名牌服饰、糖果、口香糖、啤酒、葡萄酒、烈酒、珠宝、女性内衣、香水、古龙水、肥皂、洗衣粉、化妆品、织品、宠物食品或洗发液。

举例来说，假如你的产品是姜汁汽水，那么除了好喝跟便宜之外，实在没有什么可再说的。

然而自动食物处理机就有许多功能可以大书特书了：它可以节省时间、简化切切剁剁的麻烦，让烹饪变得更简单愉快。几乎任何食材都可以用它来切片、切丁、打糊、去皮、搅拌、混合、剁碎、碾平。你可以用它做点心、开胃菜、沙拉以及主餐。它可以处理水果、蔬菜、肉类、坚果跟乳酪。所以，文案的长度其实要看产品本身以及这些产品有哪些值得一提之处。

其次，文案的长度还要看广告受众。有些消费者不需要一大堆信息，而且也不习惯阅读长篇文字。另外有些消费者想了解产品的所有具体细节，无论你提供多少他们都能全数消化。

有个阅读俱乐部一度想知道，他们用来吸引新会员的直复营销信函，其中的文案应该要有多长篇幅比较合适。他们设计出各种不同长度的文案来做测试，包括只有1页、2页、4页、8页和12页的。结果12页的文案带来最多订单。为什么？原因之一是会加入读书俱乐部的人，本来就喜欢阅读文字。只要够感兴趣，他们可以读完12页的文案。

为知识产权或技术方法提供服务或产品的商人经常用写书的方式概述他们所提供服务的方法（例如投资管理）。很多人都表示："真正读过这本书的人都会成为优秀的潜在客户，且更有可能成为客户。我们更喜欢受过教育的客户。他们更容易相处，也更有可能接受我们的建议。"

决定文案长度的第三个因素是文案的目的。假如你希望文案能够筛选出潜在顾客，那么你就没必要提供完整的细节，因为当潜在顾客有所回应，你还会有机会提供进一步的信息。另一方面，如果你是通过销售信请读者立即订购的，那么你就必须提供有助于读者做出购买决定的所有信息。

你可能会说："讲起来好像很容易，但我到底要如何决定怎样的长度最适合产品本身、广告受众跟我的目的？"幸好这个问题是有答案的。我发展出一套自己称之为"文案长度表格"的工具（图4.1），可以让我们用比较科学和量化的方式来决定文案长度。

决定文案长度

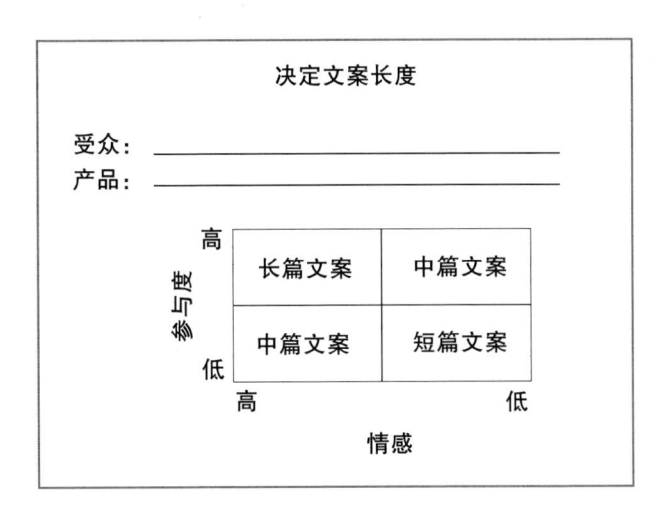

受众：＿＿＿＿＿＿＿＿＿＿＿＿＿＿＿＿＿
产品：＿＿＿＿＿＿＿＿＿＿＿＿＿＿＿＿＿

参与度	高情感	低情感
高	长篇文案	中篇文案
低	中篇文案	短篇文案

图4.1 文案长度表格

在文案长度表格上，有两项主要因素决定了你的广告究竟适合长篇文案还是短篇文案。这两项因素就是情感和参与度。情感因素，指的是这项产品涉及情感的程度。购买订婚钻戒涉及相当多的情感。但是当你在决定选择哪个牌子的回形针时，你不会有什么情感。

参与度指的是购买产品需要投入多少时间、努力以及思考。选购订婚钻戒就跟选购大部分高价商品一样，需要经过相当多的考虑。但是我们在买回形针的时候，多半只是从文具店的货架上拿走最靠近的一盒，几乎连想都不想。要运用上面这套系统来决定文案长度，我们将情感及参与度这两个要素区分为高和低，借此决定你的文案长度会落在四个象限的哪一边，让你有个大致的方向。

举例来说，购买订婚钻戒不但涉及高度情感，还需要相当多的考虑，所以应该被归类为高参与度。你可以从表格看出，订婚钻戒势必要摆在左上方这个象限，也就是长篇文案较适合这项产品。

另一方面，回形针比较接近冲动购买：我们走进店里，拿了第一眼看到的那盒回形针，确定大小是我们要的就行了。购买过程中不涉及情感，也很少思考。

所以回形针应该被放在表格中的右下方这个象限，意即为回形针写出充满热情的长篇文案，根本不会让它变得更好卖。

当然了，这份表格只是个粗略指引，无法做精确的分析。还有很多其他因素可以作为决定文案长度的考量，包括：

1 价格

产品越昂贵，所需的文案就越长。你得先提供翔实的文案，为产品建立价值，才能要求消费者下单。这样一来当你最后终于提到价格的时候，消费者才会觉得跟他们能得到的回报相比，这样的价格根本不算什么。

2 目的

直接通过平面媒体或计算机屏幕销售的产品，文案通常必须够长，因为它得提供所有产品信息，同时消除所有可能的反对意见。若是文案目的是过滤出潜在顾客，那么文案就可以短一点儿，因为这些产品目录、宣传手册或销售人员稍后还会有机会进一步提供产品细节或消除反对意见。

3 受众

忙碌的经理人或专业人士通常时间紧迫，他们对短篇文案的反应较佳。（B2B 的广告文案写手史蒂夫·斯朗怀特指出："B2B 的写作风格倾向于清晰、以事实为基础、用对话式语言，并且注重实际的业绩预期，而不是夸大的承诺。"）而退休人士这类有比较多时间的销售对象，或是对你的产品特别感兴趣的业余爱好者，他们或许比较能接受长篇的文案。

4 重要性

消费者有需求的产品（例如冰箱或传真机）可以用简短的文案，因为反正销售对象横竖得买这些东西。有些产品是消费者想买但不一定需要的（健身录像带、自我成长有声书、股市快讯），这些产品得通过长篇文案推销出去。

5 熟悉度

当消费者对产品已经有一定程度的熟悉，短篇文案会是比较好的选择。这就是为什么畅销的知名杂志如《新闻周刊》（*Newsweek*）或《商业周刊》（*Bloomberg Businessweek*）经常用简单的订购单来做销售。

　　根据文案长度表格与其他考虑因素，我们可以明显看出文案不一定长就是好，许多情况下短文案最有效，尤其是对那些可以把自己推销出去的商品，像是订书机或庭院用水管。

　　但有些商品得靠推销才卖得出去，像是人寿保险、高级房车、IT 设备、收藏品、高级珠宝或职业训练。这些商品往往需要较长的文案，因为它需要更多情感及参与度。别担心长篇文案会让消费者不耐烦。只要有利于销售，你应该尽可能在文案中提供最多的商品情报。

　　同时，影响文案长短的还有其他因素。比如在横幅广告或谷歌点击付费的广告中，你只能使用短文案。用户点击广告后，就会来到一个在线销售页面，此时你才有空间尽可能多说一些来促使交易完成。

4.10 代际营销

如今，越来越多的广告商将营销目标锁定在了特定的几代人身上，最主流的是婴儿潮一代和千禧一代。下面的表格对各代人的情况进行了概述，包括他们的年龄、兴趣、态度和生活方式。

由于技术发展加速，经济起伏跌宕，地缘政治不稳定，以及人的寿命延长，代际差异甚至比几十年前更大。因此，针对不同代际开展市场营销的行为是很普遍的，而且极为有效。

特点	成熟一代（1945年以前）	婴儿潮一代（1945—1960年）	X世代（1961—1980年）	Y世代（1981—1995年）	Z世代（1995年后）
成长经历	二战、配给制、固定性别角色、大乐队音乐、核心家庭、定义性别角色——尤其是妇女的角色	冷战、战后繁荣、摇摆的60年代、阿波罗登月、青年文化、伍德斯托克音乐节、家庭取向、青少年崛起	冷战结束、柏林墙倒塌、里根/戈尔巴乔夫、撒切尔主义、"拯救生命"摇滚演唱会、第一台个人电脑问世、早期移动技术、钥匙儿童、离婚率攀升	"9·11"恐怖袭击、PS游戏机、社交媒体、入侵伊拉克、真人秀、谷歌地球、格拉斯顿伯里音乐节	经济下行、全球变暖、全球聚焦、移动设备、能源危机、阿拉伯之春、自媒体、云计算、维基解密
渴望	房屋所有权	就业保障	工作与生活平衡	自由与弹性	安全性和稳定性

特点	成熟一代（1945年以前）	婴儿潮一代（1945—1960年）	X世代（1961—1980年）	Y世代（1981—1995年）	Z世代（1995年后）
对技术的态度	基本脱离	适应早期的信息技术（IT）	数字移民	数字原住民	"技术狂人"——完全依赖IT技术，对替代品的掌控有限
对职业的态度	工作是为了生存	组织——职业由雇主定义	早期的"公文包"职业——忠于职业，但不一定忠于雇主	数字化创业者——"与"组织合作，而不是"为"组织工作	职业多面手——在各个组织和"游击"式公司间无缝切换
标志性产品	汽车	电视	个人电脑	平板/智能手机	谷歌眼镜、石墨烯、纳米计算、3D打印、无人驾驶汽车
交流媒介	正式书信	电话	电子邮件和短信	短信或社交媒体	手持式（或穿戴式）通信设备
沟通喜好	面对面	面对面最理想，但也可以电话或电子邮件	短信或电子邮件	线上或移动（短信）	视频通话
做出财务决定时的倾向	面对面会议	面对面最理想，但也越来越接受线上模式	线上——如果时间允许也倾向于面对面	面对面	解决方案是数字化众包

4.11 ── 定位

曾经针对定位撰写过许多文章及一本书的作家阿尔·里斯及杰克·特劳特指出："现今，'定位'的广泛意义指的是广告在销售对象心中所创造的影响。换句话说，成功的业主不是要利用广告传达产品优点或特色，而是要通过广告来定位产品。"

例如，库尔斯啤酒（Coors）的定位是用落基山脉的水制成的新鲜、纯净的啤酒。喜力（Heineken）的定位是"由鉴赏家精心制作"的优质啤酒。

定位无法取代产品特色、功效和销售语言。定位发挥的是补充性的功能。假如你的产品符合某个有盈利空间的细分市场，那么将其他知名品牌引用为你的产品定位，是个在消费者心中打造产品形象的快速有效方式。

然而你的文案不只要能让消费者想到你的产品，还必须说服他们实际购买。除非你告诉消费者产品可以为他们做什么，以及为什么你的产品比其他品牌更好，否则你无法说服消费者掏腰包。

第 5 章
这样做市场研究，让你的广告文案成功一半

GETTING READY
TO WRITE

艺术指导赫尔穆特·克朗创造过许多知名广告，例如安飞士租车公司的"我们更努力"，大众汽车的"小，才是美"，以及美能刮胡水的"谢了，正好是我需要的"。他对于如何处理广告委托有一套基本做法："我会先拿出一张白纸，开始在上面写些有趣的想法。"

　　但文案写手在面对这张白纸之前，究竟要为自己做好哪些准备？你需要备妥哪些信息才能着手写文案？你应该用什么方式搜集这些信息？如何想出广告的点子？

　　本章将为上述问题提供答案，并且告诉你在着手处理文案委托之前，有哪些特殊技巧可以用来熟悉产品及市场。

5.1
文案写作调研

　　在完成文案委托任务的时候，我会围绕产品、技术、竞争和市场进行3个步骤的工作。

第1步——从客户入手。

　　大多数人都有丰富的材料要与你分享。你只需要知道自己需要什么……一切就此开始：http://www.bly.com/newsite/Pages/documents/HTPFAC.html。

第2步——雇用线上调研人员。

　　不要把线上的调研工作全部包揽——要把寻找常规统计数据和晦涩资料

的时间节省下来。

我的线上调研人员就此问题写了一本很平价的电子书：http://www.fast-onlineresearch.com/。

第3步——自己进行线上调研。

某些时候，你并不知道某篇文章或论文能为文案提供有用的信息，直到你找到或是偶然发现它，就像在本地图书馆或书店浏览书架一样。

是否有其他为文案寻找优秀原材料的方法呢？有很多。但这里先列出这3个。

注意：Word中的引文功能可以帮你轻松地标注信息来源，如果稿件中有哪里受到了质疑，可以用标注的出处来支持它。

5.2——

在线调研：速览

主流的搜索引擎指的是拥有大型索引、广为人知且经常被使用的引擎。对调研人员来说，使用知名的搜索引擎意味着结果更加可靠。如果你从多个来源找到了类似的结果，更可以确认信息。这些主流的搜索引擎都有商业力量的支持，因此维护得当，经常更新，并且能与不断增长的在线数据保持同步。

我想你对谷歌、雅虎、必应和其他一些主流搜索引擎都相当熟悉。所以在这一节中，我不打算在基础知识上浪费你的时间。我们的重点是如何在网络上找到可信的、准确的信息。

斯坦福行为设计实验室和马科夫斯基公司（Makovsky Company）在关于网络可信度的研究中，将可信度定义为可靠性，并指出可信度是一种可感知的特质，而非一条信息。

可信度有多个评估标准。这些标准分为两类：网站的专业性以及可靠性。每一类都有多种考量标准。

一个可靠网站的特点是：

1 有作者姓名、机构或与作者有关联的组织（如果有的话），以及最新的联系信息。

2 展示作者的证书和资质。

3 提供完整的引文清单。此外，你还应当问问自己，这些来源是否具有权威性。

4 信息是最新的（有更新、没有死链接、没有旧新闻等）。

5 作者的倾向性微乎其微：没有试图销售自己所谈论的产品或服务，网站上的广告非常少或是根本没有。

6 浏览没有限制：查看信息不用付费，不会收到浏览器技术付费的要求，也没有软件限制要求。

网络上最可靠的一些来源包括由机构或专业协会维护的网站。专业网站可能会包括研究、资源、概况介绍、白皮书、报告、调查、新闻发布等内容。这些网站通常是可信的，尤其是那些合法、有名的机构或协会。

如果一篇文章只提供了来源链接，就应当分别对每个链接来源的可信度进行判断，因为文章反映的已经不是原组织的可信度。下面是其他值得信赖的研究市场、应用和技术的写作资源：

1 来自同行评审的科学和医学期刊文章，大多是借助学术搜索引擎找到的。

2 雅虎一类的金融网站。

3 主流新闻机构，如《纽约时报》《今日美国》。

4 主流商业新闻机构，如《商业周刊》和《个人理财》（*Kiplinger's*）。

5 官方提供的统计数据。

6 专业网站。

5.3——
如何为广告文案委托案做准备

你可以通过以下 4 个步骤来取得所需信息，帮助你为客户写出具有说服力、情报翔实的文案。

步骤1：取得所有与产品相关的旧资料

针对已经问世的产品，客户有一堆现成的背景资料可以寄给文案写手参考。这些资料包括：

1 旧广告样张

2 宣传册

3 年度报告

4 产品目录广告页

5 相关文章翻印

6 技术文件

7 产品说明的复印件

8 影音脚本

9 公关新闻稿

10 市场研究

11 广告企划

12 网站

13 来自产品使用者的信

14 过期的推销快讯或电子杂志

15 竞争对手的广告及相关资料

16 公司内部备忘录

17 技术信息往来信件

18 产品的详细说明、设计图、企划案

19 产品原型的绘图与照片

20 工程制图

21 销售与营销企划

22 相关报告

23 各项提案

24 用户评价

  你应该在参加简报会议或着手写文案之前,坚持要客户提供这些背景资料。不妨制作一张所需背景资料清单,这张清单能帮助你在要求客户提供资料时,更清楚简单地表达你的需求。

  当然了,你也可以从网络上尽可能找到最多的产品信息。你应该花很多时间打印资料、阅读客户的网站或那些跟产品有关的网页。

  你可以问客户,他们的主要竞争对手是谁,然后研究这些对手的网站。最后,建议你在谷歌搜索引擎输入跟产品有关的关键字,说不定你会找到很多适合用在文案中的重要信息。

  研究过背景资料之后,文案写手应该就可以搜集到 90% 撰写文案所需的素材。要凑齐剩下的 10%,文案写手可以通过简短的面对面会谈或电话讨论提出正确的问题。接下来的步骤 2 到步骤 4,列出了文案写手应该询问哪些跟产品、广告受众或文案目的有关的正确问题。

步骤2：提出与产品有关的问题

1 产品的特色跟功效是什么？（务必列出完整的清单。）

2 哪一项功效最为重要？

3 产品在哪些方面有别于竞争对手？哪些产品特色是品牌独有？哪些特色优于竞争对手？

4 假如产品跟对手没有什么不同，有什么特色是竞争对手还没有提过、可以被加以凸显的？

5 这项产品与哪些科技抗衡？

6 这项产品有哪些方面的应用？

7 这项产品可以为市场解决哪些问题？

8 这项产品如何与竞争对手做出区隔定位？

9 这项产品的实用效能如何？

10 这项产品的故障率如何？可以使用很久吗？

11 这项产品的效率如何？

12 这项产品经济实惠吗？

13 产品的定价多少？

14 使用起来便利吗？容不容易保养？

15 哪些人买过这项产品？他们的看法如何？

16 消费者有哪些材质、尺寸、型号可选择？

17 制造商配送产品的速度够快吗？

18 假如制造商不提供送货上门服务，消费者要如何购买？到何处购买？

19 制造商提供哪些服务与支持？

20 这项产品有保证书吗？

步骤3：提出与广告受众有关的问题

1 谁会买这种产品？（它主攻什么市场？）

2 这种产品究竟可以提供哪些好处？

3 为什么他们需要这种产品？为什么他们现在就需要？

4 消费者购买这类产品时，他们主要的考量（价格、运送、性能、耐久、服务、维修、质量、效率、购买便利）是什么？

5 买家有什么样的特质？购买这类产品的是哪一类人？

6 买家的动机是什么？

7 文案的诉求要考虑到多少不同的对象？（以玩具为例，玩具广告必须能同时吸引家长与儿童。）

8 假如你正在写一则广告文案，你应该顺便阅读会刊登这则广告的杂志内容。

9 假如你正在写一封直复营销销售信，不妨先研究寄发对象清单，看看这份清单如何描述他们。

10 假如你正在写一份网络广告。可以先研究一下它们会出现的那些网站和电子通讯。

步骤4：确定文案的目的

你的文案可能有以下几个目的：

1 增加流量。

2 增加交流。

3 鼓励销售对象主动询问。

4 鼓励销售对象购买。

5 回答销售对象的问题。

6 筛选潜在顾客。

7 增加商店客流量。

8 引进新产品或改良过的旧产品。

9 与潜在顾客和现有顾客保持联系。

10 筛选潜在客户电子名单。

11 促使潜在客户购买产品。

12 传达新消息或产品情报。

13 建立品牌认同与偏好。

14 塑造公司形象。

15 为销售人员提供营销工具。

在你开始写文案之前，一定要先仔细研究产品的特色、功效、过去的表现、应用以及主攻市场。你的努力会得到报偿，因为在文案写作这块领域，具体的细节才具有销售力。

5.4 通过访谈搜集情报

当然，就算搜集了背景资料，也不一定能够从中得到上述所有问题的答案。有些时候你必须向客户雇用的产品专家请教，来取得其他额外情报。这些专家包括工程师、设计师、销售人员、产品经理或品牌经理。

新闻从业人员会告诉你，面对面的访谈比电话访谈好。当你跟受访对象坐在桌子的两边，你可以观察他们的举止、服装打扮、容貌外表。你也可以从他们的周遭环境捕捉到很多细节。

不过文案写手要做的访问，跟新闻记者所做的不同。你想知道的不是受访者的鲜明个性或过往经历。你要寻找的只是简单明白的事实、单纯的产品信息。所以你不需要"贴近"受访者，电话采访就跟亲自会面一样能达到目的。

事实上电话采访还有许多好处。

第一，虽然专家对产品有第一手的知识，但产品宣传通常不在他们的职责范围内，再加上他们工作忙碌，所以他们通常不想介入其中。电话访问可以减少占用他们的时间，而且忙碌的经理人会很感谢你用这种比较有效率的方式沟通。

第二，利用电话采访比较方便写笔记。有些受访者在你狂敲计算机键盘时会坐立不安。进行电话访谈时，这些动作对方都看不见。受访对象不觉得自己说的话正在被逐字记录，就可以用比较放松、自然的态度跟你交谈。

第三，电话访谈可以节省往返客户办公室的时间。假如你是论件计酬，电话采访能为你增加获利空间。但如果你是以时薪计费，电话采访省下的时间可以算是为客户省钱，因为你花在研究上的时间减少了。无论如何，总是会有一方能省到。

文案新手经常问这个问题："采访的时候用录音笔比较好，还是键盘录入比较好？"我的答案是，这要看个别委托案的情况而定。顺带一提，假如你决定要用录音笔，务必在采访开始之前让受访者知道。

有时候你对某个产品或市场能取得的背景资料不多，以至于不得不参加简报会议。这时候新信息会在简报会议上蜂拥而来。在这种情况下，除非你在键盘上的打字速度足够快，能记下所有东西，否则可以用数字录音设备进行辅助，比如智能手机应用程序。

换个情况来说，假如你已经听过完整的简报，对产品也很熟悉了，那么你可以在访谈之前准备好问题清单，包括那些背景资料没能补足的产品知识，接下来的访谈应该就能得到简短、具体的回答。这时候你只需要用电脑或纸笔做访谈笔记就行了。在约见之前，我总会把问题清单用电子邮件发给相关专家。大约有 20% 的时候，他们会打出答案，通过邮件发回给我。

《作家》(*The Writer*) 杂志曾经刊登一篇文章，作家多萝西·欣肖·派顿针对如何安排、进行成功的访谈提供了几项诀窍（基本概念来自多萝西的文章，不过我将她的诀窍做了些修改，让它们更适合文案写手的需求）。

1. 如何打电话约访

打电话约访的时候，你应该立刻表明自己的身份、谁建议你联系的他们，以及你为什么要约访他们。

现在我举个例子："吉姆·罗森塔尔先生吗？您好，我是鲍伯·布莱，负责为您的广告代理商安德森公司撰写地面雷达的广告文案。安德森公司的兰辛·奈特建议我打电话给您，他说您是地面雷达天线的专家。我想向您请教几个问题，方便的话……"

有时候你会遭到对方拒绝，这时候有几个方法可以克服这个问题：

1 向对方解释访谈不会占用很多时间。（"我准备了 6 个简单的问题要请教您，整个访谈大概只会花 10 分钟。我知道您很忙，但我们能不能在最近约个时间谈 10 分钟就好？"）

2 奉承受访者，但是要真心。（"虽然我可以找贵部门其他人做访问，但他们跟我说您是负责设计天线的人。我很希望广告里的信息 100% 正确，因为这则广告会出现在《机械设计》《设计情报》与《电子文摘》杂志。"）

3 解释委托案的重要性。("我整理的文章会刊登在今年的年报中，所以才会希望尽可能获得最正确的信息。")

4 借用权威人士的影响力。("关于这次的委托案，您的部门主管雪莉·帕克现在正和广告代理商密切合作，她认为我们一定要征询您的意见。")

2. 让受访者挑选访谈的时间跟日期

你可以提议访谈时间选在早上、午餐时间、下班后、晚上或任何受访者觉得方便的时间。有些人忙得没空在上班时间跟你谈话，他们可能会希望约在下午 5 点或 6 点之后，那时候他们会稍微轻松一点儿。另外有些人可能觉得午餐时间才是最适合的时候。总之受访者觉得什么时候方便，你就把访谈约定在那个时间。

同样重要的是，无论你的访谈是面对面还是通过电话，务必要约好明确的日期与时间。假如你们排定进行电话访谈，你应该确认受访者了解到你会准时打电话过去，而且电话访谈就跟会议一样正式，不容随意更改时间。

3. 尽早安排访谈时间

但由于广告委托案的时间比较紧迫，有时候很难有充裕的时间这样做，所以你最好在接受委托案的当天就开始约访。这样一来，就算重要的受访对象人在远方或无法碰到面，你也会有足够的时间知会客户或设法转圜（要求客户延后交稿期限或另寻其他受访者）。

4. 做足功课

访谈之前要准备好，读完所有背景资料。预先想好访谈要得到哪些信息，并且将想提出的问题写成清单。

受访者的时间以及你的时间，都是客户花成本买来的。所以不要浪费时间，要求受访者给你讲解基础信息。你应该利用珍贵的访谈时间，向专家询问产品的具体细节以及市场的相关情报，而且这些都应该是背景资料所没有的。

5. 务必准时出现

许多商业人士属于比较性急的类型，而且假如你错过约定时间，可能不会再有第二次机会。万一你真的无法准时出现，一定要提前打电话通知，向对方解释你遇到的问题。

6. 笔记只记重点

如果你要做采访笔记，只要写下那些有助于厘清事实的信息就好。

7. 与受访者建立融洽的互动

你们之间或许有很多共同点，但你得表现出有兴趣了解对方遇到的问题，才能赢得受访者的友谊。如果受访者把你看作朋友，那么他总能比有敌意或冷淡的受访者表现出更好的回应。

就算你没兴趣了解研发出全世界第一个光纤钓竿要克服哪些困难，也得知道这对你要访问的设计师来说，可是件不得了的大事。所以，当他转身告诉你："光是要把张力调整到正确的长宽比例，就花了我们好多时间解决。"你应该点头微笑，表示理解。你甚至还可以说："我可以想象你们遇到的难题。但这根钓竿一定是卓越的产品。"这只是一般性的礼貌，而且有助于访谈顺利进行。

8. 将访问过的对象列成清单

同时你也应该保留所有笔记，直到文案被客户接受并出现在广告上。如果客户想知道你的资料来源或文案中问题的正确性，你就可以参考这些清单和笔记。

9. 访谈结束后，向受访者致谢

如果你可以寄封短信表示感谢会更好。

5.5——组织你采集的信息

工作进行到这个阶段,你已经搜集了大量产品信息,也记下了关键句或者直接在关键句画线。此外你也已经完成了专家访谈,有了访谈内容的录音或笔记。接下来的准备工作是用电脑将笔记做成电子文档,然后打印出来,方便撰写文案的时候参考。

这项工作可以带来两个好处。首先,你会先在大脑中过滤这些信息,从中挑选重点写下来,然后再把精华部分打成电子文档。这个过程可以让你对这些产品情报越来越熟悉。

20世纪60年代,我还在读小学的时候,老师经常会指定我们根据百科全书查到的文章做专题报告。要准备这类报告,我们不太需要做什么研究,甚至还以为可以靠直接抄袭百科全书的内容蒙混过去。

但老师们都不是傻瓜。他们早就知道我们会这样做。但他们也知道我们会用自己的话改写百科全书的文章,而这个改写的过程就会让我们思考其中的观点,进而针对报告主题得出自己的结论。

文案写作也是这样。你在用自己的话重打访谈内容的过程中,会逐渐建立对产品的特定观点,同时也对如何销售这项产品发展出自己的想法。

说句公道话,我知道很多文案写手做不到这一步。我只能说这个步骤对我个人有帮助,而且我不会在还没完全消化所有信息的情况下,就贸然下笔。这些信息一定要经过思考、打字以及打印的程序。

将笔记打成电子文档且打印出来的第二个好处是,你可以把几个小时的采访和成堆的网页、白皮书和产品手册以单倍行距的大小减少到3到10张左右的纸。与其在一大堆研究材料中寻找一个关键内容,不如使用 Word 当中的查找功能用关键词迅速找到它。

这份文档也可以当成一个清单,将已经用在文案中的信息打钩,把打算要用但还没用的资料圈起来,删掉那些不准备用在文案中的信息。再说,阅读打字整齐的文档总是比猜自己潦草的手迹在写什么要轻松得多。

虽然这些文档很便利，不过一旦你完成打字，你可能对这些资料记忆犹新，根本不需要经常参考这份文档。你只需要偶尔看一下，确认某项情报或寻找某个漏掉的信息就行了。

我本人就曾经在完全不参考笔记的情况下，完成整个广告或宣传册文案。不过在文案完成之后，我还是用这份笔记当检查清单，确认自己没有漏掉任何重要事实。

5.6——
要不要先写大纲

许多文案写手认为，在着手撰写文案之前先拟定大纲并没有帮助。同样，这也要看你个人的写作方式而定。假如预先拟定大纲对你有用，你才需要这样做。

大部分的短篇文案，例如平面广告、销售信或宣传册，它们涵盖的销售卖点不会太多，所以我在脑子里勾勒大纲就行了。同时我也不需要把这些卖点先用纸笔列出来。但如果我的文案涵盖了特别多的卖点，又或者我的文案还没有清楚的组织编排（这种情况常有），我就会先坐下来，拿出纸笔来构思大纲。

撰写长篇文案，例如视频销售信、登录网页、白皮书和网站的时候，预拟大纲往往对我很有帮助。我会把大纲贴在计算机旁边的书架上，用它来指引自己完成任务。在每个段落的初稿完成后，我就会删除大纲上的这个段落。这种做法可以带给我成就感和进行下一步的动力。

过去几十年来我建立了一项惯例，也就是在开始写初稿之前，先把广告文案大纲给客户过目，取得他们的同意。这份大纲包含了一个暂定标题，以及针对主题和内文的简单描述。这些描述可能是用项目符号罗列，或是写成几个段落。

这种建立"文案平台"的方式，可以确保客户同意你的写作方向。假如没有建立这样的平台，事先取得客户认同，可能会在写完整个主题或概念之后被客户毙掉，不得不全部从头来过。如果你先通过文案平台与客户取得共识，这种风险发生的概率就会低得多。

你应该如何组织大纲？本书第 4 章"促进销售的 5 个步骤"这一节，正是所有具备说服力的文案都应该包含的大纲。本书接下来的各章，将说明特定的文案类型应该如何架构内容，无论是平面广告、宣传册、YouTube 视频、脸书宣传页、公关新闻稿、推销信，还是电子邮件。

5.7——
社交媒体作为信息来源

在建立起由领英联系人、脸书朋友和推特粉丝组成的网络后，你可以接触到大量受众。其中一些人在文案调研期间可能会对你有所帮助。

特别是领英，其中有很多专注于不同学科、行业和知识领域的专业群体。加入与写作主题相关的小组，里面的成员都是这些领域的专家，或是目标市场中的一员，或是二者兼而有之。

你可以向这群人提问并记录答案，做一些非正式的研究。关于如何开设社交媒体账号，将其作为研究工具，为不同广告网络撰写文案，请参见第 15 章。

5.8——
在线调查

另一种进行在线研究的方法是搭建一个选择加入列表。最好的办法就是在你的网站上加一个注册框，订阅公司免费的网络新闻通讯。

一旦有了这个电子列表，就可以使用调查猴子（SurveyMonkey）一类的在线工具来对读者进行调查。社交媒体调研可以产生定性的答案，在线调查也会给你提供定量的数据；例如，你可以确定调查人群中有多少人打算在未来一年内购买新的装饰物，或者有多少人吃甘蓝。

除了自己进行调查之外，谷歌搜索还会展示很多其他人关于这一主题的调查。调查以百分比的形式给出结果，按照受欢迎程度依次排序，数字可以使文案更为有力：它们很具体，而且可以吸引读者的注意力。

5.9——
制定一套你的写作流程

现在到了最有意思的部分：实际撰写推广文案。

每个写手都有自己的写作方式，你也应该采用最能发挥你的创造性的方式。有些写手会从标题开始，先大致构思文案的视觉设计，然后才完成内文部分。他们一定要先有够满意的标题或视觉概念，才能继续往下写内文。

另外有些人则是先从内文下手，接下来才从内文或自己的笔记中提炼标题。也有些人喜欢从宣传册或年报当中，选段落最长或最困难的部分开始。其他人则偏好先从简单的段落热身（例如，直邮包裹上的订货单、网站上的"关于"页面）。

无论你的写作方式是怎样的，都得了解你很难在一开始就写得完美无缺。

创作优秀文案的关键在于重写 2 次、3 次、4 次、5 次、6 次、7 次……直到所有元素都到位了。文案新手常常在要开始写文案时，变得手足无措。他们之所以紧张，是因为很怕写出烂句子或蹩脚的想法。

但是没有人会看到你的初稿。你也不需要在第一次挥棒时就击出好球。放心写下所有从脑袋冒出的想法、词汇、口号、标题、句子和片段吧，反正你随时可以删掉那些不够好的文字。除非你动手写下来，否则那些念头跟说法将一闪即逝。

有些文案写手会写出远多于最终版本所需的文案。他们这样做是为了可以去芜存菁。同样的道理，你搜集的背景资料也应该远多于撰写文案所需。这样一来你就会有足够的空间，从中拣选更适合放在文案中的信息。

基本上，文案写作可以区分为三个阶段，虽然每个阶段都可能需要多次重写。

在第一个阶段，你可以先在纸上写出所有出现在脑海中的想法。让思绪自由流动，不要自我检查，也别为了进一步发展某些想法而打断自己。想到什么就写什么，不要回头检视某些已经写下来的字句。只要你还有想法或字句在脑海中流动，就持续不停地写下去。

有些写手没办法做到让自己的思绪自由流动。他们因为自觉到正在"写广告文案"，这听起来像是艰巨的挑战，结果变得驻足不前、心存畏惧。假如你有相同的情况，不妨假装自己只是在写信给朋友，这封信要说服朋友买某个让你兴致勃勃的产品。上述技巧似乎还算管用，因为写信可能比写广告文案更像我们每天在做的事。

到了第二个阶段，你的工作是修改自己的文案，删除赘字、重写不够好的词汇和句子。大声把文案念出来，确认它读起来够流畅。接着你将素材重新做个更有逻辑的顺序安排。

此外，把自己的文案从头再看一次，检查它是否符合有影响力、有说服力的标准。假如你觉得还不够符合标准，就重写一次，强化销售卖点。这个过程可能需要更多产品情报、更好的标题、更有力的结尾或不同的视觉设计。

第三阶段的工作是"打扫"文案，检查错字、文法错误以及信息是否都正确。同时你应该确认内容有没有任何不一致的地方。举例来说，你不会希望标题用的公司缩写是 GAF，到了内文又变成 G.A.F.。

文案的写作技巧跟其他文类一样，都需要练习。撰写文案能让你学到如何培养较好的写作风格习惯，提升你对写作的信心，同时协助你强化驾驭语言的能力。

5.10
为资料来源建档

身为文案写手,你有责任为所有使用在文案上的资料来源建档。举例来说,如果你正在为某个生殖医学中心撰写文案,声称"在美国,每 6 对伴侣中就有 1 对面临不孕问题",你必须保存这项数据的资料来源。

最好的办法是使用 Word 的脚注或尾注功能,这样每一则引文和每一条内容客户都可以轻松核实。完成广告文案之后,你应该将所有资料来源的复印件保留至少 6 个月。你愿意的话,也可以将这些存档寄给客户自行留存。

5.11
如何创作具有销售力的广告

文案写手的工作,是要创作出能够卖出产品或服务的字句跟想法。但这些想法到底从何而来?答案是,它们来自对产品、市场以及文案使命的了解,进而让消费者掏出钱来。

不过就算是最顶尖的文案写手,也会有灵感枯竭的时候。你可以依照以下 9 个步骤来设计广告、标题、营销活动或任何相关的工作:

1. 找出问题

解决问题的第一步是知道问题到底是什么。但很多人还没搞清楚目标,就开始埋头苦干。记得这个教训:没有花时间正确厘清问题之前,别急着解决问题。

2. 整合相关情报

在犯罪小说中,侦探大部分的时间都是找寻线索。他们无法光靠聪明才智破案，必须先拿到事实证据。你也一样，在解决问题或根据手头资料做出决定之前，得先掌握充分的信息。

每个领域的专业人士都知道搜集具体信息的重要性。负责实验计划的科学家会先查阅文献，看看之前是否做过相关的研究。写书的作家会尽可能搜集一切跟主题有关的资料，包括剪报、照片、官方记录、访谈稿、日记、杂志文章等。企业顾问会花好几个星期甚至好几个月的时间研究一家公司的运作，最后才提出重大问题的解决之道。

所以我建议你将搜集到的背景资料，整理成有条有理的档案。在你开始构想解决方案之前，先检视这些档案内容。你也可以利用计算机将背景资料做成笔记，这样做可以增加你对这些资料的熟悉度，同时为你手上处理的问题带来新观点。此外，用电脑将资料整理成文档，可以让你将大量素材浓缩成几页笔记，往后要再从中找资料就很容易了。

3. 建立一般性知识

文案写作中所援引的具体信息，涉及的是委托案本身，包括产品、市场、竞争对手以及媒体。但一般性知识涉及的是你的专业素养以及对日常生活的领悟，包括你对人情世故、社会事件、生活现实、科学技术、经营管理以及世界整体运作的了解。

你应该在工作涉及的多项领域尽量多地学习。商业期刊是学习产业知识的最宝贵来源，不妨订阅几种跟你的领域有关的期刊。收到期刊后，先扫描一遍，然后保存那些可能会对你有用的文章，并且将这些文章依照主题分类归档。

你也应该多阅读跟自身领域相关的书籍，建立自己的参考书库。假如有某个具备25年资历的文案老手，出版了一本跟电台广告有关的书，买下这本书可以让你在一两天之内，就学到作者累积多年的经验。除此之外，进修夜间课程对你也会有帮助。座谈会、研讨会和商展不妨多参加。建议你在自己的领域广结善缘，和他们互相交换信息、故事、想法、个案或技术诀窍。

我认识的成功专业人士中，大部分都有搜集信息的强迫症。你也应该成为这样的人。

4. 寻找新组合

常常有人说："天下没有新鲜事，一切都已经发生过了。"或许是吧。但想法不一定得是全新的。很多想法只是现有元素的重新组合。你可以在既有想法中搭配出新的组合，借此创造全新的呈现方式。

例如，苹果手表就是一个团队研发的，他们将数字手表、智能手机、血压和心率监测器、应用程序、无线充电等多种技术结合在了一起。尼尔斯·玻尔将卢瑟福的原子核模型和普朗克的量子理论结合在了一起，创造了现代原子理论。

当你在检视背景资料时，不妨从中找出能够互相搭配的组合。有哪两件事组合在一起，可以创造出一种新概念？假如有两种设计，分别发挥不同的功能，你能够将它们联系起来，创造出新产品吗？

5. 搁置问题

灵感枯竭的时候，不妨暂时将问题放在一边，蓄积重新思考的能量。

但你不能在苦思冥想 5 分钟之后，就用这种方式把问题抛开。首先，你得先尽可能搜集所有信息。接着，你得在努力进行创作时，一而再、再而三过滤这些信息。你可能会想到头昏脑涨，同样几个念头在脑子里打转，而这才是你可以搁置问题的时候。不妨暂时休息、睡一觉，让你的潜意识接手。

灵感可能在你睡觉、淋浴、刮胡子，或在公园散步时出现。就算灵感没来，你还是会发现经过一段休息再回到问题上时，你的思考不但恢复活力，对事情也有了新的观点。我个人会在写作时运用这项技巧，暂时放下写好的文案，隔天再重新读一次。很多时候我当下觉得挺得意的作品，隔天再读时会发现其实还有很多改善空间。

6. 列出清单

清单可以用来刺激创意思考，也可以当作新概念的出发点。本书就有许多清单供你运用。但最好的清单还是你为自己想出来的，因为这些清单才能贴近你日常工作会遇到的问题。

举例来说，吉尔是熟稔产品技术细节的技术销售人员，但是她很难说服顾客成交。要克服这项弱点，她可以先列出一份典型顾客拒绝理由以及如何回应的清单。（从几个星期的电访内容，整理出顾客拒绝理由清单。然后再请教其他销售人员，或从谈论销售技巧的书以及自己的失败经验中，列出克服这些拒绝的策略。）往后她再遇到态度强硬的顾客时，就不必再重蹈覆辙了。由于她熟习这份清单，她已经准备好应付这些典型的拒绝。

不过，没有任何清单能保证让你在任何情况下都能想出好主意。要记住清单只是进行创作的工具，不是你的万能灵丹。

7. 征询他人

福尔摩斯是杰出的侦探，但就算是他也需要华生医生偶尔给点儿意见。身为专业文案写手，我以为自己很懂得如何写出吸引人的文案了。然而当我把草稿给妻子看，她总是能找出至少 6 个可以修改得更好的地方。

有些人喜欢独立工作，我就是其中之一。也许你也是。但如果你不是在团队里工作，那么主动征询别人的意见有助于你集中思考，激荡出自己从未想过的观点。

不过，对于别人的意见不必照单全收。假如你觉得自己是对的，而且别人的批评没有根据，那么就忽略这些意见吧。但实际上这些意见经常能为你提供有用信息，帮助你思考出最具销售力的好点子。

当然了，假如你经常要求别人"帮我看看这篇报告"，你也应该在他们征询你的意见时投桃报李。你会发现检讨别人的工作很有趣，毕竟批评要比自己动手简单多了。假如你能提供改善意见，对方也会很感谢你。因为这些在你看起来很明显的缺失，对方可能想都没想过。

8. 找合作对象

有些人在团队工作的情况下，会激发出比较多的创意。你选择的合作对象，必须在技巧跟思考上能跟你平衡互补。举例来说，在广告业，文案写手（负责文字部分）应该跟艺术指导（负责图像部分）以及软件工程师（负责电脑部分）合作。

在企业界，公司的创办人拥有创意，他们通常会雇用曾经在《财富》500强企业任职的专业经理人来协助新事业成长。因为创办人知道如何从无到有，但只有经理人才懂得如何创造企业的利润和效率。

假如你是工程师，你或许能发明出功能更强大的芯片。但是要想卖芯片获利，你应该跟熟悉业务跟营销的人合作。

9. 别轻易放弃新点子

很多企业界人士，尤其是管理型的人，他们培养出的批评能力远胜于创作的能力。假如具有创意的工程师和发明家得听他们的指令行事，我们就不会有个人计算机、汽车、飞机、灯泡、智能手机或水力发电这些产品问世了。

创作的过程可分为两个阶段。第一个阶段是酝酿，让思绪自由流动。第二个阶段是批判修改，这时候你应该将想法放在冷酷的大白光下，检视它们是否有可行性。

许多人会犯混淆两个阶段的错误，尤其是在酝酿阶段，想法一冒出来，我们就急着要批评它们。结果我们阻断了自己的思绪，过早做出判断，但其实这个阶段我们应该鼓励自己，提出越多想法越好。你应该避免犯这个错误，因为很多好点子就在这个阶段被扼杀了。

本章所描述的工作程序，或许听起来不容易达成。但是别担心，你一定做得到。记住奥美集团前任文案罗·雷德蒙的建议："广告是相对较简单的艺术，所以别被它吓倒了。"

5.12——
广告的类型

所有的平面广告都是雷同的吗？不同媒体需要不同的广告写作技巧吗？为了实现不同目标需要设计不同的广告吗？

优秀的平面广告所包含的基本要素与各个媒体中的广告都是一样的，下一章将概述优秀广告的 9 个特征。但是，广告的语气、内容和重点是可以随着目标和媒介而变化的。

第 6 章
平面广告文案：营销人必练的基本功

WRITING PRINT ADVERTISEMENTS

虽然报业在走下坡路，但美国每年仍有近 160 亿美元用于在报纸上刊登广告。因此，虽然报纸的读者人数肯定在下降，但说报纸已经消亡却有些夸大其词。

如今，平面广告承担了多种营销任务，其中最主要的是：

1 **直接销售商品。**（例如邮购广告）

2 **发掘可能对商品感兴趣的人。**（例如那些邀请读者索取免费手册的广告）

3 **使读者对产品产生兴趣。**（零售商品广告以及低单价消费商品的广告）

4 **为实体店和网店带来流量，增加销售额。**

这四项基本任务之间有什么不同？

要求读者下订单的广告，也就是那些直接创造交易活动的广告，它们的任务完全以销售为主。当中没有销售人员，没有商品展示间，没有零售陈列，也没有解释性的宣传册来辅助销售。这类广告必须能赢得读者的注意力、让读者保持兴趣，然后说服读者订购他们从没亲眼见过的商品。

邮购广告的文案通常很长（半版报纸的广告甚至会超过 1000 个单词），因为这类文案必须提供完整的信息。他们得回答消费者所有的问题、卸下对方心防、克服种种反对意见，最后才能成交。这类文案也必须有足够的篇幅解释如何订购，包括商品的网站链接、优惠券、免付费客服电话或其他相关设计。

目标锁定企业或工厂采购人员的广告，通常会将重点放在发掘可能对产品感兴趣的人身上，让对方主动要求提供更多产品信息。这是因为企业或工厂采购的大部分产品，都要通过销售人员先进行产品说明，再亲自签约成交，而不像一般零售商品可以直接购买。

这类广告提供的信息可多可少，但绝对不能交代得太详尽。读者必须先写信、打电话或寄优惠券给广告主或者访问网页，才能得到完整的信息。撰写这类广告之前，你应该先了解购买的流程以及广告内容会出现在什么地方。

大部分的消费商品并不是通过邮购或销售人员卖出的，而是通过超市、百货公司、汽车代理商展示间或连锁快餐店。而且你通常只会在需要的时候去消费这些商品，并不会因为看了广告就去买。

所以，这些商品的广告目的不在直接销售，而是要吸引读者的注意力、激起读者对购买这项商品的渴望。这类广告得花上好一段时间，才能逐渐赢得读者的注意力及渴望。汉堡王知道，你不会在看了华堡的广告之后，就冲出门买华堡。他们的广告目的是让你在想吃汉堡的时候，头一个就想到汉堡王，而不是选择麦当劳或温蒂汉堡的商品。

有些广告宣传的是企业而非商品。这类广告又称企业形象广告，目的是为企业在读者心目中塑造出某种形象。有时候这些广告是要消除一般大众对某个企业的误解或仅仅是要提升公司形象。不过这些广告也常以股东、投资人以及企业界人士为目标。在《福布斯》《财富》或《商业周刊》这类杂志中，企业形象广告的例子俯拾皆是。

广告也会随着媒体种类而改变，报纸、杂志、分类目录或网络的广告类型都不一样。报纸向来是零售商品广告的主攻平台。零售商在报纸上刊登简单排版的广告，凸显商品的价格，然后告诉读者最近的零售地点在什么地方。这类"价格与购买地点"广告的重点通常是全店大减价或部分商品优惠折扣。

当然了，有兴趣刊登报纸广告的不只零售商，还有银行、保险公司、房地产中介、电影院、餐厅以及书商。有些广告主也采用"价格与购买地点"这类简单模式的广告。另外一些广告主则选择接近杂志广告、较为精致的广告版面。

杂志跟报纸在两个地方有重要区别：首先，报纸的目标读者为一般大众，但杂志锁定的是特定群体，例如女性、青少年、基督徒、企业主管、计算机行家、管线工程师、地理学家或作家。杂志是接触小众的有效媒体，报纸广告则可以触及一般大众。

其次，杂志的印刷品质远胜过报纸。此外，杂志也能够让广告主刊登全彩的广告页。制造商在杂志上刊登广告，通常是为了吸引读者对产品的注意、建立企业形象。不过许多消费杂志会另外制作特辑，专门刊登邮购广告。

至于网络，我们有几种广告方式。多年前，广告横幅是最常见的形式。不过近年来广告横幅的效力逐渐递减。越来越多个人计算机使用者开始利用拦截软件挡下从屏幕上跳出来的广告横幅。在2016年对桌面互联网用户的调查中，26%的人表示会使用广告拦截器屏蔽在线广告。

除了跳出式广告，另一种网络广告是电子杂志，也就是包含简短广告内容的电子邮件快讯。这类广告通常只有50到100个单词，附带一个可以点进官网的超链接，让读者能够从官网找到更多产品信息。

无论你的广告刊登在报纸、杂志、网站上还是电子邮件快讯里，你都得努力争取读者的注意力。毕竟读者购买报纸杂志或进入某个网站，都是为了阅读文章或网站内容，而不是要欣赏广告。而且大部分的读者平均每份杂志只看4则广告。所以你的广告标题与视觉设计，必须能够让读者停下阅读脚步，转而注意文案中强调的产品功效以及承诺给读者的回报。

广告的版面大小也影响文案的写作。假如是全页的杂志或报纸广告，你会有很大的弹性来选择图片、照片尺寸以及文案的篇幅。（全页杂志广告若要写满文案，可能超过1000个单词。不过文案字数通常没这么多。）

有鉴于此，广告主经常将全页广告视为建立企业形象、吸引读者注意产品的宣传核心，版面较小的广告则用来过滤潜在顾客。许多邮购广告主也靠着小版面的广告，获得了相当不错的回应。

6.1——
如何写出优秀的广告文案

尽管不同的广告情境需要不同的文案写作技巧，例如杂志跟报纸写法不同，邮购广告跟形象广告写法不同，针对采购人员跟一般消费者的写法也不同，但无论刊登平台是什么，优秀的平面广告都有相同的基本特质。

广告若要成为有效的销售工具，以下 9 项是必须符合的标准：

1. 标题应包含重要的使用效益、引起好奇心、承诺回馈

针对长途网络电话的广告标题是："如何让贵公司的长途电话费节省一半以上。"标题中的效益与回报很清楚：假如你读了这个广告文案，你就会知道如何省下一半的电话费。

节省或折扣，往往是你可以在标题中强调的最有力效益。譬如以下这个推销"建立自信的技巧"播客的邮购广告，标题是这么写的："只要花 30 美元，你就能得到《财富》500 强公司经理人一天付 5000 美元才能学到的建立自信的技巧。"

听音频课程不同于参加现场培训，不过没关系，总之这个标题创造出一种印象，让读者觉得自己可以比其他人少花 4770 美元学到新知识。这似乎是个挺划算的买卖，这样的标题既简单又有力。

21 世纪房地产的业务人员招募广告也很直截了当："现在起就靠房地产致富。"没有卖弄文字，没有双关语，没有炫目的照片或特效，只有一个用大白话表达、让人难以拒绝的承诺。

2. 当广告有图像时，将标题点出的主要产品效益视觉化

注意，我指的是"假如你的广告有图像"。有些人可能会告诉你图像有多重要，但我认为广告的销售效果大部分要归功于文字，而不是图像。市面上已经有数百则成功的广告，完全只靠文字来宣传产品。其他几千则广告则

只用简单的照片、素描和朴实的计算机绘图。

可能的话，广告的视觉部分应该描绘出标题所提到的产品效益。要做到这一点，最有用的视觉设计技巧之一就是使用前及使用后的照片对比。

杜邦的特氟龙广告解释了为什么用特氟龙涂层的工业处理设备，可以免于被酸性物质侵蚀。广告中贴出两张照片，其中一张是未涂层的搅拌叶片，已经被酸性化学物质侵蚀成一堆废铁。另一张照片显示经过特氟龙涂层的搅拌叶片，即使浸泡在同样的酸性化学物质中，却依然保持完好。还有比上述做法更好的方式来证明使用特氟龙的效益吗？

强生公司的一则广告标题也提供了相当有力的产品效益："现在，强生推出了帮助宝宝学习新技巧的玩具。"在广告照片里，学步宝宝正在玩这些新玩具，而且明显表现出开心的样子。这张照片展现了产品的效益，也证明小宝宝的确很喜欢这些玩具。广告里的图像不一定要详尽说明产品效益。百科全书的广告可以显示儿童研读、使用这套书。房屋险的广告可以显示屋主在原有的房子失火后，得到房屋险的理赔，住进安全、舒适的新家。

视觉效果得益于图注。图注要么是向读者解释照片里要关注什么，要么是强调某件重要的事（例如，产品非常受欢迎，工厂订单供不应求，用稀缺性激励此刻行动）。

3. 文案的第一段应该延伸标题的主题

以下是几个例子：

标题：腐蚀问题越严重，你就越需要杜邦特氟龙

第一段：在高度腐蚀的化学处理环境，杜邦特氟龙涂层的液体搅拌机机件寿命，往往超过其他材质的机件。

标题：现在起就靠房地产致富

第一段：21世纪公司的业务蒸蒸日上，我们的员工事业亦然。21世纪比

全世界其他销售机构，帮助了更多人在房地产交易中赢得丰厚报酬。

标题：现在，强生推出了帮助宝宝学习新技巧的玩具

第一段：你的孩子越来越健壮聪明，好奇心也更旺盛，每天都渴望学习新事物。这就是为什么强生要设计出能够配合宝宝成长的儿童发展玩具，鼓励他们在成长的每一步发展新技巧。

4. 版面设计必须能吸引目光，并强化易读性

文案写手得考虑到广告的视觉设计元素并了解这些设计如何影响文案的阅读。副标题的设计是否会将文案切成太多零碎的片段？广告是否夹带了优惠券？应该用较大字体印出电话号码，鼓励顾客来电询问吗？需不需要用几张较小的照片来解释产品或流程，并且为每张照片附上图注？这些都是文案写手要考虑到的问题。

要让读者愿意看你的广告，关键在于广告的版面必须简洁清爽，使眼睛容易浏览。除了吸引读者的注意，广告的版面应该要带领读者的眼睛，从标题与视觉设计开始，按照合理的顺序移动至文案内文、公司商标以及联络地址。

本书稍后将详尽解释广告的视觉设计，不过以下先提供部分可强化易读性、吸引目光的版面设计要素：

1 使用单一视觉中心。

2 标题要用粗体大字。

3 文案内文放在标题与视觉设计的下方。

4 文案内文要用清晰易读的字体。

5 段落间留白可以增加易读性。

6 副标题有助于带领读者的眼睛进入文本。

7 文案印刷应以白底黑字为主。若是采用黑底白字，或将文字印在浅色背景上，甚至印在图案上，都会增加阅读的难度。

8 篇幅短的段落比长段落容易阅读。

9 文案的第一段应该要很短，可能的话不超过三行字。

10 简单的视觉设计最好。包含太多元素的视觉设计会让读者头昏脑涨。

11 版面也是越简单越好，只要放进标题、大图、内文、公司商标就行了。其他额外的元素，像副标题、边栏、小图等，或许可以增强广告的易读性，但放得太多会造成版面显得过度拥挤，使读者打退堂鼓。

12 许多艺术总监相信，一则广告必须有大量留白，否则会因为版面凌乱导致读者拒绝阅读。其实，假如你的印刷清晰易读，你甚至可以放一整页的文字，读者还是会逐字把它看完。

同样的道理，有些视觉设计也可能让广告看起来好像很累赘，导致读者产生反感。这些应该避免使用的设计分别是：

1 倾斜的标题或文案段落。

2 颠倒的印刷（例如黑底白字）。

3 用其他颜色为黑白照片上色（通常是蓝色或红色）。

4 较小的字体（小于 8 号字）。

5 冗长、大块的文字段落。

6 公司商标下塞满一长串地址。

7 文字栏目过宽。

8 过度简陋的图片或照片。

广告的外观（包括视觉效果、版面、各项元素在页面上的编排），无论再怎么精彩都补救不了失败的文案。然而令读者倒胃口的版面设计，确实可能造成读者放弃阅读其实相当有料的文案。本书稍后还会再进一步讨论文案写手必懂的广告设计基本原则。

5. 以合乎逻辑的顺序，写出所有重要的卖点

有效的广告向读者诉说关于产品的故事，并且告诉我们这些产品有趣、重要的一面。就跟小说或短篇故事一样，文案的架构也必须合乎逻辑，有开头、中间和结尾。

假如你打算描述一项商品及其效益，你可能会根据重要性来安排文案中卖点的先后，把最重要的卖点放在标题，在阅读文案的过程中，带领读者从最重要的效益逐步走到比较次要的产品特色。按照这种架构模式，你的广告会类似新闻记者采用的"倒金字塔"写作风格。

但如果你的销售卖点没有明显的优先级，你可能会选择将卖点列成清单，简单标出一、二、三等项目编号就行了。

假使你的广告有个案使用经验或满意顾客的证词，你可以依照时间顺序来铺排故事。或者，你也可以采用"问题与解答"架构来展示产品如何为消费者解决问题。

6. 说服最多数的潜在顾客踏入销售流程

文案中的销售卖点，到底篇幅要写多长、卖点要写多少个，要看你卖什么样的产品、卖给什么样的对象，以及销售流程的下一步是什么。

以下是我翻过一期《好管家》（*Good Housekeeping*）杂志后，观察到的广告长度：

1. 在索菲亚香水的全页广告上，一个香水瓶的特写压在烟火背景上。这则广告完全没有内文，只有一个标题和几句品牌标语。

> 索菲亚是欲望。　索菲亚是神秘。　索菲亚是梦幻。

科蒂集团为您献上索菲亚。等待您的热情拥抱。

2 显然香水没有太多可以用文字表达的，它的卖点在于喷香水可以增加性吸引力的这个奥秘上。

3 一则挺立钙片的广告内容包括图解、图表、超过 400 个单词的文案内文以及一个简单直接的标题："新的挺立钙片让骨骼健康。"显然保健产品有很多可以说的地方，这则广告还邀请读者来函索取优惠券，以及一份计算钙摄取量的公式表。

4 许多食品广告会附上食谱，当中的食材当然包括广告里的产品。食品广告主希望读者会喜欢这些食谱，进而在每次依照这些食谱烹调时选购他们的产品。

5 单价较高商品的广告，像食物调理机、榨汁机、地板、DNA 检测试剂盒、义齿或房地产，都会邀请读者写信或去电询问进一步的信息。广告商知道，产品的细节无法在一则杂志广告中完全讲清楚，他们还需要产品手册、网页或销售人员来弥补广告的不足。

当你坐下来着手写文案时，不妨自问："我想要让读者做什么？我应该向他们说什么，才能让他们这样做？"

7. 文案必须读起来有趣

大卫·奥格威在《奥格威谈广告》（*Ogilvy on Advertising*）一书中说道："假如大家觉得无趣，产品不可能卖得出去。你只能靠让他们感兴趣来卖产品。"

只要读者觉得有趣，他们就会看你的广告。他们不会读无趣的文案，无论乏善可陈的是内容还是风格。

你身为作者及读者，其实自己也知道什么样的文案有意思、什么样的文案很无聊。文案的风格应该要清晰、活泼、轻松、带着韵律感，而且条理分明。然而再好的风格都弥补不了空洞的内容。毕竟文案必须包含符合读者利益的卖点，无论这些是使用效益、重要情报，还是产品如何解决读者的问题。它不能仅仅发挥娱乐功能，还必须提出具有说服力的理由，解释读者为什么要购买你的产品。

你可以做以下几件事，让你的广告更迎合读者的兴趣：

1 文案直接诉诸读者的生活、情感、需求及渴望。

2 在文案里讲故事。

3 文案内容以人为主。

4 用个人风格来写文案，让它听起来就像写给朋友的信，带着温暖、诚恳、热心助人的色彩。

5 利用名人亲身体验的证词。

6 提供免费索取（礼物、产品手册、宣传册或样品）。

7 在文案中提到重要情报，特别是在医疗保健和医学方面的实际进展。

8 文案包含重要人生议题，像美容、健康、老化、亲子、婚姻、住宅、安全、家庭、事业、教育、社会问题等。

9 在文案中，回答读者内心已有的重要问题。

10 文案的主题，是读者会感兴趣的。

假如你做了接下来的这几件事，你的广告会变得很无趣：

1 文案内容以制造商为中心，大谈特谈公司背景、经营哲学、丰功伟业等。

2 文案描述产品的制造过程或产品如何发挥功效，而不是把重点放在产品可以为读者做些什么上。

3 文案内容讲的都是读者已经知道的事。

4 文案过于冗长，充斥生僻字、长句和大段文章。

5 文案中的句子长度都差不多（长短句交错使用，能够让文章读起来抑扬顿挫）。

6 光讲产品特色，却不提顾客使用效益。

7 文案没有重点，缺乏强而有力的卖点，或是能够凝聚购买欲望的说辞（这类文案仅呈现产品的实际面，却没有让读者看到这些实际面如何满足自己的需求）。

8 版面过于拥挤或视觉效果太差的广告，会让读者失去兴趣、打退堂鼓。

8. 文案必须有可信度

广告艺术总监阿米尔·加尔加诺曾说："现在的世界充斥着批评与怀疑，但这些批评与怀疑都有其理由。这就是为什么除非广告可以得到信任，否则无论广告再怎么巧妙设计，消费者都不会买账。而得到信任的方法，只有诚实以告，并且贴近了解你的目标群体。"

文案写手的工作并不轻松。除了要争取注意力、解说产品、发挥说服力，你还得克服读者的怀疑，让他们信任你。

本书先前已经讨论过几个建立可信度的技巧，包括运用满意顾客的证词、实地展示产品功效以及研究测试结果。不过这些只是技术层面，赢得信任的关键还是在于说实话。

在广告中说实话，并不是什么颠覆性的想法。在一般人的印象里，广告公司主管都是些老奸巨猾的角色。但事实上他们大部分是诚实、专业的商界人士，而且也相信他们销售的产品。他们大多数不会为自己觉得有害或者质量欠佳的产品推出广告。虽然道德问题是广告应该说实话的原因之一，但真正的理由其实是以下这个简单的事实。

花言巧语的广告或许能说服读者购买一次烂产品，但绝对无法说服他们再去买已经试过而且不喜欢的产品。

所以你可以看到，在广告文案中说谎根本没有好处。除了违背良知，广告商或广告主都不会因此赚到钱，而且还会让整个广告业背负恶名。

尽管有少数人昧着良心在广告中欺骗消费者，大部分的人还是相信，他们所广告的商品确实对消费者有很多好处。当你相信自己的产品时，就比较容易写出态度诚恳、信息充实、对读者有帮助的文案。而当你态度诚恳，读者也会感受到你的真心，进而相信你所写的文字。

9. 在广告中鼓励读者采取行动

你的广告应该鼓励读者进行购买流程的下一步，无论是寄出订购单、打电话给客服、直接到店里购买、试用样品、看产品现场展示还是访问网站和登录网页。

相信你已经很熟悉鼓励读者回应广告的各种设计了，像是剪下优惠券、打免付费电话等。《机遇杂志》（*Opportunity Magazine*）的销售经理巴里·金斯顿提供了以下几个诀窍，教我们如何让自己的广告得到最符合期望的回应：

1 广告中提供的地址要有街道，别用邮政信箱。读者看到公司地址有街道名称，会觉得你的公司应该颇具规模、经营稳当，而且有相当的声望。

2 假如大部分的杂志读者都可能是你的潜在销售对象，那么你可以利用免付费电话来增加回应。但假如你想从中筛选出潜在顾客，那么就提供一般的办公室电话。

3 假如销售对象可以直接用信用卡订购商品，你的广告应该提供免付费电话。

4 用公司的电话号码为电子商务和平面广告增加可信度。

5 优惠券能让读者回应增加 25% 至 200%。

6 要求读者来函会减少回应，但你可以通过这种方式筛选出购买意愿高的潜在顾客（也就是对产品真正感兴趣的人）。

6.2——
你的广告需要标语吗

广告标语或品牌标语，指的是出现在企业商标后面的短语或句子。标语的目的是总结广告信息，或者对企业文化本质做概略性的陈述。

以下是一些美国知名的广告标语：

> 我们是美国航空，尽力做到最好
> 麦斯威尔咖啡：滴滴香醇，意犹未尽
> 州立农业保险公司就像你的好邻居
> 蛋袜：无比弹性坚韧
> 保德信人寿：坚实的靠山
> 但愿他们永远是穿着卡特童装的小小孩
> 如果不能亲自拜访，长途电话最表心意
> 美国运通卡：出门别忘它

这些标语由于言简意赅、容易记诵，而且总结了商品或服务的本质，所以使品牌名称得以深入人心。但是每几个月就会有几百个曾经出现在广告上的标语被弃如敝屣，没再被提起过。

所以你应该在广告中使用标语吗？

这要看你的产品本身适不适合。文案写作的原则是"形式追随功能"。换句话说，只有某种技巧有效而且看起来自然，你才能够使用它。别将不合适的文案技巧强加在广告上。

同样的道理套用在标语上，我会说只有在产品的关键卖点或产品的本质能够用一句顺口好记的话来总结的时候，你才应该使用标语。假如你的产品或业务精髓无法用一句话来简而言之，就不要勉强这样做，以免最后创作出矫揉造作、画虎不成反类犬的口号，让你自己、你的广告公司、你的雇主或客户都感到尴尬、不愉快。

举例来说，假设你的公司生产捕蝇纸。公司总裁说："我们的口号应该是'高质量捕蝇纸的领导者'。"但这样的口号会限缩产品种类。如果你们决定扩大营业，增加生产苍蝇拍，这样的口号就会给你们自己带来麻烦，因为大家想到你们公司，只会想到捕蝇纸。

然后你们的广告代理商说："我们把眼光放远一点儿。你们不只是生产捕蝇纸，你们从事的是'害虫防治'。所以把口号改成'害虫防治科学的领导者'如何？"但这套说法太笼统了。害虫防治的范围包罗万象，从驱除白蚁到捕鼠都算，而且你们的公司还不打算涉足这些领域。

所以使用口号的风险在于，它可能太狭隘，导致你的广告只能凸显特定专业；它也可能太笼统，以至于失去意义，反而没有适用性。

广告口号要发挥最佳效用，必须是本身容易记诵，而且在相当长的一段时间内不断反复灌输给目标受众。例如，自1950年以来，好事达保险的口号一直是"我们会把一切处理好"。

6.3 广告文案的原稿格式

现在我大部分的文案都是通过电子邮件的 Word 附件、多宝箱（Dropbox）文件夹或谷歌文档传送给客户。假如你的客户使用微软系统，那么他可以利用 Word 软件的追踪修订功能，在你的文案上标记变更部分，这样他就不必打印出来，用手写的方式修改了。

文案写手应该在文案中加注标记，这样一来审阅文案的人才知道自己正在阅读的是标题、副标题、内文、图说、文字框，还是可视化图表。有些作者会在文案的左边空白处，用括号注明这些标记；我自己则是在页面的左边空白处，用大写字母打出这些标记，让它们对齐，后面打上冒号，但并没有将这些标记用括号括起来。这样一来，我的文案原稿看起来就会相当整洁，因为所有标记都在左边空白处。

以下是塞默公司广告文案原稿的例子：

标题：
如何让冰茶保持酷凉

视觉：
一杯装了冰茶的长型玻璃杯，放在打开的塞默牌保温杯旁边。

文案：
在炎炎夏日，没有什么比凉爽的冰茶更解渴了。

但是在酷暑下，装在铝罐或纸盒里的茶都无法保持冰凉。而且一般的保温杯也没办法放进你的公文包、袋子或午餐盒里。

现在我们推出塞默牌保温杯，不但保冷力强，1品脱（568.3毫升）的容量还可以让你将清凉带着走。

副标题：
体积小，容量大

文案：
塞默牌保温杯体积小得能够让你放进最薄的公文包或塞进装满东西的背包，但也大得能够装满8盎司①的冰凉红茶、柠檬汁或果汁，相当于从家里或饮料机喝到的长型玻璃杯容量。

带着装满冰饮的塞默牌保温杯，你的午餐不必再花大钱从自动贩卖机或快餐店买饮料。买了塞默牌保温杯之后，只要使用几个星期就能回本，并且在漫长炎夏为您节省一大笔钱。

我们相信，塞默牌保温杯可以在未来的好几年为您创造美好的体验。如果您对这项产品有任何不满意的地方，请即刻写信来要求全额退费，无须说明任何理由。

若要订购塞默牌保温杯，您可以剪下顾客回函寄给我们。不过动作要快，因为我们的产品供应数量有限，且我们通常在春季中期便销售一空。

---

① 1美液盎司约29.6毫升。

顾客回函：

好的，我要享受清凉。请寄给我个塞默牌保温杯，每个单价为 8.95 美元，另加 1 美元的包装及运送费。我的支票随函附上，如果有任何不满意，我会将保温杯寄回去，获得全额退费。

姓名：＿＿＿＿＿＿

地址：＿＿＿＿ 市 ＿＿＿＿＿ 州　邮政编码：＿＿＿＿

回函寄至：塞默公司

邮政信箱 ×××

美国 ××××× 市

6.4
从"内容"来划分的广告种类

文案写手接到委托案之后，不会光凭空想决定"我要写一个见证式的广告"或"我要写一个教人解决问题的广告"。他们会先研究产品、目标受众以及广告的目标。然后他们才会选出适合这项任务的文案技巧。

不过，多熟悉几种已经通过时间考验、证明为成功模式的广告种类，还是会对你有帮助，譬如解决问题、满意顾客见证、使用前后对照等类型的广告。以下是一份上述广告种类的清单。当你遇到瓶颈时，不妨快速浏览这份清单，或许能从中发现灵感。你可能在扫描这份清单时告诉自己："嘿，这里有个做法刚好适合我要销售的产品！"但是别过度依赖这份清单，它应该只是帮你进行头脑风暴的辅助工具。

1 问题式广告：在标题抛出问题，然后在内文提供答案。

2 测验式广告：在文案中提供测验。读者的答案决定了他们是不是这项产品或服务的潜在顾客。

3 新闻式广告：宣布新产品问世或旧产品推出新功能。

4 直接式广告：直接展示产品。

5 间接式广告：标题语义暧昧，旨在勾起好奇心、吸引读者往下阅读内文。

6 奖励式广告：承诺看了广告就可以得到回报。

7 命令式广告：要求读者采取行动。

8 价格与购买地点的广告：宣布优惠活动，描述产品，列出价格与折扣，告诉读者到哪里购买。

9 理由式广告：列举读者应该买这项产品的理由。

10 信件式广告：形式像信件内容的广告。

11 使用前后对照的广告：展示使用产品之后获得的改善。

12 见证式广告：由满意顾客或名人来为产品美言。

13 个案式广告：详细描述使用产品的成功经验。

14 免费信息的广告：提供免费的产品手册、宣传手册或其他信息。这类广告将重点放在鼓励读者去函索取免费资料，而不是直接销售产品上。

15 故事式广告：讲述关于人和产品的故事。

16 "新浪潮"式广告：靠特殊图像吸引注意力的广告。

17 筛选式广告：利用标题来筛选出特定读者。

18 信息式广告：广告中提供产品使用的一般性实用信息，而非直接推销产品。

19 场合式广告：广告描述产品在特殊场合的效益表现，目的是凸显产品的多功能、实用性、便利性或经久耐用。

20 虚拟角色的广告：广告以虚拟的角色为主，例如卫宝先生（Mr. Whipple）

或绿巨人。

21 虚拟场景的广告：广告以虚拟的地方为主，例如万宝路郊野。

22 卡通和漫画。

23 创造新词：广告主创造新词来描述自己的产品或应用。"运动员足（又称香港脚）"就是广告人欧比·温特斯为了客户产品创造的新词，这种产品原本是用于马匹使用的药膏，但现在也可以用来治疗足癣。杰拉尔德·兰伯特则在李施德林广告中，让口臭（halitosis）成为家喻户晓的名词。

24 比较式广告：展示你的产品在哪些方面优于竞争对手。

25 挑战式广告：挑战读者找出比你的更优越的产品。

26 保证式广告：广告重点在提供保证，而非产品本身。

27 优惠式广告：广告重点在价格或优惠条件，而非产品本身。

28 展示性广告：展示产品如何发挥效益。

29 双关语：在标题利用文字游戏来吸引读者，然后在内文进一步解释。

30 比赛和奖金。

31 结合时事：为卖点增加时效性和急迫感。

6.5——
写小版面广告文案

作为一名文案写手，你会接到的大部分委托案是杂志或报纸的全页广告。但是对邮购广告来说，很多时候还是半页广告的效果更好，它们通常不是报纸上专栏式的垂直布局。

这一类通常是软广告或原生广告，也就是说它们看起来更像是文章而非广告。这种做法也是合乎逻辑的。因为"社论性"的内容（文章）读者更多，比典型的广告更受信任。

为了让产品的潜在用户注意到你的广告，在标题中要么注明读者是谁（例如处方药使用者），要么说明他们的问题是什么（例如潮湿的地下室）。

分类邮购广告的卖点，在于承诺消费者能够通过购买产品得到爱、金钱、健康、人缘、成功、休闲、保障、自信、美貌、自我成长、成就感、声望、尊荣、舒适，或者能够得到娱乐、节省时间、减少忧虑恐惧、满足好奇心、自我表现、发挥创意、避免劳累或风险。

你可以在小版面广告中运用这些相当有效的字眼：免费、新的、神奇、现在、如何、容易、发现、方法、计划、揭开、显示、简单、惊奇、改善和你。

在整版的广告中，广告是读者能看到的唯一东西。所以他们不会被页面上其他的广告分心。

但如果你做的是一个半页的广告，那么其他广告也在争夺关注。同样，为了吸引潜在的目标客户，需要在标题中吸引目标用户（例如心脏病患者）或点明用户想要解决的问题（例如失忆）。

6.6——
写分类广告和微型广告

我建议你尝试一些分类广告或一两英寸的小广告。是的，这类广告很小，看起来不值一提。但是它们运行和测试的成本也很低，因此可以产生相当不错的回报率。而能赚钱的分类广告可以长期刊登，并且在多份出版物上进行测试。

我写过最成功的邮购广告之一，在《作家文摘》(*Writer's Digest*)连续刊登了好几年，内容如下：

年收入 100000 美元 为本地或全国客户撰写广告、产品手册、宣传材料。免费提供进一步信息：新泽西州杜蒙市逵肯布 22 号。

以下是其他几个分类邮购广告的范例：

赚外快！　12 个在家赚钱的方法。免费提供进一步信息……

邮购百万富翁　揭开赚钱的秘密，免费送一小时磁带……

用广告信卖新书！　获利 400%！免费咨询经销商……

食人森林　玻璃箱植物。来信索取免费目录。

追寻祖先？　为家族寻根有简单方法。免费提供进一步信息……

由于分类广告效果的评估，是看每则广告读者询问所花的宣传成本，所以你如果能够用较少的字来传达信息，就等于减少了广告开支，同时降低每则询问的成本。

你的分类广告应该越精简越好。以下几个诀窍可以帮助你减少文案字数：

1 语句简短：尽量用最少的字数来传达你的想法。举例来说，你可以把"这份在家工作可以让你每天赚 500 美元"缩短成"在家工作，每天赚 500！"

2 简化地址：分类广告每个字都要计价，其中当然也包括了地址。所以我把"逵肯布大道 22 号"简写成"逵肯布 22 号"。这个地址还是寄得到，而且我也达到了省字的目的。假如你的广告经常刊登在多种出版物上，那么简化地址能够帮你省下相当可观的预算。

3 运用词组和短句，不要用完整的句子。

4 记住你的目标：你的任务是鼓励读者主动询问，而不是要求他们订购。这类文案不需要写太多，因为你只是要让读者来函索取免费信息而已。

5 利用缩写、连字符号、斜线号来节省字数：譬如将"自行养殖蚯蚓"缩写成"养蚯蚓"。

经典广告中增加读者回应最好的方法，不是要求他们订购，而是鼓励他们主动询问。你可以在文案中加入"免费提供进一步信息""免费产品信息""免费赠送目录"或类似句子，然后在句末加个冒号，接着写你的公司地址（例如，免费产品信息：田纳西州卡努加市，邮政信箱54号）。

你的信息应该全部免费提供吗？有些广告主会要求销售对象付一点儿小钱取得信息（通常是25美分、50美分、1美元或2美元），或者要他们寄出已经写好自己的地址，并且贴足邮资的回邮信封。

这样做的理由是，要求销售对象付邮资或象征性地花点儿钱，可以筛选出购买意愿比较高的潜在顾客，也可以提高询问者变成买家的比率。不过根据我自己的经验，要读者付费索取产品信息并不是划算的做法，因为这样做会大幅减少潜在顾客的数量。

我相信广告主最好还是让读者免费索取信息。除非你提供的产品目录成本高昂、制作精美。这时候你就可以酌收1美元或2美元来分摊成本。

你可以为分类广告设定一个代号，这样一来当你收到读者询问时，你就可以记录是哪一则广告得到的回应。以我的广告"年收入100000美元"为例，我设定的代号是WD，指的是《作家文摘》。既然这条广告每个月都会刊登，我不需要每次都帮它设定一个新代号。不过假如你希望同样的广告每次刊登都有一个新代号，你可以在代号之后加个号码，譬如WD-10指的是《作家文摘》10月号。建议你在每份读者询问后标明代号，然后记录在笔记本或个人计算机中，用这种方式来评估读者回应。

我们先前已经讨论过，评估两步骤式分类广告效益的两个关键分别是：每则读者询问的广告成本，以及读者询问变成实际订单的比率。盈亏的结算底线是，广告所创造的销售成绩是否超过广告版面的成本。假如答案是肯定的，那么这则广告就算成功获利；但如果答案是否定的，显然这则广告未达预期效果，广告主应该尝试采用新广告。

你的分类广告应该登在有邮购分类广告栏的刊物上。你可以联络那些你有兴趣的杂志，请他们寄媒体简介给你。这份简介的内容包括杂志的销售量、广告价目表、读者群以及一期试读本。你也可以要求出版商多寄几期试读本给你。

拿到试读本之后，看看其中的分类广告栏。这些广告所推销的产品，跟你的产品类似吗？假如是，这是个好征兆。然后你可以看看，这些广告是不是每期重复出现。除非广告有效，否则广告主不会重复刊登。假如这份杂志对他们的产品有帮助，它也可能对你的产品有帮助。

分类广告栏会分成好几个不同的标题，你应该让自己的广告放在正确的标题下方。假如你找不到合适的标题，就打电话询问杂志是否能为你创造新的标题。

假如你卖的是信息内容，你应该避免让自己的广告被放在"书籍手册"这个分类标题之下，因为这样会减少读者回应。正确的标题必须与你的内容主题相关。举例来说，假如你正在推销一本介绍如何靠清理烟囱致富的书，你的广告应该放在"创业机会"这个标题之下。

你可以通过只投放一次广告来测试广告的效果。但是问题在于大多数的杂志或周报，都有一个比较长的前置时间——需要等待几个星期甚至更久来编排分类广告。所以如果你只投放了一次广告而且效果很好，那么你可能要再等待几个星期甚至几个月才能再次投放。

刊登在周报或周刊的分类广告，我会连续刊登一个月，也就是连续刊登4期，在这期间观察它的效果如何。如果是月刊，我会连续刊登3个月，也就是连续3期。假如第一次的广告见效，我可能会再延长几个月的时间，让这则广告能够持续不间断地出现。

全页广告通常是第一次出现在杂志上时，能够创造最多的订单。随着广告每次重复出现，订单数量会逐渐减少。到了广告成本超过订单效益时，你就可以把这则广告撤下来，尝试新的广告。

全页广告之所以出现这种回应模式，是因为当它首度刊登的时候，就已经吸引到最有希望的潜在顾客，从最可能购买的消费者身上获得订单。这些在广告首次出现时就已经掏腰包的买家，当然不会在广告再度出现时重复买单。因此，全页广告的新销售对象数量会随着每次刊登递减。

全页邮购广告的回应会随着每次刊登逐步下滑，但分类广告就算出现了很多期，还是可以维持稳定的回应数量。有些邮购公司（包括我自己）每个月在同一本杂志刊登内容不变的分类广告，尽管已有些年，读者回应却不见下滑。有时候读者回应反而会在最初刊登的 12 个月内逐渐增加，因为同一个广告连看好几次之后，他们终于累积了足够的好奇心来做出回应。

有些人在第一次索取销售资料之后，并没有购买。他们可能会重复索取好几次，直到最后终于打破心防，买下你的产品。同时你也应该记住，新的一期会有新的购买者，无论这些新读者是通过订阅还是直接在报摊购买。所以分类广告的读者量会维持在一个稳定的数字。

6.7——
反应机制

你需要告诉有兴趣的客户接下来要去哪里，并且告诉他们如何采取行动，为何要采取行动。以下是一些比较常见的回应方式：

1 免费电话

2 标准邮政邮件

3 商业回复邮件

4 电子邮件

5 网络表格

6 聊天工具

7 二维码

8 造访商店或展示厅

9 销售人员到消费者家中拜访

10 短信

选择最适合自己的报价回应方式。但也提供一到两个其他选项，因为不同的人会选不同的回应方式（例如，有的人不发短信）。

第 7 章
直邮广告：最个人化的营销渠道

WRITING DIRECT MAIL

根据数据和营销协会（DMA）的数据，2018年用于直邮营销的金额为385亿美元。如今，每年有1200亿封直邮邮件通过邮局寄送。

直邮作为最受欢迎的广告媒介由多重因素决定。

第一，你可以计算发出去的直邮广告，获得多少订单或顾客回函。假如是平面广告或广播电视广告，你通常无从得知这些投资的成效如何。但采用直邮广告的广告主，肯定有具体数据可计算出这些邮件能不能获利。

第二，直邮的回报率往往比其他媒介更高。一家为小型连锁家具店撰写文案的写手表示，与报纸广告、电视广告，甚至数字营销相比，直邮吸引的到店人数更多。他说："人们手里拿着直邮广告走进店面，离开时销售量暴增，直邮的效果很明显。"

在忠诚度方面，只要诺德斯特龙百货不再通过邮件向顾客发送奖励说明，零售商就会明显看到店面客流量减少。

第三，通过仔细挑选适当的邮寄名单，直邮可以更有针对性地面对特定的潜在群体。你可以根据希望接触到的不同潜在群体的需要定制每封邮件的文案。而且，你可以根据预算选择多发或少发。这使得直邮对大公司和小公司来说都具有成本效益。

第四，直邮广告给你很大的弹性来决定广告如何呈现。平面广告会受限于版面，电台电视广告则受限于长度。直邮广告作者想用多少字或多少图片都行。（我最近才收到一封长达16页的直邮广告！）你甚至可以在邮件中夹带样品或小礼物给读者。

由于上述优点，许多广告主会将直邮广告运用在以下多种用途：

1 通过邮件销售产品。

2 筛选潜在顾客。

3 回答顾客关于产品的疑问。

4 发送产品目录、新闻快讯以及其他宣传文件。

5 增加销售力度。

6 与老顾客保持联系。

7 争取更多新顾客的订单。

8 在读者索取产品信息之后,探询购买意愿。

9 结合其他媒体宣传:例如电话营销、平面广告、电视广告(举例来说,杂志促销直复营销公司会在电视上播出广告,要观众看看直邮广告中提供的抽奖活动)。

10 邀请销售对象参加座谈会、会议、接待酒会、贸易展等。

11 更新订阅名单、会员资料、服务条约、保单内容。

12 鼓励顾客亲自来店。

13 发送产品信息、情报、样品。

14 进行调查研究。

15 建立信誉。

16 宣布优惠活动。

第五,与你的想法相反,直邮的回应率一直在上升。自 2008 年以来平均上升了 14%。而与此同时,电子邮件的回应率降低了 57%。

7.1 直邮广告是个人化的媒介

直邮广告与平面广告的最大不同，就是邮件比较个人化。邮件是一对一的沟通模式。杂志上的广告会接触数千人甚至数百万名读者。但一封邮件，只对着你一个人说话。

确实，现在大部分的直邮广告都是大量印刷，寄送给成千上万名销售对象。然而读者还是会觉得，邮件比杂志或报纸广告更贴近个人。秘诀在于我们应该善用邮件的这项特点，创造出最符合个人化信件风格的直邮广告。

跟一般广告不同的是，直邮广告上面会有签名。所以文案写手可以用第一人称"我"，写信给"你"，也就是读者。这样做可以让销售信息变得比较像个人之间的沟通。

邮件的语调也应该个人化。成功的直邮广告作者偏好非正式、对话式的风格。他们会用缩写、口语、短句。他们的信充满个人色彩，热忱、温暖而且真诚。

直邮广告迥异于平面广告，对文案新手来说算是陌生的媒介。但直邮广告写起来应该更容易，毕竟我们都有过写信的经验。可惜太多直邮广告看起来就像……嗯，就像广告。当你撰写直邮广告的时候，别压抑你的自我风格。你应该用自己的话，让文字自然流露，把这封邮件写得像给朋友的信。

直邮广告的主要目的，往往是鼓励读者回应。它会要求读者现在就下订单（或至少采取某些行动），不要考虑超过一天、一周甚至一个月。直邮广告作者必须从读者身上得到立即回应。这就是为什么一份直邮广告通常会包含订购单、回邮信封以及一篇文案告诉你："现在就行动——别延迟——今天就把订单寄出去！"

如同我先前所说，直邮广告给你很大的弹性来决定邮件要采用哪些元素。至于到底要选择哪些元素，既然你身为文案写手，这可以由你来决定。这份邮件应该包含一封信吗，还是要有宣传手册、订购单、顾客回函卡、样品、第二封信、第二份或第三份宣传手册？

"经典"的直邮广告通常包括信封、一封信、一份宣传手册以及一张回函卡。

不过有经验的文案写手会根据目的不同，调整这套组合。当然了，你也可以随时选择完全另类的组合，像邮简或订购卡。

一封邮件的核心是销售信。大部分的销售工作由这封信扛起，宣传手册的功能仅在强调卖点、展示产品外观、提供不适合放在销售信内的技术性细节。直邮广告作者之间流传着一句老话："宣传手册负责说，销售信负责卖。"

7.2——
销售信的写作技巧

撰写平面广告的开头不难，因为它们都遵循一样的模式：先放标题，然后是搭配标题的视觉设计，接下来是延伸标题的第一段内文。

然而写销售信的时候，作者的选择变多了。

首先，他可以决定要不要直呼收件人的名字，让这封信更个人化，还是用制式化的称谓就好。

如果你希望销售信比较有个人化的感觉，你可以先在计算机上，为邮寄名单上的每一个人打好专属的信件内容。不过这样做成本很高。个人化的销售信通常能获得比较多的读者回应，只要它看起来像是你亲自打字、亲口对读者说话。但是切记别做过头了，不断在信中重复对方的名字（所以，雷先生，我们为您和雷先生的家人保留了这项特别优惠……）。这样会让你的信听起来很虚伪，毕竟在面对面交谈的时候，你不会像这样一再提到对方的名字。

此外，你也应该避免用过时的喷墨式打印机来打印销售信，而且还把信设计成制式化的模样，留着空栏填入任何收件人的名字。这封信最好看起来像你特别为了对方亲手打字。你可以利用个人计算机系统的字体和激光打印机达到这样的效果。

在大部分的委托案中，你可能因为预算考量而选择批量印刷销售信，而不是每封信独立打印。有些广告主会先印出制式化的销售信，然后在这些信上写销售对象的姓名和地址。这项技巧称为"配对填空"。但配对填空很花时间，而且实际结果显示这种做法得到的回应，并没有比标题横跨信头的制式化销售信更好。

不过上述原则也有例外情况。假如销售信的对象是老顾客或高层主管的时候，那么做配对填空的工夫就是值得的。企业规模越大、收件人在公司的位阶越高，个人化的销售信就越值得你费心撰写。

销售信的标题应该用粗体大字，例如大小为 20 号的 Arial Black 字体。你可以将标题放在称谓上方，也可以为标题加外框，使它更引人注意。业界称这样的设计为"约翰逊文字框（Johnson Box）"。

有些时候你可能会决定不放标题，直接从称谓开始：亲爱的朋友、亲爱的读者、亲爱的经理人、亲爱的史密森学会之友。

能够反映读者个人兴趣的称谓，例如亲爱的农友、亲爱的律师、亲爱的计算机玩家、亲爱的未来富翁……总是比亲爱的先生女士或亲爱的朋友这类一般性称谓好。

有时候你只用称谓，有时候你在称谓上方加标题，而有些时候只放标题不用称谓会是更合适的选择。

7.3——
销售信的 15 种开场白

销售信的第一句，是整封信最重要的部分。读者从第一句猜测你这封信有没有让他感兴趣的内容，或者他根本可以看都不看就扔进垃圾桶里。所以你的第一句必须能抓住读者的注意力，同时吸引他继续往下读。

过去多年来，销售信作者已经发现在直邮广告领域，特定类型的开场白比其他类型更有效。以下列举了其中 15 个范例，当你一时想不出如何下笔时，不妨参考这些例子，从中找出可行的想法来建构你自己的开场白。

1. 直接呈上优惠方案

方案内容包括特价商品、价格、优惠条件（包括折扣）以及购买保证。假如你的优惠方案特别吸引人，你也可以将这套方案当成整封信的主题，将产品本身及功效放在次要地位。以下的例子是国际乐评学会（International Preview Society）的销售信，提供贝多芬系列免费试听 10 天的方案：

>免费试听 10 天——
>
>贝多芬的传奇音乐——
>
>代表美与和谐的 9 大交响曲，出自终身坎坷的音乐家。
>
>加送 CD 一张。
>
>亲爱的音乐爱好者，
>
>贝多芬，一个让你联想到跨时空伟大音乐的名字……

这封销售信的作者，假定读者已经喜欢贝多芬，所以没必要强调贝多芬的交响乐有多好听。而且作者也很难说服读者相信，这套古典音乐 CD 的乐团、指挥或演奏质量优于其他同类产品。所以文案写手把重点放在优惠上，也就是免费试听 10 天，而且试听就加送 CD 一张。

这封销售信的标题用一般打字机字体，而且将读者的名字和地址放在一般个人信件的常用位置。

2. 强调提供免费资料

假如你的销售信将目标放在鼓励潜在顾客主动询问产品资料上，那么信中通常会告诉读者可以索取免费宣传手册、产品目录或其他相关销售资料。你可以强调这些资料都是免费的，借此增加读者回应。同时销售信的重点也应该放在取得这些资料对读者有什么帮助上,而非彰显产品或服务本身的好处。

以下的例子是纽约互惠人寿保险公司(The Mutual Life Insurance Company)寄给我的销售信:

亲爱的朋友:

我们特别为您保留了一本免费的普伦蒂斯·霍尔出版的《节税妙招》,这本书对企业经理人与专业人士相当有帮助,内容包括实际、适时、有用的节税方式,能够为您争取最多扣除额、节省大笔税金。

3. 提供情报

假如你有新消息要告诉读者,例如特别优惠方案、新产品问世、新的俱乐部开张或独一无二的活动,那么你的销售信应该以这条消息作为开场白,正如这封来自卡洪集邮俱乐部的销售信:

在美国集邮迷的世界,只有一个名字比铸印局历史更悠久,那就是史考特之家,从 1863 年起它就是集邮界的权威。

现在,史考特之家的集邮专家将开创先河,首度特选出一套限量纪念邮票。

4. 讲故事

写成故事的文案,对读者最有吸引力。首先,它会让读者感同身受。讲一个能够让读者联想到自身处境的故事,就等于在读者的需求以及你的销售之间搭起桥梁。其次,一般人对故事比较熟悉,也喜欢听故事。从报纸、杂志或电视上看来的新闻,都是用叙述故事的方式传达给他们。故事能够让他们保持兴趣,不至于将销售信扔到一边。

Inc. 杂志的销售信,以一个男人的故事当开场白。这个男人辞掉工作,

变成创业家——这是个多数企业主管时而怀抱的梦想：

> 亲爱的经理人：
> 　　3年前的这个月份，我认识的一位男士——当时仍是伊利诺伊州一家大型企业的副总裁——走进老板的办公室，递出辞呈。
> 　　2个星期后，他创办了自己的公司。
> 　　这位男士万事俱备，他聪明有活力，工作勤勉，而且对自己的专业领域再熟悉不过。
> 　　这家新公司几乎在一开始就有斩获，快速成长，不断增加新客户、新员工、新设备。
> 　　然而，1年之后，公司发展开始走调。订单依旧源源而来，但公司运营却陷入困顿，情况持续恶化，直到……
> 　　上周五，这位在3年前白手起家、志向高远的男士被迫结束运营，公司大门永远关闭了。
> 　　到底发生了什么事？哪些地方出了错？这些错误是可以避免的吗？要如何避免？

这则故事引起了我们的注意，因为这种事也可能发生在我们身上。我们想知道问题到底出在哪里，*Inc.* 杂志会如何帮助我们避免重蹈覆辙。

5. 奉承读者

很多人对直邮广告反感的原因之一，是他们知道这种广告信大量寄发，自己只是广告主的邮寄名单里数千个模糊的面孔之一。

不过你可以利用这项事实，用奉承读者的方式转化为优势。不妨告诉读者："是的，我从邮寄名单中看到你的名字。是的，你只是其中之一。但你属于这特别的一群，你们拥有其他人不及的优越之处。所以你也是更优越的人，这就是为什么我写信给你。"

玛莎拉蒂进口贸易公司（Maserati Import Company）就发过一封以奉承读者开场的销售信，这家公司代理豪华进口轿车：

亲爱的麦科伊先生：
　　独一无二，您觉得这个成语太陈词滥调吗？
　　我过去也是这么想，直到我在名单上看到您。
　　现在我知道"独一无二"的真正意义了。
　　寻找您的姓名与地址，过程就像经历了一场淘金……

这封信的后面还提供试驾玛莎拉蒂代理的高级轿车就送一瓶法国香槟的优惠。

6. 以同行的名义写信

这套做法的逻辑是，既然直邮广告通常会针对特定的潜在顾客群，那么这个群体比较可能接受的销售说法，应该是来自同行而不是外人。

所以，针对农夫的销售信应该有另一个农夫的签名。而且销售信的文字应该浅白、直接，就像两个农夫之间的对话。

通过这种方式，文案写手为了赢得读者认同可以这样表达："我就跟你一样，我了解你的问题。我也经历过这些事。而且我找到了解决方法。你可以信任我。"

《作家文摘》的销售信中，采用了由一名作家与其他作家交谈的推销方式：

亲爱的作家：
　　我没有作品挤进最伟大的美国小说之列。
　　我在大学修的诗词创作课不及格。我的第一篇、最后一篇，其实也是唯一的短篇小说，被14家杂志退稿……

7. 来自总裁的个人信息

在直邮广告中，企业主或公司主管可以直接跟顾客说话。

顾客喜欢跟握有实权的人打交道。假如销售信由高级主管来签名，读者会觉得受到重视。而且广告上有高级主管的签名，也会让广告信息显得更有可信度。（我常听到别人这样描述他们收到的信："如果这是骗人的，他不会在上面签名。"）

未来软件公司（FutureSoft）在 QuickPro 套装软件的宣传册首页，附上一封来自公司总裁的信：

未来软件公司总裁约瑟夫·塔马戈给微电脑使用者的一封信：
　　我想告诉您，为什么我要特别将 QuickPro 的简版操作手册寄给您。QuickPro 有独特的强大功能，可以为您量身打造需要的程序。

另一个例子是来自邮购成衣商"新纺公司"的总裁约翰·布莱尔的一封信：

亲爱的布莱先生：
　　最近我桌上出现一份便笺，上头写着我必须立刻抬高售价，否则无法应付持续上升的营运成本。
　　但是我说："不，现在还不行！"
　　我知道像布莱先生您这样的顾客，希望能在新纺公司买到最物超所值的商品。这就是为什么只要力所能及，我一定会坚守原价……

8. 煽动性的引述

你的引述应该包含新闻、惊人的数据、事实或争议性的事物，而且听起来要像一篇新闻的开场白，能勾起读者的疑问或好奇，进而让他们想把整个销售信读完，看看还有什么其他值得了解的。

普伦蒂斯·霍尔出版社在一封推销新书的信中，直接引述了书中的一段话："广告代理商和其他营销顾问公司，在我的'最不需要'分数表中，得到满分 10 分当中的 9 分……这就是本书作者，营销大师刘易斯·科恩菲尔德在 30 年的成功实战经验之后，要告诉我们的真相。"

9. 提出问题

假如问题的答案对读者来说够有趣或够重要，抑或这个问题确实能激起好奇心，那么以问题当开场白就是个相当有效的技巧。

以下列举几个以问题作为销售信开头的例子：

亲爱的朋友：

当你看到一封信的开头是"亲爱的朋友"，你会有什么想法……一封来自陌生人的信？

日本主管有哪些美国主管没有的优点？ 旗下部属工作态度好，这个答案如何？

亲爱的布莱克先生：

自由作家这个头衔听起来很糟吗？其实大可不必这样……

10. 强化"个人化"的营销技巧

我收到过最个人化的直邮广告，是这样开场的：

亲爱的朋友：

你可能已经知道，我们为跟你同姓氏的人提供了这项服务。经过数个月的努力，《美国布莱家族的惊奇故事》准备印行，而你正是其中的一分子！

这封销售信在两方面高度个人化。首先，我的名字在内文中被提到好几次。其次，这项产品是特别针对我这个姓布莱的人设计的。(可惜这封信的称谓用了"亲爱的朋友"，削弱了个人化的效果。改成"亲爱的朋友布莱"会更好。)

个人化邮件通常会比制式化的邮件得到更多注意。所以只要情况许可，你应该尽量这样做，在内文中提到读者的名字一两次。更重要的是，你的文案必须触及读者的需求、兴趣和自我（譬如《美国布莱家族的惊奇故事》，就对姓布莱的人有强烈吸引力）。

11. 发掘读者的问题

假如你的产品或服务能够解决问题，你应该将问题放在销售信的第一段，然后再告诉读者你的产品或服务如何为他们解决问题。

这种做法有两个好处。

首先，这样的开场白可以筛选出特定的读者群。(只有单身的人，才会对这种开场白有兴趣："你厌烦了因为自己是单身，就得多缴额外的税吗？")

其次，这种写作模式清楚、直接地点出产品如何为读者解决问题。当销售信在开场白提出一个问题，接下来自然就是要谈问题的解决之道。

曼哈顿牙医布莱恩·韦斯，在一封邀请我预约看牙的销售信上用了这项技巧：

亲爱的布莱先生：

相信您知道，如果牙齿的健康问题引发不适与疼痛，或牙齿外观需要改进，您很难表现出自己最好的一面。

您是否牙齿已经出现问题却一直拖延不做检查，也不向牙医咨询？这封信或许能鼓励您预约牙医，踏出有助于您恢复健康的重要一步。

政客吉姆·汤普森寄了一封选举信给芝加哥选民，当中也运用了同样的技巧：

亲爱的范德比尔特太太：

如果您负担不起加税，

如果您在半夜不敢出门上街，

如果您厌烦了腐败的公仆，

如果您的孩子得不到应得的教育，

那么您就不需要由芝加哥市政厅指派的官员……

12. 强调效益

假如产品的效益显著、对读者有强烈吸引力，那么直接展示产品效益会比任何文案技巧都有效。

普伦蒂斯·霍尔出版社曾经来信推销一本谈广告的新书，信中一开始的标题是："最新出版……《如何让你的广告赚钱》。一个教你如何制作有效广告的简明指南。"这个标题之所以有效，是因为你可以放心假设，收到这封信的广告专业人士都希望让自己的广告更有销售力。

若想得到读者回应，强调产品效益的标题必须符合读者的自身利益。就像卡纳斯出版社在他们的手册《如何制作撰写成功的直邮广告》中指出的那样："别跟销售对象谈你的种子有多好，要谈的是他们的草坪。"

13. 善用人性

大家都喜欢阅读别人的故事，尤其是那些怀抱焦虑或恐惧、面临问题或和自己兴趣类似的人。有些最具销售力的信会把重点放在感人、戏剧化的人性故事上。读者受到吸引，是因为故事中的事件让他们联想到自己的生活经验。由于这样的信触及人类情感，而非产品的技术性细节或抽象的推销语言，所以会让读者印象比较深刻。

《心脏保健》(*Cardiac Alert*)的出版商在电子邮件快讯中，运用了自传体的风格来为订阅销售信增添人情味。这封信的标题是这样写的：

> 我 16 岁的时候，我的父亲死于心脏病发作……

看到这一句，你应该会忍不住继续往下读。

14. 给读者内线消息

当消费者在杂志上看到你的广告，他知道自己正在跟成千上万个人一起看你的信息。但如果他收到的是销售信，他不会知道这封信究竟是寄给几千个其他销售对象，还是只有少数被挑中的人。

读者需要感受到自己与众不同、受重视、尊荣独享。直邮广告是满足这些需求的绝佳媒介。而提供一般人不知道的特惠方案或产品内线消息，最能让读者觉得自己享有专属特权。

下面是来自一封附信的独家消息，里头还夹了一张杂志广告的翻印版：

> 随信附上刚刚才从打印机翻印、拟于《华尔街日报》刊登的最新广告……
> 我们将在 6 月刊登这则广告，因为我们希望潜在顾客进一步了解本公司最新的财务规划服务。
> 有鉴于您曾经是我们的宝贵客户，我们认为您比其他新客户来得更重要。这就是为什么我们要在广告刊登之前，提前几个月寄给您这封信。
> 我们希望您是最先知道这个消息的人。新的财务规划服务可以为您节省时间、协助您建立丰厚的退休基金。

这封附信的信息是：我们把这项消息先告诉你，因为我们认为你很特别。有哪一个直邮广告的读者，会认为自己一点儿也不特别呢？

15. 提供奖金

奖金可以为直复营销活动大幅提升读者回应。我曾经收到一封提供奖金的销售信，是这样开头的：

美国家庭出版社宣布，将推出美国第一个保证送出百万奖金的促销邮件。纽约市企业总裁布莱先生，您可能已经赢得 100 万美元。

在文案中描述抽奖有三种句型：

您可能会赢得……您可能已经赢得……您已经赢得……

其中"您已经赢得"这一句获得最多读者参与，因为它向消费者保证一定有奖。靠奖金招揽顾客的成本相当高昂，因为你还得为所有的参加者准备安慰奖。

效果居次的是"您可能已经赢得"这一句，读者被告知计算机已预先选出大奖号码，你抽到的可能就是这个幸运号码。

在过去的几十年里，抽奖邮件的数量急剧下降。不过，我注意到如今抽奖促销活动的数量略有回升。

以上是 15 种常见的销售信开场白。你还有很多其他方式可选择。往后当你收到直邮广告，不妨仔细读过，然后将其中开场白较成功的保留建档，供自己往后撰写文案时参考。

营销策略往往是周期性的。原因是：当所有营销人员都使用同一种策略时，往往谁也无法凸显出来。因此，市场上充斥着运用类似营销手法的活动时，各种噪声的干扰反而会令其失效。

如果营销策略已经不再奏效，营销人员又会批量地放弃它。很快，它又会变得稀缺起来。此时，一些聪明的营销人员又会开始使用它们，令其再次发挥功效。

7.4——
你应该在信封上撰写提示文案吗

信封是读者收到你的邮件时，第一眼会看到的东西。你的销售就从这里开始。假如信封无法吸引读者拆阅，或甚至一看到就决定把信扔掉，那么你的销售信写得再好也是白费。

设计信封有两种基本方式。第一种是直接从信封展开销售，把标题跟内文印在上面。这类文案又被称为"提示文案"，目的在通过勾起读者的好奇心或承诺阅读邮件就能获得优厚回报，让读者愿意打开信来看。

这种做法的问题在于，信封文案仿佛是一个鲜明标记，立刻让读者发现邮件里是广告信息。印在信封上的大字标题和文案像是对读者大叫："这是广告……垃圾信……没价值的东西……立刻丢掉！"

我的原则是：只有在你的广告信息令读者难以抗拒、觉得有必要把邮件打开的时候，才需要采用信封提要。不要觉得信封提要是不可或缺的部分，因为万一信封提要的力度太弱，可能比完全空白的信封得到的读者回应还少。

我们知道，大家一定会先处理其他私人信封，然后才会拆阅垃圾邮件。我们也知道许多人对这些有信封提要的邮件根本看都不看，就把它们扔了。

提要只有在信息够吸引人的时候，才能发挥效果。举例来说，我曾经收到一封邮件，信封上的提要实在让我难以忽视："内含长寿健康的秘诀……不必节食或特别运动。"

另一方面来说，假如你看到信封上这样开头："沙耶人寿保险公司庆祝营运50周年……半世纪一贯的高质量服务。"你可能根本就懒得把邮件打开来看。

提要的呈现有多种形式。你可以只用标题，也可以用标题加内文。你也可以用开窗信封，让开窗位置的文案变成你的提要。你可以用透明塑胶膜当信封，使里面的文件一目了然，说不定读者会有兴趣拆开来看。你甚至可以在信封上打印图说、图像、照片等。无论是哪种形式，大部分的提要似乎都遵循以下3种基本格式：

1 这是有史以来最棒的产品。

2 这项产品可能为你节省500美元以上。

3 邮件内含免费产品。

其中第三种格式效果最好，因为它承诺打开邮件就会有奖励。（承诺打开就有奖的这套做法，为Cracker Jacks牌爆米花和各种早餐玉米片创造了数百万美元的销售额。）就算你知道自己手上拿的只是一份广告，第三种格式还是会让你想知道邮件里到底有什么，克服了你想把它丢进垃圾桶的冲动。

第一种格式是效果最差的，纯粹属于王婆卖瓜，读者对这种吹嘘的回应就是把邮件扔掉。

第二种格式虽然效果不如第三种，还是比第一种好得多，因为它承诺看了邮件会有好处。它告诉读者："对，你手上拿的是垃圾信。不过打开信来看可能是值得的，看看我们可以为你做些什么。"

通常没有提要的空白信封比有提要的信封效果更好。这种做法背后的用意是让你的直邮广告看起来像个人邮件。当读者看到这样的信封，他不确定里头放的是个人信件还是广告。所以他终究会打开来，好确定这一点。一旦你的邮件被打开，这场邮件营销战就赢了一半。假如这封信的开场白说服力够强，你就可以吸引住销售对象，让他们继续把内文看完。

假如你要使用空白信封，务必设法让这封信的外观看起来就像私人信件。信封用白色或米色。假如信封有开窗，避免里面的广告单在开窗位置露出鲜艳的图案或文字。信封上不要有企业商标，只要以一般字体打上回邮地址就行了。

7.5
宣传手册负责说，销售信负责卖

许多直邮广告只靠一封信、一张回函表就能成功卖出产品。

每份直邮广告都应该包含一封信，广告传单或宣传册只是选项。身为文案负责人，你必须自己决定传单到底需不需要。以下是几个有用的建议：

当你销售的产品色彩鲜艳或外观好看，像印刷精美的杂志、花、水果、高级食品、钱币、收藏品、运动器材、消费电子产品等，你可以将广告传单放进邮件里。

有些产品必须通过现场展示，才能够有效销售。但你通常无法通过邮件做这些展示。退而求其次的最好方法是利用照片来解释步骤。你可以将这些照片印在广告传单上，然后跟着邮件一并寄出。

有时候产品的价格条件实在太好，以至于文案写手决定整篇信的重点都放在价格优惠上。产品本身的效益则放在随邮件附上的传单上。

你可以利用传单来提供销售信无法解释清楚或全部列举的细节，像技术性数据或产品信息。

当我用直邮广告来推销书的时候，除了撰写销售信，我还会在传单上详细列出整本书的目录。这样一来，少部分对深度主题有兴趣的读者，就可以从目录中看看是否有他们想要的内容。假如他们真的找到了，那么这份传单就可以提高销售成功的概率。

没有人规定你只能用一张广告传单、一封销售信或一份订购表。你可以在邮件中放进任何你觉得有助于销售的东西。

7.6
如何增加收件人的回应

直邮广告的主要目的，就是争取越多回应越好。建立品牌形象，或者让大家记住销售信中的信息，其实都不是重点。唯一算数的是你的邮件创造了多少销售或读者询问。

用正确的价格条件、通过正确的文案传达给正确对象，正是直邮广告成功的关键。但许多增加回应的方法，其实都与文案写作技巧或常识没什么关系。以下是几个你可以运用的方法：

1 一定要提供回应渠道。你可以附上回函卡、回邮信封、订购单、网站地址或免付费客服电话。

2 回邮信封和回函卡都应该印好地址、贴上邮票。这样做的话，会比要求销售对象自己贴邮票的回函卡或回邮信封得到更多回应。

3 有存根或收据的订购单跟回函卡，会比没有存根收据的得到更多回应。

4 提供奖励：寄出回复的销售对象，可以得到一件礼物。这件礼物必须是他们想要而且跟产品本身有关的。

5 提供回报：回复销售信的读者，可以得到有价值的服务，例如获得免费宣传册、目录、现场展示、调查报告、报价、顾问咨询或免费试用。

6 容许读者做负面回应并且将它转化为正面。我在推销自己的文案服务时，会让读者能够在回函卡上勾选"我现在没兴趣。不过我会在……再试试看"。就算读者现在还不需要我的服务，他们还是有可能回复这封邮件。

7 不妨在邮件中放些有分量的东西。鼓鼓的信封几乎总是会被打开来看。你可以放产品样本、礼物、立体卡片或其他花哨的玩意（我去年收到的几份直邮广告中，附赠了速溶咖啡、辣椒粉、一组杯垫、一个月历、钢笔、铅笔、手电筒和放大镜）。虽然成本较高，但既然我们的邮箱里塞满装了一般销售信跟传单的信封，这些东西能够让你的邮件立即显得与众不同。

8 强调产品优惠的期限。一旦读者将信放在一边，他们可能永远都不会再回头看，所以你得在销售信中强调产品优惠的期限，催促他们立即行动，才能得到最多的回应。

9 你可以直接告知具体的期限（记住，只要在未来 10 天内订购，贝多芬的小提琴协奏曲就属于你）。

10 你也可以暗示，这样的优惠不会一直都有（动作要快，我们的商品数量有限）。

11 或者，你可以在呼吁读者行动时制造急迫感（记住，购买保险的最佳时机，就是在悲剧发生之前。否则就来不及了）。

12 让你的信封看起来像收据、电报，或其他看起来比较"官方"的文件。几乎每个人都会打开这样的信封。

13 使用没有文案，甚至没有回邮地址的普通信封，会创造令读者难以抗拒的神秘感。

14 利用信末附言（P.S.）来重申优惠方案或卖点。有8成的读者会看附言写些什么。

15 提供保证。如果是以邮件来进行销售，你应该提供15天、30天、60天甚至90天内不满意全额退费的保证。

16 假如你的邮件是要筛选潜在顾客，不妨告知读者他们没有购买义务，也不会有销售人员打电话过去（除非是他们自己想要）。

17 信封地址用标签贴纸，效果就跟另外打上收件人地址的信封一样。特地用手写地址反而会减少读者回应，可能是因为看起来不够专业。

18 假如你的邮寄名单只有头衔，没有姓名，那么信封上的称谓就用你对这个人的描述（致电子零件买家——内含重要信息）。

19 贴邮票或盖邮戳的信封比印刷的邮资信封更有效。

20 订购单如果用彩色印刷、设计得像精美的证书，或者上头印了大量信息，吸引读者回应的效果胜过简单的一般订购单。

21 有缩排段落、画线字、部分文字用第二种颜色的销售信，效果会比一般销售信好。

22 在销售信中增加修饰，例如箭头、页边加注、仿手写字体、小插图、彩色笔标记等，可以提高中低阶层消费者的回应。但假如你的销售信是寄给企业主管或高阶层消费者，就应该避免上述做法。

23 有标题的制式信，跟特别打上读者姓名地址的制式信一样有效。

24 将销售信与宣传册分开的直邮广告，效果比两者结合的来得好。

25 在回函卡中重复强调优惠方案。

26 在回函卡的第一句带出行动，然后在文案内文重申优惠方案（是的，我想知道如何节省一半的电话费。请寄给我长途电话服务相关资料。我了解自己没有义务签约，也不会有销售人员打电话来）。

27 避免使用令读者心生畏惧的法律用语。用简单明白的文字说明你的产品方案、条件跟保证。

28 务必让读者回应变成一件简单的事。这表示你的方案不能有复杂内容，而且订购单填写容易。表格填空处一定要有足够的空间，方便读者填写必要信息（没做到这一点的回函卡或优惠券，简直多得令人意外）。

29 读者对你的产品有兴趣到什么程度，你得弄清楚并谨记在心，以免过度推销或推销力度不够。（假如你是从《个人计算机》杂志拿到的邮寄名单，你的销售对象可能比《田野与溪流》户外活动杂志的订阅者对计算机游戏更感兴趣。）

无论对文案新手还是老鸟，我最推荐的学习方式都是撰写直邮广告。只要寄出去几个星期之后，你就会知道自己的文案成不成功。除了在线营销，没有其他文案形式能让你的作品获得如此直接、精确的回应。

7.7——
可选择的直邮格式

以上描述的传统外观一直是直邮的主流。但还有很多其他的直邮格式，而且效果越来越明显。

其中包括书籍、杂志、小报、文摘、三折式自封邮件、广告牌邮件、拆页、超大型明信片、冲击式邮件、视频小册子、惊喜大礼包。这些都是当下最流行的一些邮寄格式。

1 **自封式小册子**：11英寸×17英寸，折叠1次形成4个版面。

2 **瘦长款**：8.5英寸×11英寸，"信件大小"的纸张折叠2次形成6个版面。

3 **瘦长款夹带额外版面**：8.5英寸×14英寸，"官方大小"的纸张折叠3次形成8个版面。

4 **宽页纸**：超大的单面或双面彩色印刷纸张，折叠后用于邮寄。

5 **伪装通讯**：设计成新闻通讯样子的直邮邮件。

6 **杂志目录**：设计成杂志样子的多页直邮邮件。

7 **文摘**：类似杂志，但页面只有一般大小，由8.5英寸×11英寸的纸张折叠而成，用骑马钉装订。

8 **书籍**：长篇幅的直邮宣传册，以小本平装书的形式出现，装在6英寸×9英寸或其他尺寸的信封中，附有推荐信和回复表格。

9 **封装式邮件**：由多层或多页组成，在边缘和顶部密封。需要撕下密封条才能打开翻页。

10 **小报**：类似杂志目录但页面更大，页数更多，和报纸的大小相似。

11 **惊喜大礼包**：装满各种各样东西的盒子（例如推荐信、产品说明手册、回复表格、DVD或CD光盘），还有各式各样的杂物，如铅笔、钢笔、垫子、小玩具、海报、糖果和其他东西。

12 **视频小册子**：昂贵的邮件，打开后会播放一个或多个与产品相关的视频。

13 **音频邮件**：内置音频芯片的邮件，打开信件或小册子时就会播放。

14 **构造式邮件**：可以展开扩展成三维结构，如球体或微型建筑。

15 **冲击式邮件**：附有吸引人眼球的附件，如一袋碎钱或是一块丝网印刷的寄件人名片。

16 超大明信片：彩色宣传明信片，尺寸为 6 英寸×9 英寸或更大。

17 其他……

第 8 章
宣传册、目录与其他印刷品及 PDF 销售手册

WRITING BROCHURES, CATALOGS,
AND OTHER PRINTED
AND PDF SALES
MATERIALS

人类社会很早以前就开始使用宣传材料了。根据纽约市"里普利信不信由你博物馆（Ripley's Believe It or Not）"的信息，人类最早的宣传册写于约500年前，作者是征服美洲的西班牙航海家科尔特斯。当时查理五世将这份宣传册发送给西班牙人民，里头还顺便推销了产自美洲的火鸡。

即便在数字化时代，仍然有很多公司使用印刷宣传品：旅行社、超市、银行、住宅承包商、百货公司、保险公司、医疗机构、大学和许多其他组织都会分发小册子、通知、传单、目录和其他印刷广告进行促销。

销售人员到家或到办公室拜访潜在客户的时候，或是潜在客户到销售展台咨询销售人员时，这类材料都很方便。印刷的小册子具有 PDF 文件没有的触感，而且它们更易于归档以便将来参考。

此外，宣传册也可以从网站上以 PDF 格式下载。无论是印刷品还是电子文件，广告商都需要销售资料，原因有二。

首先，可信度——人们认为一家"真正的"公司肯定有产品资料。任何人花 50 美元都可以买到信纸和名片，说自己是一家公司。但是一本小册子，尤其是纸质的文案可以证明你确实在做生意，而不是不靠谱的机构。

其次，宣传册可以为你省钱。大家都比较喜欢有份印出来的信息可以带回家，有空的时候再研读。但如果为了应付所有上门咨询的销售对象，特别为个别潜在顾客写信提供信息，未免太花时间。虽然有些潜在客户喜欢在网站上了解更多产品信息，但仍有人喜欢把信息拿在手里阅读。

所以解决之道是，将所有产品基本信息整合在一份大量印行的宣传册上。这份宣传册会提供销售对象需要的大部分信息，其余的则在销售信、电话客服中或亲自到实体商店时补充。

就算是经常使用计算机和移动设备购物、会主动上网了解产品信息的顾客，也常常要求提供广告文宣，这样他们就不必再费事打印你的网页。

宣传册可以辅助平面广告。销售人员和经销商也会把宣传册当成销售工具。当公司要向新顾客、销售对象、雇员或经销商传达重点时，宣传册就是个方便快速的沟通渠道。

宣传册基本上是个提供信息的媒介，告诉销售对象产品有什么内容、可以为他们做哪些事。你的宣传册也应该解释产品如何发挥效益，购买的理由是什么以及如何订购。

不过一份优秀的宣传册要做到的不只是解释与告知，还要有说服。别忘了，宣传册是一种销售工具，而不是一本使用指南。好的宣传册文案不只列出产品信息或特色，还能够将这些信息与特色转化为顾客利益，也就是他们应该购买产品的理由。

8.1——
撰写宣传册文案的 11 个窍门

如果你希望宣传册的文案能够告诉读者他们想知道的事，并且说服他们购买产品，以下有 11 个窍门可以参考：

1. 了解宣传册会运用在销售流程的哪个步骤

跟摆在超市货架上的商品（香皂、洗发精、豆类罐头或香烟）不同，有些产品无法在销售流程的第一步就达成交易，需要有宣传册来辅助销售，像计算机、汽车、旅游行程、保险、电话、金融理财服务、教育座谈会、俱乐部会员、房地产等，这些都需要经过买卖双方几次的会面或接触，才能完成交易。

这类产品或服务当中的大多数，都会在交易流程中的某个步骤提供宣传册。但宣传册到底出现在哪个阶段？你写的宣传册文案，是针对那些初步接触产品的买家来提供信息，还是要在成交之前建立可信度、回答潜在顾客的问题？

我的答案是，这要看产品、目标市场以及广告主的交易方式而定。有些广告主甚至会推出一系列的宣传册来引导买家完成购买。

举例来说，我本人靠撰写广告文案维生。我会通过许多资源寻找潜在客户，包括在广告期刊上登广告、靠写文章和演讲增加曝光率、发送直邮广告、建立口碑，以及其他客户的转介。

潜在客户打电话来之后，我会先跟对方交谈，确认他感兴趣的程度。我在电话中向他提出几个问题，很快就能确定打电话来的人会不会变成客户。

通过电话确认合作机会之后，接下来就是寄给对方一份详细的广告说明，里头包含七八份文件，例如自传、客户名单、4页的销售信、出版文章的复印件、文案样本、价目表以及一份潜在客户可以邮寄的订单。总之，这份邮件包含所有潜在客户需要知道的文案服务细节。

有了这份说明，潜在客户应该就可以决定要不要聘用我。他们可能会再打电话来，或来信索取更多文案样本。不过这些基本文件已经足以让他们直接通过邮寄来订购服务，不需要再补充其他信息或进行销售拜访。

我的一个管理顾问朋友则正好相反，他提供给潜在客户的信息很少。他会寄一张短笺跟一本薄薄的小册子，简要列出他的服务项目。

他之所以提供如此不完整的信息，是因为他的销售流程下一步要跟客户会面。假如他寄给客户的资料跟我一样多，接下来的会面就没什么可谈了。过于精简的资料让读者好奇他的服务能带来什么益处，继而要求与他面对面会谈，当面提出自己的问题。

其实我们都架设了网站，详尽说明了我们的背景、资历、服务及客户。但许多愿意花时间看网站内容的人，还是会要求："发一份资料给我。"

下面列举5个能够让宣传册融入销售流程的方式：

1 当成会后参考资料

意即与潜在客户会面之后，留给对方参考的资料。这份宣传册应该总结刚才的会面说明，并提供详尽的产品描述与功能效益。

2 当成定点宣传广告

这类宣传册会被放在定点展示。举例来说，一家旅行社印了好几份色彩鲜艳的小册子宣传天涯美景。这些被放在销售定点的小册子，应该包含醒目的标题及视觉设计，让路过的行人驻足、观赏甚至收藏。

3 回复询问

销售对象可能会询问索取进一步的产品资料。会主动询问的人，是因为你的广告、宣传或他人推荐而对产品感兴趣，可以说是最热心的潜在顾客。比起那些不主动询问的人，他们购买的概率要高出许多。

回复询问的宣传册，应该包含回答潜在顾客疑问的信息，以及说服他们进行销售流程下一步的说法。既然这些热心潜在客户已经表达了他们对产品的兴趣，你应该毫不犹豫、立刻寄给他们一份包含翔实产品信息和卖点的宣传册。

4 当成直邮广告

就如本书第 7 章所说，宣传册与传单都可以在直邮广告中扮演提供额外信息的角色。销售信负责推销，宣传册则负责强调卖点、列出技术性细节、提供产品的照片与图像。不过为了节省邮件成本，这类宣传册通常比较轻薄（而且大小正适合放进标准信封内）。

5 当成销售辅助工具

许多产品的销售必须通过销售人员亲自拜访潜在顾客，像医疗用品、办公室设备、人寿保险、工业设备等。这时候销售人员会利用宣传册来辅助销售、补充说明（也可以当成会后参考资料）。有些宣传册甚至设计成大开本，有大尺寸的图片、粗体字的标题与副标题，能够引导销售人员与潜在顾客完成整个销售说明。有时候你可以改造标准化的宣传册，将它当成销售时的辅助。譬如将宣传册印成几张字板，放在三孔夹或黑板架上，置于潜在顾客的办公桌上。

无论你是将宣传册当成会后参考资料、定点宣传广告、辅助销售工具，还是回复询问和直邮广告的补充资料，你都应该让广告主的特定销售方式来决定宣传册的文案及设计。最佳宣传册应该包含恰如其分的产品信息与销售说明，能够引导潜在客户走向销售流程的下一步。

设计广告文宣还有一个诀窍：想象读者对这份宣传册会如何运用、建档。

口袋大小的宣传册可能很适合用在直邮广告或销售定点的展示上。但如果它被放进档案夹或一个装满文学书籍的书架，恐怕将从此不见天日（竞争对手的宣传册说不定正在用 8.5 英寸 × 11 英寸这个比较大的尺寸）。

同样的道理，假如宣传册的外形或尺寸特殊，它有可能在一堆宣传册中脱颖而出，但也可能因为放不进标准规格的档案柜里，最后遭到丢弃。此外，给采购人员的宣传册如果要放进三孔夹，记得文案要预留空白位置，以免打孔之后有些字跟着不见了。

2. 了解宣传册是否会搭配其他销售资料一起使用

有些时候，公司除了销售人员，唯一的销售工具就是宣传册。这时候宣传册会被单独使用。

有些公司则会把宣传册当成整体销售活动的一环，搭配平面广告、电台及电视广告、直邮广告、宣传活动、贸易展和研讨会。

有些公司只生产一种商品，仅制作一份宣传册。其他公司则推出一系列宣传册，每本册子说明产品线中的一种产品，或者整体目标市场的一个区块。

宣传册作者得事先了解，他的宣传册会被单独使用，还是搭配其他的销售资料，因为其他的销售资料决定了宣传册应该有什么内容。

举例来说，假如公司网站已经提供了详尽的产品特色与规格，那么这家公司可能决定宣传册里只强调销售重点，并附上官网地址以供进一步参考。

有时候，不同的宣传资料之间内容重复是必要的，但你应该避免制作太多没必要的宣传册。举例来说，假如产品宣传册共有 8 页，我通常会将其中半页用于介绍制造商及其能力。

不过如果制造商已经有一份"企业宣传册",我就用不着这样做了。我反而会把产品跟公司这两份宣传册,都一并寄给索取进一步资料的潜在顾客。

另一个例子是,一位客户请我为工业用搅拌器撰写宣传册。他希望宣传册的内容包括一份详细的计算表,列出搅拌器耗费多少电能。

虽然有些工程师可能会对计算过程感兴趣,但这些算式浪费太多广告版面。解决之道是宣传册不列出算式,仅说明产品的节能效果。但我另外制作了一份技术性信息表单,载明详细的算式。

你应该先了解宣传册会在什么样的环境下发送,它是单份宣传册还是一系列的宣传册之一?它是否搭配平面广告、直邮广告或宣传活动?

广告商是否也出版了年报、企业宣传册、产品目录或其他介绍企业的一般性宣传册?有没有文章复印件、产品简介或其他销售资料可以随宣传册一并寄出?

你的宣传册形式应该由功能决定。我曾经受聘撰写模块化软件系统的广告文宣。既然是模块化产品,我制作了一份模块化宣传册。主构件是一个4页的档案夹,读者从里面的文案设计看到,这套系统的简介印在左页,右页则是放了8张表单的袋子,每张表单描述一套不同的模块化软件。

这样的设计让销售人员得以将这些表单当成个别广告传单,用在产品说明会上或邮寄给销售对象。除此之外,这种设计也方便广告主更新信息。假如广告主推出了新的模块化软件,我们就可以在宣传册里直接再加一张表单。

3. 了解你的读者,才能选对沟通方法

我们已经知道,宣传册的内容必须跟着销售流程调整,也必须提供读者需要知道的信息。你要将读者放在心上,想想他们希望从宣传册中获得什么。不妨问问自己:"我要如何利用宣传册来说服读者购买产品?"

假设你正在撰写销售紫花苜蓿种子给农夫的宣传册。农夫可能对紫花苜蓿的历史渊源（或你的公司历史）没什么兴趣，而且也不怎么在乎紫花苜蓿的生理结构或种子的化学成分。

农夫关心的是你的种子到底健不健康，是否容易被杂草侵犯，能不能收获健壮茂盛的紫花苜蓿，还有价格是否合理。

你要如何说服他们？一个方法是让他们看到结果。你可以在宣传册上放两张紫花苜蓿田的照片，左边那张杂草丛生、紫花苜蓿枯萎不振，右边那张则一片欣欣向荣。然后你加上图说，告诉他们右边的照片就是用的你的种子，并说明你的种子如何让收成增加 4 成。

你的宣传册还可以更进一步，附上一小包种子样品邮寄给农夫。你的文案不妨这样开场："我们的紫花苜蓿不受污染、强健、能够抵抗杂草。但我们口说无凭，请您亲自验证。"

你必须了解你的读者。农夫不想看到浮夸的宣传或科学文章佐证。他们想要简单直接的对话，知道如何提高他们的收益。但如果你打交道的对象是科学家，那么表格、图示、数据会让他们比较安心。寄给他们的宣传册应该包含大量上述元素。至于工程师，他们偏好图解和设计图。会计师熟悉的是金融数据。人力资源经理或许会对人的照片较感兴趣。

同时，你的文案长度不只要看销售信息有多少，也要看你的顾客愿意读多少字。假如你的宣传册是要销售缩微胶片设备给图书馆员，文案就可以写得比较长，因为图书馆员通常喜欢阅读。

若宣传册是给忙碌的经理人，篇幅可能短一点儿较好，毕竟大部分的经理人都在与时间赛跑。至于有线电视服务的宣传册最好以图片为主，因为经常看电视的人喜欢看图片，不想读那么多字。

4. 将有力的销售信息置于封面

读者从信封抽出宣传册，或者在展示架上取走宣传册时，他们第一眼看到的是宣传册封面。假如封面承诺阅读文案能得到好处或反馈，那么读者就会翻阅文案内容（或至少看看图片、图注和标题）。

但如果封面信息力度太弱，或根本没有销售信息，那么读者就没有打开宣传册看的动力。这份宣传册会被当成垃圾信件，等着被扔掉。

太多的宣传册没有标题或视觉设计，只有产品名称及企业商标。这类宣传册的数量多得匪夷所思。这种做法就像平面广告不写标题，浪费了宝贵的销售机会。

举例来说，一份美国保德信人寿的宣传册标题这样写："现在……你可以加入AARP（美国退休人员协会）的医疗团保，帮助你弥补其他保险没有理赔的金额！"宣传册封面画了一对退休夫妻享受闲暇时光。

这份宣传册的封面相当有效，因为它提供了非常吸引人的实惠，指出这份保单："帮助你弥补其他保险没有理赔的金额！"还有什么噱头或卖弄聪明的封面设计，比这项承诺更具销售力？

有时候，用视觉设计来呈现产品益处，比用标题更有效。长岛的蒙托克是我最喜欢的度假胜地。比起文字，海浪拍打柔细沙滩的美丽彩色照片更令我向往在长岛度周末。如果你在蒙托克海岸边经营饭店，只要把照片放在封面上，我就会决定住进你的饭店。

宣传册作者偶尔会想用跟产品无关的花招吸引读者阅读。我曾经收到一份宣传册，封面上画了一座教堂、一枚钻戒，标题写着："忘掉结婚吧……何不订婚就好。"

几年前我被这个封面吸引，当时我已经订婚了。不过当我打开宣传册，发现里面的推销词是何必买车，租车其实更好。这份宣传册根本与结婚或订婚毫无关系。我不只是失望，还觉得被刻意误导。我很确定其他人也有相同感觉，而且怀疑这样的宣传册能得到多少租车合约。

传统的宣传册封面只有标题和图片，不会有其他文字，内文则是从内页开始。不过你也可以打破传统做法，让内文直接从封面开始。读者的眼睛会自动搜寻到文案的第一段，而且假如第一段的吸引力够强，他们就会看到入迷。

5. 提供完整的信息

你应该尽可能提供足够的信息，以推动销售对象进行销售流程的下一步骤。一般宣传册的文案篇幅不少，字数当然比大部分平面广告或电视广告要多得多。

不过别忘了，宣传册是提供信息的媒介。平面广告、电视广告或直邮广告可能会被读者视为不受欢迎的入侵者。但假如是读者主动索取宣传册，那么他确实会对里头的内容感兴趣。

所以你不必担心宣传册的字数太多，需要写多少就写多少。宣传册应该包含所有必要信息，像价格、产品规格、订购信息、保证及说明书。购买意愿高的潜在顾客，会读完宣传册上的每个字，只要它写得够有趣、引人入胜。

一旦你的文案太枯燥，或未能提供实用信息，这些读者就会打退堂鼓。

现在有种荒谬的流行做法，越来越多宣传册作者会在页面上留大片空白，上面只有少数几个单词。我看过一份 8.5 英寸 ×11 英寸的宣传册，每页只有一两段文字，用很小的字体打在页首角落。其余部分多半留白，只用一些线条、彩色图案和形状做装饰。

这根本是浪费空间和印刷成本。你的顾客写信来索取宣传册，不是为了看这些花哨的设计，而是想得到信息。假如你要我证明这种做法哪里错了，不妨看看报纸吧：每一页都是满满的文字与照片，没有留白，也没有"视觉设计元素"，只有读者想看到的信息。

当然了，并不是宣传册的每一页都应该塞满文字。段落之间留白能够使阅读更顺畅。出现在文字当中的照片、图案、图注和小标题，也有助于增加宣传册的可看性。不过把宣传册设计成大片空白，真可谓不智之举。别担心太多字会让读者厌烦，你的销售需要多少文案，就放进多少文案。重点是要提供给读者完整的信息。

6. 架构好卖点

一般人阅读宣传册的方式，跟阅读平装小说差不多。他们会先看封面，或许还快速浏览一下封底。然后他们会把整本书大致翻一遍。假如这本书似乎还不错，他们会打开第一页，开始阅读。

你的宣传册跟小说一样，应该有个逻辑架构。好的宣传册会从一开始到中间直至结尾都锁定在讲故事，也就是产品的故事。宣传册的架构应该以你想说的产品故事以及读者需要知道的信息为主轴。

举例来说，我的岳父母向出版商购买书，然后转卖给社团法人。这是个相当特别的生意，社团法人的图书管理员或许根本没想过可以有这种服务。所以我的岳父母制作了一份宣传册，开头就解释他们的服务重点，以及这项服务为什么对图书管理员有帮助。

接下来，他们的宣传册列出这项服务的6大益处。由于这些益处仅用简单的1、2、3编号，读者可以很快吸收、了解这项代购书籍的服务能带来哪些好处。

最后，他们的宣传册告诉读者这项服务运作的具体细节，并且向读者说明如何下订单。

你的宣传册内容，应该由顾客想知道的那些产品信息来决定。假如你经营一家电脑专卖店，而你发现上门的顾客似乎都会问同样几个特定问题，那么你可以写一份小册子，标题为："购买计算机前应该知道的6个重要问题。"小册子里用简单的问答形式，提供选购计算机的诀窍。

如果你的公司业务是设计装潢办公室，那么你的宣传册可以设计成一间现代化办公室的导览。在导览路线中的每个定点，从复印机到饮水机，你的文案可以指出这些区域经过重新设计之后，整个办公室如何变成更适合工作、绩效蒸蒸日上的地方。

宣传册的架构可以有各种做法，譬如依照字母顺序、时间先后、产品尺寸、使用效益的重要性、产品线、价格、应用、市场、购买流程，或者列出问题与答案、产品益处。你可以选择最适合产品本身、读者需求或销售说明的做法。

7. 将整个宣传册分成几个易读的区块

当你在架构宣传册内容的时候，不妨先拟定大纲，将主题划分为几个章节。在最后版本的文案中，你应该仍然保持原先拟定好的架构。把宣传册分成几个大段落，每个大段落下又分出几个小段落。每个段落都有自己的大标题与副标题。

这种做法有几个好处。

第一，假如宣传册有大标题与副标题，那么就算读者只是草草浏览，也会看到重点信息。很多人不会读完整本宣传册，所以大标题与副标题能够让他们看一眼就掌握卖点。

不过你的大标题与副标题一定得包含故事性元素。避免使用直接描述产品或卖弄文字游戏的标题。与其写"日立冷气最酷"，不如改成"日立冷暖气省一半电费"。

第二，将宣传册分成几个部分，能够让读者比较容易阅读。一般人看到长长的段落会心生畏惧，而且会读到不耐烦。他们比较喜欢先读一小部分，暂停休息一下，在继续下个部分之前消化信息。（这就是为什么小说会分成好几章。）

第三，宣传册分成几个部分也让你比较容易撰写文案。你只要照着自己拟好的大纲，将笔记本里面的信息放进合适的区块里。如果有些新信息不在大纲的范围内，只要在宣传册新增一个区块就行了。跟读者一样，你也可以写完一个区块之后，休息一下再进行下个区块的撰写。

当你撰写宣传册的时候，不妨想象这些区块会如何呈现在印制好的宣传册上。举例来说，假如你喜欢简洁风格，不妨把 6 页的宣传册分成 4 大区块（每个区块占 1 页），封面加上标题，封底则放公司商标及地址。

有些作者设计宣传册的方式，是让它每页包含一两个完整的区块。也有些作者认为鼓励读者翻页往下读的一个好办法，就是让页尾的段落未结束，继续衔接下一页的页首。两种做法都各有优点，如何选择其实是个人品味问题。不过你应该注意你的文案架构和整体的版面设计是否搭配。

假如你的宣传册是折叠式的，或者被裁切成特殊形状，那么我建议你用草稿纸制作一个实体模型，看看宣传册的版面会如何呈现，并观察你的文案如何从一页跨到另一页。务必确定读者最后看到的文案顺序，跟你自己原稿里的顺序是一样的。

8. 善加运用视觉元素

宣传册里的照片不是用来点缀的，而是要让读者看到产品外观、使用方法以及能够为读者做些什么。

最好的宣传册照片应该秀出产品发挥功能的样子，借此展示产品的实用性。在照片里放人，通常可以增加视觉上的吸引力（一般人都喜欢看别人的照片）。

照片是最好的视觉设计，因为它们证明了产品的存在与功效。不过艺术设计也可以在很多方面发挥作用。当照片不容易拍到的时候（例如汽车引擎内部运作实况），绘图可以用来描述产品或程序。另外，地图可以用来指出位置。

图表能够呈现事物的运作或组成。举例来说，组织图利用箭头与字框，显示一家公司由哪些部门与分公司架构而成。曲线图呈现的是数量之间的相互变化。例如在空调的宣传册中，你可以用曲线图显示电费如何随着空调的恒温设定而变化。

饼状图显示的是比例与百分比（例如公司的年营收总额中用于研发的百分比）。柱状图则呈现数量之间的比较（例如今年及去年的销售额）。假如数据过多，不适合放在宣传册内文中，那么表格就是列出这些数据的方便工具。

若上述图表呈现某个概念的效果比文字好，那么你不妨善加利用。但如果它无法为文字描述加分，就不要勉强使用。

常见的宣传册视觉元素包括：

1 产品照片。

2 产品与其他物品被放进同一张照片，让读者对产品大小有具体概念（以半导体宣传册为例，里头可能会有一张照片显示微芯片放在一张邮票上面，借此强调集成电路有多小）。

3 产品的实际安装照片。

4 产品的实际使用照片。

5 产品的制造过程照片。

6 产品规格表。

7 产品主要特色与功效表。

8 原料产品的加工成品表。

9 公司总部、制造工厂或研究实验室照片。

10 装箱待运的产品照片。

11 科学家测试产品，或产品进行质量管理的照片。

12 满意顾客使用产品的照片。

13 有人担保证实产品优越性的照片。

14 列出各种产品款式和版本的表格。

15 以图表呈现产品效能的科学证据（例如高温测试、抗压测试、使用寿命等）。

16 可选购的零件配备照片。

17 一系列呈现产品效能或使用方法的照片。

18 解释产品如何运作或如何组装的图解。

19 产品改善计划、即将上市的新产品或未来应用的草图。

你的关键卖点，一定要有视觉元素作为辅助。一份汽车广告宣传册若想推销齿条及小齿轮转向系统的优点，最好附上解释齿条和小齿轮如何运作的图解。但如果齿条及小齿轮转向系统并非卖点，我们就没有理由加这张图解。

你的所有视觉元素都应该有图注。研究显示，宣传册的图注阅读率是内文的两倍。所以你可以利用图注来增强内文，或提出内文没有包含的卖点。

你的图注应该读起来有趣而且具备信息性。别写出"自动卷线器"这种图注，最好改成："全自动卷线设计（左上图），每小时绕接 1000 根管脚，大幅降低制造成本。"

9. 确认销售流程的下一步，然后告诉读者采取行动

你希望读者在你的食材商店购买意大利面吗？在你的美容会馆注册成会员？参观你的工厂？或试驾一部新的高级房车？

你的宣传册应该能鼓励顾客进行销售流程的下一步。

若想成功做到这一点，这份宣传册必须先确认销售流程的下一步是什么，然后告诉读者采取行动。

一般来说，这种"行动呼吁"会出现在宣传册的最后。文案催促读者打电话、写信索取进一步信息或采取其他的行动。提供顾客回函卡、写好地址并贴上邮票的回邮信封、订购单、免付费电话或各地经销商名单，都有助于读者方便做出回应。

宣传册最末的文案，目的在争取立即回应。你可以用要求行动的字眼："今天就打电话给我们。""若想进一步了解信息，欢迎来信索取免费目录。""请填妥回函卡寄回本公司。""欢迎参观离贵府最近的分店。""今天就订购——数量有限。""现在就下载免费选择指南。"

以下这个由广告代理商制作的宣传册，做了相当有力的结语：

下一步

既然现在你已经了解我们了，我们也想进一步认识你。

请将你已经推出的广告、宣传文件以及公关新闻稿寄给我们，让我们来为你的营销活动做个完全免费的评估。

如果你希望与我们当面谈谈，也欢迎来电。我们非常乐意让你参考过去我们为其他客户制作的作品，同时讨论我们能为你做什么。

这段文案的结尾之所以有力，理由如下：这段文字相当个人化；它要求读者采取特定行动（"请将你已经推出的广告、宣传文件以及公关新闻稿寄给我们""欢迎来电"）；它提供免费的好处给读者（"为你的营销活动做个完全免费的评估"）。

你一定要在宣传册中要求读者下订单，或至少采取最终导向成交的行动。

10. 别忘了最基本的信息

有时候你忙着创作文案时，反而忘了提供最基本的信息，像电话号码、交通信息、地址、营业时间、邮政编码或商品保证。

当你撰写宣传册的时候，别忘了最基本的部分。这些看似较不重要的细节，往往足以影响交易的成功与否。举例来说，有家公司忘了在直邮广告上注明第二个电话号码。结果第一个号码老是有销售对象打电话来占线，导致许多打不进来的人干脆放弃购买。

当你在校对宣传册文案的时候，务必确定以下项目都已经包含在内：

1 公司商标、名字、地址。

2 电话号码。

3 电子邮箱地址。

3 如果你用的是邮政信箱，应另外注明公司所在街道名称。

4 交通信息（例如"位于 95 号州际公路出口拐角"）。

5 价格、营业时间、分公司地点。

6 经销商与业务代表名单。

7 指示如何用电话或邮件下订单。

8 接受信用卡付款。

9 产品保证。

10 运送与服务信息。

11 商标、公司登记证明书、免责声明等法律文件。

12 宣传册的编号或代码、印行日期、版权声明。

13 公司网站地址。

同时也不要忘记检查错别字或语句不通顺的地方。

上述的细节都很重要。例如邮购公司明白宣传册加上免付费电话，或一句"接受主要信用卡"，销售额就能翻倍。

11. 让宣传册值得收藏

顾客收到你的宣传册之后，他可以做以下 3 件事：

1 直接回复订购或打电话询问进一步信息。

2 先保存起来，以后再看。

3 把宣传册扔了。

你当然会希望对方选择前两个做法。你希望他回应你的宣传册，或将它留存起来，往后需要这项产品时再拿出来看。

要达到让顾客保存宣传册的目的，你得先写出值得他这样做的文案。宣传册必须包含有价值的信息，才会被留存起来。有价值的信息可能与产品直接相关，也可能是与产品间接相关的一般性服务信息。

举例来说，蒙托克的度假饭店可以在宣传册的封底，加印附近地区的详细地图。游客会因为这张地图而保留饭店宣传册。

在我寄给潜在客户的邮件当中，包括一份我的文章复印件："高效产业文案的 10 个写作诀窍"。复印件上有我的照片、姓名、地址以及电话号码。就算潜在客户把我的宣传资料扔了，他们也可能保留这篇文章，因为其中包含或许对他们工作有帮助的信息。

大部分的人对股市如何运作没什么概念。所以假如某个股票经纪人寄来的宣传册上写着："门外汉的股市指南……教你跑赢大盘。"大家就会把这本宣传册保存起来。等到后来存够了投资股市的钱，他们会从档案堆中找出这本宣传册，然后打电话给这名经纪人，请他代操股票或开通账户。

所以，假如你希望宣传册能够维持销售力，务必确保它的内容值得留存。还有个例子是一家赌场为了帮宣传册增值，在封底印了玩 21 点游戏的规则。

8.2——
如何架构你的宣传册文案

虽然是个过度简化的说法，但基本上宣传册有 3 种类型：

1 关于产品的宣传册。

2 关于服务的宣传册。

3 关于公司的宣传册（又称企业宣传册）。

每份宣传册的内容和架构都是独一无二的，因为每次的销售环境、产品、服务或公司都不一样。不过多数宣传册还是有几项共同的特色。举例来说，大部分推销顾问服务的宣传册，都会列出客户名单。

以下是典型的 3 大类宣传册内容大纲，包括产品、服务和公司宣传册。这些大纲可以让你在为客户撰写广告时，有个初步的概念。

1. 产品宣传册

1 介绍：精简描述产品、解释为什么宣传册读者应该对这件产品有兴趣。

2 效益：列出顾客应该购买这件产品的理由。

3 特色：彰显使产品有别于竞争对手的重要特色。

4 如何运作：描述产品如何运作、可以为顾客做些什么。宣传册的这个部分可以放进任何能够展现产品优越性的测试结果。

5 使用者（市场）类型：这个部分描述产品锁定的特殊市场。例如水质净化厂的目标客户应该是市政府、公用事业或制造业工厂。这三个目标市场各自独立，而且各有其特定需求。宣传册的这个部分，也可以列出愿意为产品做担保的知名人物或组织。

6 应用：描述产品可以应用在哪些方面。

7 产品的选择：列出款式、尺寸、材质、选择项目、配件等各种你可以在购买时指定的条件。宣传册可以在这个部分加入图表、图解、公式表或其他能够协助读者选择产品的指引。

8 价目表：也就是产品的价格信息。其中也包括配件价格、各种款式与尺寸的价格、数量折扣、包装运送费。价目表通常印在单张纸上，再夹进宣传册里。这样的话万一价格有变化，也不至于造成整本宣传册都得重印。

9 规格明细：包括伏特数、耗电量、防潮能力、适应温度、操作条件、清洁方式、储存环境、化学性质等各种产品特性及使用限制。

10 问与答：回答关于产品的常见问题，包括宣传册其他部分没有提到的信息。

11 公司介绍：简单说明制造商的历史，目的在于让读者知道产品来自稳定、有信誉的公司，不必担心公司营运不善影响产品。

12 售后服务：关于交货、组装、训练、维护、服务与产品保证等信息。

13 下一步：指导读者如何订购产品（或者如何取得进一步的产品信息）。

2. 服务宣传册

1 介绍：说明服务项目、客户类型以及读者为什么应该对这项服务有兴趣。

2 服务内容：详细描述各种服务的内容。

3 益处：描述读者可以从这项服务中获得哪些益处，以及他们为什么应该选择你的公司而不是你的竞争对手。

4 方法：大致说明你的公司与客户合作的方式。

5 客户名单：列出愿意为你的服务做担保的知名人物或组织。

6 见证：选出特定客户为你的服务美言。见证通常是用客户自己的话，你可以再加上引号，然后注明是引述自哪个人或哪家公司的。

7 费用方案：说明每项服务的收费以及付费方式和条件。同时你应该把提供给客户的任何保障都写进来。

8 公司团队介绍：简单介绍团队成员资历，彰显公司重要员工持有的各种证照。

9 下一步：告诉有兴趣的读者下一步该怎么做，或是如何取得进一步的服务信息。

3. 公司宣传册

1 公司的营业项目。

2 公司的组织架构（母公司、事业部门、子公司、分公司办公室）。

3 公司"哲学"或使命。

4 公司历史。

5 工厂与分部办公室。

6 占地范围。

7 主要目标市场。

8 经销体系。

9 销售额。

10 与竞争对手的排名。

11 股票股利发放规模。

12 股票报酬与股息。

13 员工人数。

14 员工福利。

15 杰出员工。

16 专利发明。

17 卓越成就（包括产业界的"第一"）。

18 研发计划与成果。

19 质量管理的执行。

20 社会服务（环保计划、社福关怀、慈善活动、艺术赞助等）。

21 得奖。

22 **政策**。

23 **目标、愿景、未来计划**。

以上列出的项目仅供参考，并非一定要套用的模式。你可以依照自己的需求组合宣传册内容，以产品、读者以及销售目的，作为文案内容与架构的主要依据。

在互联网广泛普及之前，小册子的篇幅一般都比较冗长——8页、12页、14页，甚至24页或更长，因此它们是传播产品信息的主要工具。

数字时代，网站已经承担起所有产品信息储存库的任务。现在的很多宣传册只有4到6页，只介绍重点内容，详细深入的产品数据都在网上。

8.3——
如何撰写产品目录

产品目录跟宣传册的文案内容差不多，但有两个主要的不同之处：

首先，宣传册通常针对单一产品做深入的介绍，目录则是针对多件产品提供简单的描述。由于每件产品分配到的版面有限，所以产品描述必须精简。产品目录的文案经常带有电报的省略风格，每句话都尽可能用最少的字数传达最多的信息。

其次，宣传册的目标通常是提供足够的信息给读者，好将他们引导进销售流程的下一步。大部分的产品目录都提供邮购服务，读者可以直接通过目录来订购产品，当中鲜少有销售人员介入。（工业产品目录是少数例外。）有鉴于此，目录的文案写手有不少心思是花在设计出容易使用、能够鼓励读者下单的订购表上。

除了使用目录中的订购表格，消费者还可以通过电话或网络下单。因此很多公司将目录大幅缩短，引导潜在客户到网站上获取产品信息并下订单。

虽然数量已经大幅减少，但仍有一些公司在出版厚厚的目录，特别是为那些采购人员制作产品参考指南的目录。联合利华就是个很好的例子，他们有一份非常厚的运输供应品清单。

当今比较流行的方式是在一年中将长短目录混合邮寄。例如，每季度向客户邮寄一份大型全线产品目录——一年 4 次，其余 8 个月每月邮寄一份较短的目录。这些较短的目录比完整的季度目录页数更少，主要是为了引导客户到公司网站上了解更多产品细节。

目录文案的撰写与宣传册不同。虽然基本原理差不多，但技巧上不尽相同。以下提供几个诀窍，可以帮助你写出成功的目录文案：

1. 写出精练的标题

虽然版面限制使目录标题长度受限，但你仍可以为标题创造出销售力。别只是在标题上形容产品就好了，你应该再加上精练的描述、吸引人的效益、暗示产品卓越质量的形容词。

会议室出版社（Boardroom Books）在邮购图书目录中，将平凡的书名变成令人难以抗拒的标题。他们将《谈赋税知识》这本书的书名，变成《3147 种节税方法》。《成功的税务规划》这本书，在目录中的描述是："你的税务会计师有没有告诉你这些事？"一本谈如何选购计算机的书，在目录中的标题则颇具煽动性——"计算机销售人员没告诉你的事"。

2. 在产品目录上附加"制造商的一封信"

许多产品目录会包含一封来自企业总裁的"个人"信件，不是印在信头上、夹进目录里，就是直接印在目录最前面几页，不过通常是印在封面背面。

企业总裁在这封信中谈到目录产品的优良质量、企业对服务的承诺，以及制造商对顾客满意的保证。这封信可以用来介绍公司的产品线，或者让读者注意到某些推荐产品或优惠价格。

以下段落来自 L. L. Bean 休闲服饰公司的目录，一封来自卖家的信：

> L.L. 有个简单的经营理念："以合理利润销售优质产品，以人性善待顾客，那么顾客自然会再光顾。"我们称这项理念为 L.L. 的黄金守则。如今，在创立 72 年之后，我们依然恪守这项原则。

你会忍不住被这种高尚的经营理念以及这段诚恳的话感动。在商品目录中夹上这样的信，可以增添人性的温暖。否则这份目录只是毫无人情味的产品规格与价目说明。

3. 列出产品的所有重要信息

产品目录中的描述，必须提供给读者所有订购产品所需的信息，包括尺寸、颜色、材质、价格、款式等。你的文案也必须为读者提供精简但完整的产品描述，他们才能据此做出购买决定。

4. 将大部分版面留给畅销产品

你应该用整页或半页的版面刊登畅销产品，而且要放在目录最前面几页。销量较少的产品可以用四分之一甚至更小的版面来介绍，把它们排在目录较后面的页面也无妨。至于滞销产品，根本就不必放进目录里，或者只出现在网站上就行。

5. 运用能够刺激销售的做法

刺激销售的做法包括提供免付费电话、接受信用卡订购、下单就送礼、买一送一，或者在目录中使用箭头、星号等视觉设计来强调折扣价格。你也可以将最后期限的特价品另外做成一张宣传单夹进目录中，或者印在订购单上。此外满额折扣（例如订购金额超过 50 美元，可享 9 折优惠）、免费礼物包装、订购单上列出特惠商品等，都有助于刺激销售。

6. 订购单要简单、容易填写

你的订购单应该为顾客预留足够的填写空间。不妨为如何使用订购单制作一份指南，并且用加框的大字体印出购买保证。你也可以提供免付回邮的信封，方便读者寄支票。当然，也要提供其他订购方式：传真、网站和免费电话。

7. 在文案中指出优惠价格

你可以在文案中这样写："7.5 折！原价 12 美元，特价只要 9 美元。"另一种写法是在原价上打叉，然后再写上新价格。

8.4——

其他类型的宣传品

宣传册与产品目录在全世界所有宣传品中，占了绝大多数的比例。不过你还是有可能被委托撰写其他类型的宣传品。

1. **年报**：企业过去一年绩效表现的总结，内容包括公司宣传册当中会有的财务数据，像销售额、利润、收益、股息等。年报通常制作精美、采用亮面纸，有昂贵的四色印刷照片、精致的视觉设计、风格独具的文案。

2. **传单**：8.5 英寸 × 11 英寸、单面或双面印刷的宣传品。视觉设计通常限于简单的线条画。传单通常在集会活动或商展发送，有时候也张贴在邻近地区的布告栏上。许多小生意人认为传单是拓展客源的划算方式。

3. **对折传单**：可以折起来邮寄的传单。保存顾客邮寄名单的公司，通常会每个月寄出印有折扣及新产品情报或其他相关信息的对折传单给顾客。

4. **广告单**：尺寸较小的宣传品，可以放进 10 号信封里。这些广告单随着每个月的账单或声明寄给顾客，用来宣传特卖活动或特定商品邮购。广告单的好处是它可以搭邮局顺风车，因为它跟着定期邮件寄出，不必另外寄送。

5 夹报：跟着包裹或报纸送出去的广告印刷品，但也可能是派报人员亲手发送。夹报广告通常有 4 到 8 页，用彩色印刷，而且包含当地零售店的减价优惠券。

6 小册子：内容类似宣传册，但通常是提供一般性的实用信息，而不像宣传册将重点放在描述特定产品或服务的特色与效益上。

7 白皮书：以资讯性文章或报告掩饰的宣传品。就跟许多植入性营销节目一样，看起来似乎是在提供公正客观的信息，而不像付费购买时段的广告；白皮书也试图让读者相信自己是在学习利用产品解决问题的知识（例如计算机安全防护、提升顾客服务、如何管理销售人员、储存退休金），而不是被推销某种产品。

　　白皮书的销售目标就跟宣传册一样，重点在销售或协助销售产品或服务。不过白皮书读起来比较像文章或权威客观的文件。

　　跟宣传册不一样的是，白皮书必须包含能够帮助读者解决问题的实用信息，或者帮助读者判断、调整重要的交易决定（例如新仓库应该用租的还是买的）。

　　但是别搞错了，宣传册与白皮书都有相同的最终目标：销售或协助销售公司的产品或服务。

　　白皮书与宣传册不同的地方只在达成交易的途径：宣传册直接呈现产品特色与效益，白皮书则采用比较"软性"的劝诱。第 17 章中会更详细地介绍白皮书的组织、内容和格式等信息。

第9章
公关新闻稿:"产品说明"是最无趣的信息

WRITING PUBLIC
RELATIONS
MATERIALS

本书第 1 版在 1985 年出版时，公关新闻稿的主要读者还是报纸、杂志的编辑记者以及广播电视行业的制作人。

但在互联网时代，营销人员会将公关新闻稿发布在网站上，读者可以在这里阅读，他们已经是公关材料的主要受众。因此，本章将介绍如何撰写消费者和记者都能读的公关新闻稿，并通过使用关键词对搜索引擎进行优化。

9.1
公关新闻稿和付费广告有何不同

公关与广告虽然分属不同领域，但还是有重叠的地方，而且几乎每个文案写手都曾经受雇撰写公关新闻稿或其他公关稿件。

对那些已经熟习强力说服文案的写手来说，公关新闻稿的软性风格需要花一点儿时间来适应。

广告会直接接触到读者，而且摆明了要说服读者掏腰包。但公关新闻稿并非写给广告部门，而是给编辑看的，希望编辑将它刊登在杂志或报纸上。

一旦你寄出公关新闻稿，就无法掌控它何时刊登、用什么形式刊登或者到底会不会刊登。编辑可以照公关新闻稿的原文刊登，也可以照自己的意思修改或删减，将它当成另一条新闻的背景信息，或根本忽略不顾。总之编辑握有生杀大权，而且跟出版商的广告部门不同，他们没兴趣帮你做宣传。

编辑唯一关心的是在杂志或报纸上排满读者有兴趣的新闻及信息。假如你的公关新闻稿也有这样的新闻或信息，那么编辑就有可能采用你的稿子。但如果你的公关新闻稿只是老掉牙的广告内容，编辑也会把它当成可以丢弃的广告。

有些对公关操作还不熟练的公司问我："编辑真的会用公关新闻稿吗？"答案是肯定的。《哥伦比亚新闻评论》（Columbia Journalism Review）曾经计算过在一份《华尔街日报》当中，有多少则新闻来自公关新闻稿。结果他们算出来高达 111 则新闻来自公关新闻稿，有些全文照登，有些则经过改写。这些公关新闻稿当中，有记者进行额外资料补充的不到 3 成。

没有具体数据显示我们每年有多少公关新闻稿问世，但我猜有几十万甚至上百万则。

公关新闻稿大行其道的原因之一是成本不高。印出 1 页长的公关新闻稿，然后寄给 100 名编辑，花费大概 100 美元。——如果你把它粘贴在电子邮件的正文中，花销就更少了，这是当今大多数公关新闻稿的发布方式。

如果编辑选中你的公关新闻稿，将它刊登成杂志里的一篇短文，你的公司等于免费获得了版面。同样大小的广告版面可能得花几百美元甚至几千美元才能买到。

而且，出版物总是比广告更有可信度。大众对广告有着根深蒂固的怀疑，却被教导相信报纸或电视。他们并不知道，自己读到或听到的新闻，几乎都来自公关新闻稿，也就是来自那些制作平面及电视广告的公司。

不过一份公关新闻稿会不会被媒体挑中很难说，而且就算被挑中，也不保证能吸引顾客或创造销量。有些公关新闻稿被完全忽略，有些则激起广泛回响。制冰同业公会（Leisure Time Ice）曾经发出一份公关新闻稿，宣称包装冰块比家里自制的冰块纯净。结果公会理事长接受了至少 25 位编辑专访，还出现在 15 个电台及电视节目上。

《华尔街日报》《纽约时报》《洛杉矶时报》、合众国际社（United Press International）以及美联社（Associated Press）都为制冰同业公会做了专题报道。公会成员因此增加了一成，冰块的销售量也随之上升。现今已有越来越多公司利用这类公关活动来推销产品及服务。

就算是向来看不起公关的专业人士，例如医师、律师、建筑师、工程师或管理顾问，现在也都开始写公关新闻稿投递给编辑，现身在电台或电视谈话节目。一份针对 523 名美国律师协会（American Bar Association）成员的调查显示，其中 20% 的律师曾经通过公关活动进行自我宣传。

9.2 直达消费者的网络公关

到目前为止，21 世纪公关最伟大的创新是 DTC PR，即直达消费者的公关。

20 世纪时，公关新闻稿只能发送给媒体：报纸编辑和记者、杂志编辑、节目主持人、广播电台以及电视制作人。而直达消费者的公关是实实在在面向消费者的。

这些媒体从业人员要么因为对内容不感兴趣，将新闻稿扔进垃圾桶，要么就在出版物或广播中使用其中的部分材料。最常见的情况是，新闻稿中的一些内容会被记者和编辑用进自己的报道中。

有的时候，新闻稿的摘录版会作为简短的独立文章发表，这种情况一般会出现在行业杂志和新闻通讯中。有时，如果读者对该主题非常感兴趣，其内容也很有趣或很有用，出版机构会将整篇新闻稿一字不差地刊登出来，这样出版机构撰稿人也不必亲自撰写了。

如今，直达消费的公关中也会有新闻公关稿。营销人员的网站上通常会有"新闻发布""新闻室""新闻"或"媒体"一类的栏目。其中所有或绝大部分都是发给媒体并贴在网站上的公关稿件，通常是 HTML 格式，访问者可以直接阅读，这些文章是没有经过媒体审查或编辑的。

直达消费者的公关与直达消费者的公关新闻稿之间几乎没有任何区别，只是有一点。当你准备在网站上发布直达消费者的公关新闻稿时，一定要谨慎地在文本中添加关键词。这样才能保证潜在客户在搜索该关键词时，新闻稿可以显示出来。此外，如果网站上有大量新闻稿也可以帮助你提升搜索引擎的排名，因为在谷歌和其他搜索引擎上，稿件内容的权重比商品页销售文案的权重更高。

9.3——
什么是公关新闻稿

所谓公关新闻稿，就是组织机构自己印新闻给媒体，希望通过媒体来宣传该组织机构的产品、服务或活动。

以下是一份有说服力、格式值得参考的公关新闻稿范例：

寄自：科西公关公司，纽约花园市第 7 街 226 号

若需要进一步信息，请致电莱恩·基尔希，电话为 ×××-××××-××××

委托客户：纸风车公司，纽约市公园大道南 404 号

联络人：总裁约翰·薛德勒，×××-×××-××××

即日发稿

纸风车公司新推出罗夫普斯彩色样稿体验组

纽约纸风车公司总裁约翰·薛德勒今天宣布，由该公司研发、可用于新上市罗夫普斯样稿的水彩颜料及周边工具，将推出特别体验组。

薛德勒表示，罗夫普斯样稿是一种黑白潜影印刷，通过水彩或马克笔就可以染成多种色彩，适用于草图、设计样稿、外包装设计、翻页挂表等。（专利权仍在申请中。）

罗夫普斯样稿以 4 张 1 组寄出，可让艺术家有机会实验多种色彩、开发不同的色彩组合。每间纸风车公司专卖店都买得到。

薛德勒说这套体验组的零售价是 45 美元，但如果加买罗夫普斯样稿，就可以用 20 美元的优惠价购买。一套体验组包含了：

博士牌 36 色透明水彩颜料，含色卡与色样。

30 格调色盘、喷水器、清洁溶液，上色过程中使用的吸水海绵和棉花棒。

关于这套体验组及罗夫普斯样稿的上色程序，进一步的信息请咨询纽约纸风车公司总裁约翰·薛德勒，地址：纽约市公园大道南 404 号，电话：

×××-×××-××××

下面是关于公关新闻稿的格式与内容的 12 点建议：

1 文稿本身比花哨的信头设计或信件格式重要。关键在于内容的清晰与正确度。

2 假如是由外聘的公关公司来为你的公司撰写公关新闻稿，那么发稿单位应该同时注明你的及公关公司的名字。如果公关新闻稿是你自己写的，你应该注明获取进一步资料请咨询你的公司。无论公关新闻稿是公关公司还是你自己写的，都务必注明名字与电话号码，好让编辑在需要的时候找得到对象做进一步的询问。

3 你可以在公关新闻稿上注明发布日期，也可以只写"即日发稿"。如果你决定采用前者，不妨将日期延后一天，这样的话编辑若在隔天收到，就会正好显示当天的日期。

4 将发布日期放在标题之下并加下画线。

5 公关新闻稿的标题必须总结整篇稿子的重点，而且最长不能超过 3 行。你的标题应该能让忙碌的编辑匆匆一瞥之后，便可决定这篇稿子值不值得刊登。

6 公关新闻稿的导言部分应包含"人、事、时间、地点、原因、过程"。这样一来就算编辑把稿子的其他部分都删了，至少新闻重点能够保留下来。

7 任何说法都最好有引述来源，因为编辑并不想被认为持有主观立场，他们宁可这些说法都出自你。我们写公关新闻稿时很少注明某些论点是引述谁的说法，但其实注明引述来源才是比较聪明的做法。

8 公关新闻稿的正文部分，应该补充说明导言没提到的信息。文法上，不要用最高级或赞美的形容词。记住，公关新闻稿是内容，不是广告。

9 长度：公关新闻稿最好是 1 页，尽量不要超过 2 页，否则对编辑来说会变成阅读负担。

10 提供进一步咨询对象的姓名、地址、电话号码、邮箱地址。

11 可以将照片、视觉效果和平面图形粘贴在电子邮件的正文中。但要给编辑添加说明，可根据要求提供每英寸 300 点（dpi）的单独图像文件。

12 你的公关新闻稿内容应该简单、直接、有新闻性。只需要 2 段话就能讲清楚的事，不要写成 10 段。太多冗词废话只会让编辑退避三舍。特别是当下，大多数公关新闻稿都是通过电子邮件或在线公关分发系统发布的，不再以纸质文本的形式发布。

9.4

你的公关新闻稿有新闻性吗

编辑要的是有新闻性的公关新闻稿。公关新闻稿的标题应该跟好的广告一样，必须立即将最新情报传递给读者。

编辑每天收到雪片般飞来的公关新闻稿，他不会有时间仔细看完你的稿子，并从中挖掘值得报道之处。某技术类杂志的编辑说她每个月收到的公关新闻稿差不多有 2000 篇。有鉴于此，你的公关新闻稿必须让他们在 5 秒钟之内，就看到新闻点是什么。

不过，公关新闻稿要包含什么样的元素，才算是有新闻性呢？这要视你的产业与读者而定。假设你发布的是新型滚珠轴承目录的公关新闻稿，《福布斯》和《财富》杂志不会认为这篇稿子有什么新闻性，但《机械设计》(*Machine Design*)、《设计情报》(*Design News*) 杂志或其他贸易商情杂志，就很可能以小篇幅刊登你的目录出版消息，并附上这本目录的照片，因为它们的读者当中会有需要滚珠轴承的人。

唯一绝对没有新闻性的，就是广告宣传。编辑不会刊登描述产品、服务或企业组织的公关新闻稿，除非这篇稿子提供了新消息或是对目标读者有用的服务信息。

你的公关新闻稿标题如果是"爱洁干洗店以实惠价格提供优异清洁质量"，大概不会有任何编辑愿意用这份公关新闻稿。但如果将公关新闻稿标题改成"如何去除顽强污垢？爱洁干洗店提供专家建议"，那么编辑或许会建议刊登在教读者处理家事的文章上。如此一来爱洁干洗店就有了曝光机会，因为编辑会注明专家建议来源。

以下列出公关新闻稿可以选用的几个主题。它们具有新闻性或能提供有用信息，甚至两者兼具，因而能够吸引住编辑。你的公关新闻稿主题可以是：

1 新产品推出。

2 旧产品有新名字或新包装。

3 产品改良。

4 旧产品的新款式或新机型。

5 旧产品有新材质、色彩或尺寸。

6 旧产品的新应用。

7 旧产品有新配件。

8 推出新的或更新宣传品，包括宣传册、产品目录、规格表、调查研究报告、重印本、白皮书。

9 高级主管的谈话或展示。

10 任何主题的专家意见。

11 争议性话题。

12 介绍新雇员。

13 公司内部宣传活动。

14 企业或雇员赢得奖项或荣誉。

15 创新发现或发明（例如取得专利权）。

16 展示店、成立分部、新的企业总部或设备。

17 介绍新的销售代表、经销商、代理商。

18 公司赢得的重大合约。

19 合资企业。

20 组织管理重整。

21 发表重大成就,例如达成目标销售量、营业额提升、单季营收成长、安全记录优良。

22 特殊人物、产品或交易模式。

23 成功应用、装置、企划的个案经验。

24 秘诀及提示(建议"如何……")。

25 公司名称、口号或商标变更。

26 新事业开始营运。

27 宣布特别活动,例如特卖会、派对、开放参观日、参观工厂、抽奖活动。

28 慈善活动或其他社区服务。

唯一不需要有新闻性的公关新闻稿,是那些"背景介绍公关新闻稿"。这类稿子提供公司简介。

就算背景介绍公关新闻稿严格说起来不算公关新闻稿,你还是应该设法在里头加入新信息,或至少是鲜为人知的事实。你也可以提供一些出人意料的信息。这样一来总比枯燥无味的公司组织架构说明要来得强,而你的稿子也才能抓住编辑的注意力。

另一种特殊的公关新闻稿类型是"事实呈现公关新闻稿",其中包含不适合放进主要公关新闻稿的详细信息,通常为列表形式。

假设你打算寄出一篇介绍食材专卖店新开幕的公关新闻稿，你可能会再附加一份食谱，其中说明店内三四种特殊食材的烹调方法。顾问公司的事实呈现公关新闻稿，则可能列出合作客户名单或公司内重要人物的简介。

文案写手经常遇到希望得到媒体曝光因而委托撰写公关新闻稿的客户，但他们其实完全没有新东西可以端上台面。当遇到这种情况，有创意的公关或文案写手会"加工制造"足以吸引媒体注意的卖点或特殊角度。

举例来说，当纽约市的杰里科公关公司（Jericho Communications）正在研究如何让他们的客户达美乐比萨在媒体上曝光，有人提议："我们晚上加班的时候会订比萨，说不定白宫也是这样。可不可以算算看，当全国性紧急事件发生的时候，白宫叫的比萨外送数量是否增加了？"

经过计算，事实确实如此。结果杰里科公司创造出"比萨指数"，公告媒体说我们可以从白宫订多少比萨来衡量国内情势。这项宣传策略相当成功，为达美乐赢得不少主要媒体报道。

电子鸡流行的时候，我7岁的儿子不小心让电子鸡掉进马桶，结果电子鸡"过世"令他颇为伤心（电子鸡进水之后短路了）。为了让他好过一点儿，我们把电子鸡埋在后院，举办了一场模拟葬礼。这件事给了我一些公关创意。

我寄出以下这份公关新闻稿后不到一个星期，一家新泽西州大报就为我们的"电子鸡墓园"做了大篇幅专题报道（请不要来信索取手册，我很早以前就不知丢到哪里了）：

寄件地址：新泽西州荷兰大道174号，微芯片花园

寄件人：鲍伯·布莱，电话973-263-0562

即日发稿

微芯片花园，全球第一个电子鸡墓园，即将在北新泽西开幕。

7岁的亚力克斯·布莱在电子鸡掉进马桶死亡后，找不到地方安葬他的宠物。所以他的父亲、新泽西州创业家鲍伯·布莱，在郊区住宅的后院创造了这

座微芯片花园——全世界第一座电子鸡墓园。

现在,如果您的孩子因为电子鸡的死亡无法释怀,与其把电子鸡直接扔进垃圾桶,不如将它好好葬在美丽、绿意盎然的安息地。

墓园收费 5 美元起,价格随地点与埋葬方式调整(可选择墓葬、火葬或建造陵墓)。鲍伯·布莱将为您亲爱的离世电子鸡,在微芯片花园提供永久安息地,并举办葬礼仪式、提供墓地证书。

鲍伯表示:"就算是电子鸡也有死亡的一天,既然猫狗都可以有宠物墓园,现在电子鸡也应该有属于自己的墓园。"

为了让宠物主人能够从饲养电子鸡中获得最大乐趣,鲍伯亲自撰写了一本信息丰富的新手册:《如何饲养电子鸡》。鲍伯同时也是 35 本已出版书的作者,包括肯辛顿出版社发行的《我讨厌脱口秀天后凯西·李·吉福德》,以及哈珀·柯林斯出版的《非官方终极版星际迷航记知识问答》。

这本手册的内容包含如何购买第一只电子鸡、如何将它带回家、照顾与饲养、游戏与训练。手册也将说明电子鸡的葬礼仪式以及微芯片花园的起源。

想取得内含电子鸡墓园详细说明的《如何饲养电子鸡》手册,请寄 4 美元至以下地址:新泽西州杜蒙市逵肯布大道 22 号。

9.5——
关于公关新闻稿的问与答

一些刚进入公关领域的公司,经常问我以下几个问题:

1 公关新闻稿的最佳长度是多少?

如果是新产品的公关新闻稿,一两页就好。假如新产品有很多值得介绍的地方,3 页也还可以接受。但绝对不要超过这个长度。描述个案经历或背景介绍的公关新闻稿,篇幅通常会比较长,平均为 3 到 5 页。假如你需要 5 页以上来讲故事,干脆将它写成专题报道,不要当公关新闻稿来发。

2 公关新闻稿应该由公关公司提供，还是由企业直接寄出比较好？

重点不是谁来发公关新闻稿，而是公关新闻稿是否提供了有趣的新消息，而且写得清楚有条理。有些人认为编辑对公关公司的人有戒心，宁愿选择新闻直接来源。我知道确实有几个编辑是这样想的，但大多数的编辑并非如此。

3 公关新闻稿要怎么印比较好？

平版印刷是最佳选择，而且费用不高。复印件如果够清晰、没有脏污，也还可以接受。你也可以用激光打印机来打印复本。如今，大多数新闻稿都是以电子版的形式发布的。

4 我需要随公关新闻稿附照片吗？

附照片会有帮助，但不是必需的。一张产品、个人、工厂、流程或包装的照片如果够有趣，就可以提高编辑对公关新闻稿的兴趣。别忘了，大部分的杂志或报纸除了刊登文字，也刊登照片。

在电子邮件的正文中粘贴几张你最喜欢的照片，如果编辑有需求，也可单独发送 300 点的彩色照片。如果照片文件太大，可以使用多宝箱工具发送。

5 发送公关新闻稿的最好方式是什么？

基本方法是邮寄和通过互联网发送，绝大多数营销使用的是后者。利用邮寄把公关新闻稿送到编辑手上，是最安全不过的做法。

千万别把公关新闻稿或其他文案设置成电子邮件的附件，寄给不认识你、也没预期收到这封信的编辑，因为对方可能怕收到病毒，根本就没打开附件就把你的信删了。假如你有疑虑，建议你在寄公关新闻稿之前先打电话给编辑，询问对方偏好的收信方式。

9.6
撰写专题报道

文案写手有时候会接受委托，为贸易商情或商业杂志代笔撰写长篇专题报道。

不妨看看市面上的商业刊物，其中有许多文章来自特约作者，包括科学家、工程师、经理人以及其他企业聘用的专业人士。

这些特约作者撰文不是为了稿费（大部分的商业刊物稿酬微薄，甚至分文未给），他们是为了宣传自己的事业以及他们服务的公司。许多公司会定期规划撰写刊登在杂志上的专题报道，并且雇用专业写手来代笔。

另一个选择是在你的博客上发布文章，附上包含详细信息的页面链接。博客的最佳长度没有定论，常见的是 500 到 1000 个单词。

虽然每篇专题报道内容都不一样，但杂志会刊出的文章有 4 个基本类型：

1. 个案经历

个案经历就是产品的"成功故事"，描述一种产品、服务或一套系统如何协助特定顾客。

专精个案经历的作家兼摄影师吉姆·海斯解释："个案经历报道之所以有效，是因为大家相信对其他顾客有用的，应该也对自己有用。此外，个案经历也比较有可信度，因为它处理的是特定细节，而不是一般性的说法。最后，由于个案经历是通过说故事来销售产品，自然说服力也比较高。"

典型的个案经历通常是这样开始的：一家电话机制造商在某个销售办公室装设了新的电话系统。办公室主管发现新系统不但提高了 25% 的销售量，还节省了 5 成的电话费。

电话机制造商得知之后，问办公室主管能不能将他们的成功经验写成报道，然后刊登在合适的贸易商情杂志上。若办公室主管同意，电话机制造商就会雇用代笔的作者来完成这篇专题报道。

代笔的作者接着前往销售公司访问这名办公室主管，将专题报道写出来。文章经过审查之后，投稿到杂志等待刊登。报道的署名可以是制造商、办公室主管或代笔作者，这要视文章的内容而定。

2. 指导"如何……"的文章

这类文章提供有用信息，协助读者将事情做得更好（例如"如何为你的中小企业选择合适的计算机""降低电费的 7 种方法""滚珠轴承选购指南"）。这类文章也被称为"指南"，或许是因为它们指导读者学习新技能或新知识。

这类文章不会直接讨论你的产品（甚至连你的公司名称也不应该提到，除了在最后的署名），而是通过建立公司在这一行业的领导者形象的方式间接做宣传。一般读者会剪下、留存这类文章，所以就算你的文章未能立即带来销售，大家也会将它保留好几年，在需要的时候打电话给你。

3. 讨论议题的文章

这类文章会有产业专家针对某些主题、争议或技术性问题表达意见，有助于为你的公司强化业界领导的形象。举例来说："互联网使用者应该为非法下载电影、音乐或其他版权产品受到法律制裁吗？"

4. 新闻

新闻性专题报道通常是由编辑或记者来撰写，而非外来的写手。但有时候，当企业有重大消息要发布，譬如合并、收购、革命性的新发明，企业就会与记者合作撰写专题报道。记者得到了内幕资料，企业则得到了版面及正面报道。

9.7 撰写推荐稿

要让专题报道能够刊登在杂志上，首先得让编辑对文章主题产生兴趣。这表示你得先把主题推销给编辑，无论是通过电话还是信件，如今更常见的是电子邮件。

有些编辑会在电话上听你推销，但大部分都希望先收到一篇简短的推荐稿，看看其中有没有值得刊登的地方。你的推荐稿可以是信件的形式，以一两页的篇幅列出专题报道大纲。

你的推荐稿应该解释专题报道会有哪些内容、你的"角度"是什么、杂志的读者为什么会对这篇报道有兴趣，以及你为什么有资格写这篇报道。这封信同时也展示了你的写作风格。推荐稿写得太无趣，会让编辑认为你的文章就跟推荐稿一样平淡，以致最后决定不接受你的专题报道提案。

以下这篇推荐稿，让我得到了为《美国铁路公司》（*Amtrak Express*）杂志撰写专题报道的机会：

收件人：编辑詹姆斯·弗兰克先生
美国铁路公司杂志，纽约市第51街，东区34号。

亲爱的弗兰克先生：

写这封信只是在浪费纸张吗？

是的，如果它未能得到期待的结果。

在商业界，写大部分信件与备忘录的目的，都是得到特定回应——成交、敲定会议、获得面试机会或者是签约。许多这类的信件皆未能达到目的。

部分原因在于企业主管及部属不知道如何写出有说服力的内容。这个问题的解决之道，是一名广告文案作家首度提出的称为 AIDA 的公式，即注意力（Attention）、兴趣（Interest）、渴望（Desire）、行动（Action）。

首先，这封信得到了你的注意……首段一针见血地直击问题核心，提供了引人入胜的元素。

接着，这封信勾起了读者的兴趣，关键在于清楚点出读者的问题、需求以及渴望。假如写信的对象是收到破损商品的顾客，你应该指出问题，然后承诺提供解决方法。

然后，你应该激起渴望。既然你提供了服务、产品、协议、合约、折中方案、咨询，就应该让读者知道可以从你提供的事物中得到什么好处，借此为你的产品创造需求。

最后，你应该鼓励读者采取行动，要求他们下订单、签名、开支票、指定委托。

我想为贵杂志提供一篇名为"如何撰写有效信件"的 1500 个单词的文章，描述 AIDA 公式如何实际运用于各种信件及备忘录，无论它们是应用于保险公司、银行、制造商还是其他企业组织。

这封信也是为了特定目标而写，这目标就是得到《美国铁路公司》杂志编辑的委托。

这封信是否成功了呢？

祝好

鲍伯·布莱

P.S. 顺便做个自我介绍，我是广告顾问及 5 本书的作者，包括麦格劳-希尔出版社出版的《技术文件写作：结构、规范与风格》。

编辑通常会在一个月内回复推荐稿。（假如过了一个月还没下文，不妨再写一封信过去或打电话确认。）

若编辑回绝了你的推荐稿，你可以将它寄给其他刊物。很少有文章的内容只适合特定一份杂志，大部分文章都适合至少 6 份杂志。

到了 21 世纪，大多数出版方都希望收到电子版的推荐稿。也许他们会在网站上提供一个电子邮件地址，你可以往那里发送，或者是有个在线提交的表格，可以提出自己的想法。通过电子邮件发送时，注意推荐稿要粘贴在正文中，不要通过附件形式发送。

9.8——
如何撰写演讲稿

有时候企业主管并非以书面文章来表达想法，而是通过演讲。需要下笔的时候，企业主管通常会雇用写手来撰写讲稿。

当我第一次得到撰写演讲稿的委托时，恐惧感使得我半个字都写不出来，因为我根本不知道一篇讲稿应该有多长，无论字数或时间长度我都毫无概念。

现在我知道了。一般演讲者说话的平均速度是每分钟 120 个单词。所以一场 20 分钟的演讲，长度应该有 2400 个单词。

午宴和晚宴的讲话都比较短，大约 20 分钟。少于这个时间，会使内容显得不够充实。但如果超出这个长度，听众可能会开始无聊。没有任何演讲应该超过 1 小时，无论内容再怎么重要都一样。

每场演讲都应该有一个清楚的目的。大部分的演讲是为了娱乐、教导、说服或激励听众。

若要传达观念、意见或情感，演讲是相当有效的媒介。但如果是为了呈现大量事实，平面文字的效果会比演讲好得多。

以下的诀窍可以让你写出在达成目标的同时不至于让听众无聊得打哈欠的演讲稿：

1. 找出演讲者想说的话

没有什么文案委托，比撰写别人的演讲稿更个人化、更讲究个性特质了。假如你在坐下来奋笔疾书之前，先花点儿时间了解演讲者的要求，那么你可以省下很多头痛的修改工夫。

特约作家南希·爱德蒙·汉森曾经这么写道："在你为客户准备演讲稿的时候，你得先提出对的问题来了解客户，这么一来你写的稿子才会像出自他自己心里的话。有时候你得针对演讲主题花许多时间跟客户沟通，直到客户厘清自己的立场。你的任务是探索客户的想法、请对方更进一步思考，直到他已经将主题想透彻。"

访谈客户有助于你掌握演讲的重点并获得大部分的信息。其余欠缺的信息可以到图书馆搜寻，或浏览客户在演讲主题上的相关档案。

2. 了解你的听众

你应该尽量了解演说的对象是什么样的族群。这样做有助于你针对他们的特定兴趣来设计演说内容。举例来说，谈及播客的演讲内容，应该锁定听众在专业上的兴趣。例如工程师会对科技有兴趣，想知道播客如何操作。广告公司的主管则比较想知道如何利用播客当营销媒介。

3. 撰写有力的开场白

演讲者说出的第一句话，就像平面广告的标题或直邮广告的第一段。具有吸引力的开场白能够抓住听众的注意力，让听众对你的主题产生热情。淡而无味的开场白等于一开始就对听众浇冷水。以下是一则演讲开场白的范例：

> 今天，我想和各位分享心底的想法与回忆，它们已经在我的心里埋藏了许多年。自从我的丈夫约瑟夫在 7 年前过世，这些想法与回忆直到现在才公之于世。我之所以答应今天与各位谈这些，是为了让大家明白家扶协会（Sephardic Bikur Holim）的重要性，以及它对我的孩子来说代表着什么。我的故事始于大家都知道却很少面对的现实，那就是我们的生命其实很脆弱。
>
> 约瑟夫是个好丈夫、好爸爸，也是成功的生意人。他对帮助别人怀抱热情，对遭逢不幸的人感同身受。他的付出使家扶协会有了今天的成就，担任社工正是他的终生梦想。对我来说，约瑟夫后来决定用事业换取大学生活，是再自然不过的事。

4. 别忘了幽默感

演讲稿作者对于是否该发挥幽默感，总是不太确定。他们知道幽默可以暖场、拉近听众，但如果笑话讲坏了，很可能会毁掉整场演说。

我的建议是，你可以用和善、无伤大雅的小幽默来点缀演说。不要过分插科打诨、讲老掉牙的笑话或是模仿脱口秀主持人。只要慎选一些幽默的评论，让演讲者看起来较具人性温暖就可以了。听众对谦逊的幽默反应良好。以预备好的笑话当开场白有风险。有些听众可能觉得这个笑话不好笑，而导致幽默的效果大打折扣。更糟的情况是，听众说不定认为你是来耍宝的，根本没有什么重要的话要告诉大家。

5. 别企图讲太多事

记得，一场 20 分钟的演讲只有 2400 个单词。而且也别忘了，说话的内涵不像文字那么高密度，所以演讲能够提供的信息其实相当有限。

别试图在一场演讲塞进所有跟主题相关的信息。你只要摘取其中一部分，然后以温暖、智慧、幽默和权威性来讲故事就行了。你应该删除所有枝节，将演讲内容限缩至几个重要论点。

举例来说，"你的职业生涯"是个过于笼统的演讲主题。"如何开创自己的数字广告公司"比较适合当成餐后演讲的主题。

6. 用对话的语调来撰写演讲稿

演讲是用来听的而不是用来读的。演讲是一个人在说话，所以听起来也应该像一般对话，而不是像发表学术论文或公司章程。

你应该用对话的语调来撰写演讲稿。这表示你应该用简单的字、较短的句子、大量的缩写。就算偶尔用上几个口语说法也没关系。测试演讲稿的最好方式，就是将它大声地念出来。假如听起来有点儿别扭，就重写到听起来自然为止。

你可以用项目符号、标题或编号，将演讲稿分成几个段落。演讲者可以在段落之间稍微停留喘息。

假如你的文案无法用上述方式分段，你还是应该为演讲者指出可以稍微暂停的地方，让比较容易紧张的演讲者有机会在这些地方放缓脚步。

7. 演讲稿应该简单扼要

演讲不适合用来传达复杂的概念或精密的理论。

理由之一是，演讲能包含的信息量有限。第二个理由是，演讲过程中听众无法暂停下来思索某个论点，或者回头想先前提过的信息（不像他们在阅读文章、平面广告或宣传册的时候可以这样做）。

理想上，你的演讲稿内容应该围绕一个主要论点或主题。假如某个事实或观察与这项论点没什么联系，就把它排除。

你应该提供给听众容易理解的少部分信息或建议。别设法要听众跟着你进行精密的公式运算、错综的辩证或复杂的流程。他们不吃这一套。

8. 要提供影像吗

当我在 20 世纪 70 年代任职于企业时，幻灯片大行其道。每个演讲者都准备了好几张色彩鲜艳的幻灯片，像旋转木马似的在台上辅助演讲。如今，在笔记本电脑上运行的 PowerPoint 演示文稿可以投到足够大的屏幕上让观众看清。

在某些案例中，影像确实有帮助。假如你想介绍新的公司商标，你就应该给大家看幻灯片或是图表，毕竟文字不足以适切描述商标图案的设计概念。

幻灯片要避免文本过长，因为每页上的字数越多，文字就越小。经验之谈，每页最多有 5 条分项条目，每条不超过 5 个单词。

9. 发讲义

开会时，参会者经常会拿到厚厚的活页夹，里面装着演讲人所有的

PowerPoint 演示文稿。在发表讲话的时候，可以将演讲稿的内容印成讲义。或者你也可以分发总结讲话关键点的表格。

10. 为你的演讲挑选具有吸引力的题目

当你演说的时候，你是从演讲稿的第一句开始，而不是从演讲题目开始。但演讲题目会出现在邮件、传单和其他吸引人来听的宣传品上。演讲的题目，可造成台下一片冷清，或听众席爆满之间的巨大差别。

"海外贸易商展的有效管理方式"是个无趣的题目，改成"如何在日本电器展设置摊位——而且成功斩获订单"会更加吸引人。

9.9——
如何撰写新闻快讯

许多企业组织会发行新闻快讯，免费寄给消费者、客户、销售对象、雇员、期刊编辑以及产业界的决策者。

现在，大多数公司都使用电子邮件分发电子通讯。它是很有效的。但仍有少数营销人员会邮寄传统的纸质通讯（图9.1）。鉴于这份稀缺性，它们会比电子通讯更加显眼。

无论是用纸质版还是电子版，这些新闻快讯的语调与内容，和本书先前讨论过的公关新闻稿和专题报道大同小异，目的都在直接或间接宣传企业组织本身以及它的活动、服务或产品。

新闻快讯的可信度，比不上出现在贸易商业杂志上或主流媒体网站上的文章，因为读者知道这是公司自己发布的新闻。从另一个角度来看，这也表示公司可以任意决定新闻快讯的内容，不必担心被编辑审查、重写甚至错误引述。

新闻快讯的目的是要长期针对特定销售对象（也就是收到新闻快讯的这群人）建立公司形象及声誉。

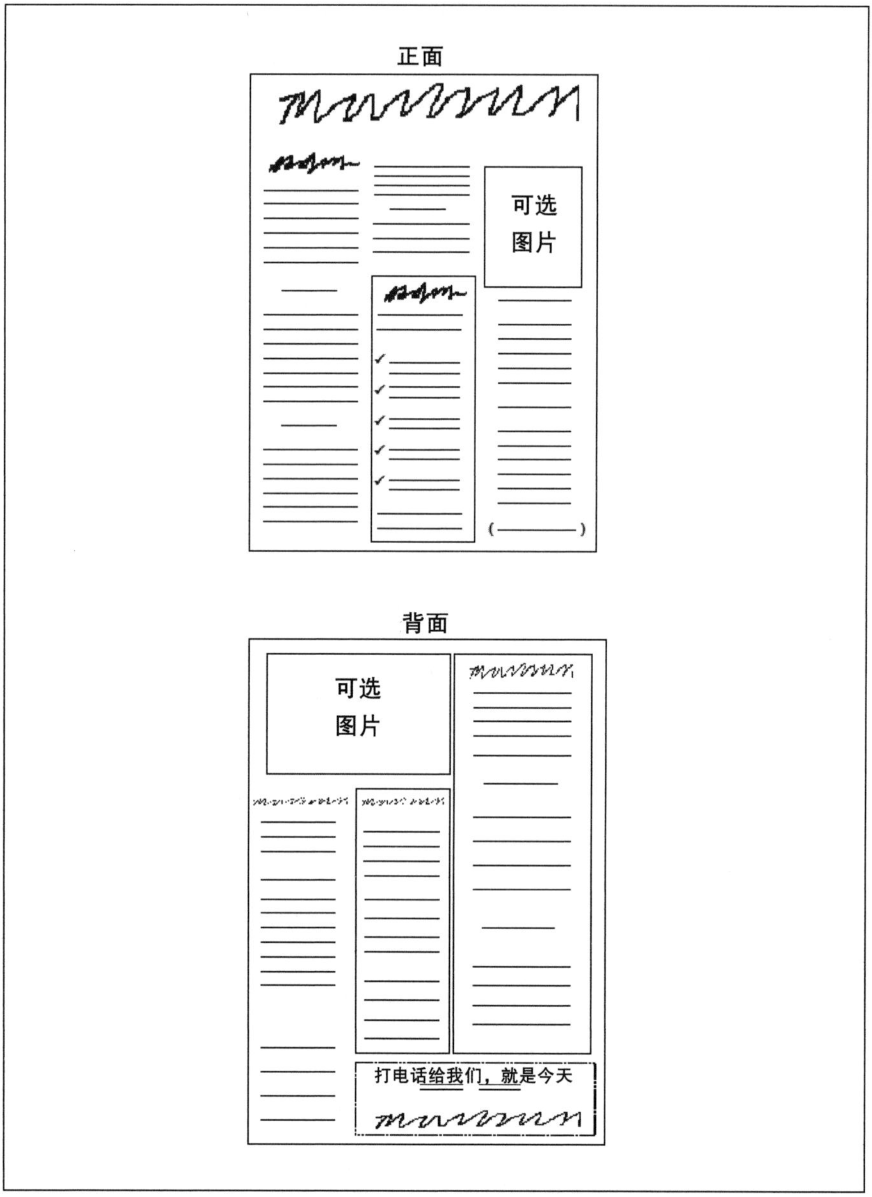

图9.1 一份8.5英寸×11英寸的双面通讯文案草图

许多客户会在一开始提出野心勃勃的计划，打算定期发行新闻快讯，例如每季度、每2个月甚至是每个月。然而当生产成本排挤到新的脸书广告的预算时，广告部门主管就会省略一两期的新闻快讯，打算用这种方式弥补预算缺口。

当公司想以低价雇用自由作家及广告代理商来撰写新闻快讯，就会用这套理由说服他们："因为新闻快讯不像平面广告或网页视频那么重要，所以我们负担不起高额预算。但我们会用发稿量来弥补，因为快讯是固定发行的。"

文案写手与广告代理公司都应该审慎看待新闻快讯的委托案。因为一个承诺要做6期的新闻快讯，经常会缩水到只剩2期。

典型的宣传用新闻快讯有4页，文字分成2栏或3栏，几乎没有留白的地方。一份新闻快讯会有三四则主要专题报道，每则约200到500个单词；另外还包含几篇短文（每篇有两三段），以及几张附有说明的照片。

其中大部分的报道内容都不是特别为新闻快讯撰写的，而是选自其他来源，包括公关新闻稿、精简版专题报道、演讲稿、个案经历、销售文宣、宣传活动等。这样一来，新闻快讯等于让公司在其他媒体登出的信息，有了额外曝光的机会。

举例来说，一家银行发出的新闻快讯标题为"真相揭示：让你更了解金钱真相的消费者专属新闻快讯"。这份快讯放在当地分行的陈列架上，里面有许多关于个人财务管理的实用信息，像"抵押贷款谜团""10%的事实……预扣存款利息所得税的背后真相""从衰退中爬起"或"投资之道"。

银行与顾客之间的关系奠定于信任。通过新闻快讯免费提供投资建议，有助于银行巩固与顾客之间的关系。

当地一家连锁超市印制了一份以食物为主、共4页的新闻快讯，放在收款机柜台让顾客自取。快讯里面的内容包括营养、运动、采购食品、烹饪的实用秘诀。每份快讯都提供了几份食谱可参考。

美食百货通过帮助我多运动、吃得更好，从而赢得了我的好感。他们提供的食谱让我愿意走进他们的店里，购买更多食物。

9.10——
新闻快讯的内容清单

上述的例子，应该已经让你对宣传性质的新闻快讯可刊登哪些内容，有了初步的概念。当你在撰写自己的新闻快讯时，不妨参考以下清单，从中找寻灵感来源：

1 新闻

2 解释性文章（"如何运作"）

3 产品故事

4 个案经历

5 背景信息

6 如何解决一个问题

7 使用产品的技术性诀窍

8 一般性的指引与建议

9 可以做和不可以做的事情

10 产业情报更新

11 雇员情报更新

12 雇员个人简介

13 社区服务新闻

14 财务消息

15 综合报道近期特价活动

16 访问及人物简介

17 来信专栏

18 会议、座谈、商展、集会的公布与报道

19 附说明的照片

20 产品选购指南

21 清单

现今有许多公司通过网络来发送宣传性质的新闻快讯，作为印刷版快讯的额外服务甚至取代了印刷版快讯。若想知道如何撰写、发表在线新闻快讯，请参考本书第 13 章。

第 10 章
电视和广播文案：有效结合视听效果，打造热卖广告
WRITING TV AND RADIO COMMERCIALS

如今，电视和流媒体视频频道有数百个，越来越多的广告在争夺我们的注意力，这一点比以往任何时期都要明显。你面临的挑战是如何让自己的广告脱颖而出、吸引消费者。但广告主并不确定到底要如何做到这一点。

有一派人相信，"创意"是从竞争中突围的解决之道。他们利用戏剧化的情节、快节奏的动作、超现实的幻想场景、动画、计算机绘图、"新浪潮"风格等技巧，为广告创造独树一帜的生动魅力。但我个人认为，这样的技巧经常牺牲了销售部分。这类广告虽然突出，却没有销售力，因为广告内容忽略了产品本身，也未能让产品发挥对消费者的吸引力。

还有一派人拥抱传统价值，相信简单的广告就能说服消费者掏腰包，只要广告能够诚实、直接地呈现产品及其益处。氧净（OxiClean）去污剂广告就是一个例子。它之所以很有说服力，是因为展示了吸引你注意力的产品。"我的枕头（My Pillow）"电视广告的效果也很好，公司老板和枕头的发明人热情地展示了该产品，对比普通商店购买的枕头有哪些优越性。

现在有越来越多的广告专家，捍卫直接坦率的电视广告表现方式。纽约脑容量广告公司（BrainReserve Advertising）总裁费斯·派孔预测，我们正朝着产品情报的时代前进，消费者要的是实在的信息、货真价实的交易。她在几十年前就预言了这一点，内容营销的兴起似乎已经证明了她的正确性。

在内容营销时代，很多人通过信息来接受事物。建议你到当地书店看看他们的书架，你会发现在出版业占大多数的是那些以"如何……"为书名或那些直接提供信息的书，而且这些书的作者并不会故弄玄虚、哗众取宠或是玩花招——他们用直接呈现事实的方式来说故事。因为他们知道作品的真正买家，是那些想要、也需要书中资讯的人。

产品也是一样。真正对产品感兴趣的销售对象，会去主动寻找相关的信息。他们希望在掏出血汗钱之前，能够得到足够的情报。太多的电视广告把努力浪费在那些不可能成为付钱顾客的观众身上。

广告主为了让那些不会掏钱的观众看他们的电视广告，刻意模仿好莱坞电影的娱乐表演和制作质量。他们忘了，电视广告的目的不是让大家都来观赏，而是要让观众购买或对品牌产生偏好。很久以前，大卫·奥格威和其他广告界先锋就已经证明了，观众喜不喜欢一支广告跟他们有没有被广告推销成功，两者之间其实没什么关联。

《广告时代》专栏作家席德·伯恩斯坦在一篇讨论电视广告的文章中写道："我常怀疑，'创意'是否有时候造成了可信度的打折。我觉得广告业真正需要的是更单纯的概念及表现，更简单、坦率的销售方式，更高尚、清晰的作品。少一点儿困惑……少强调煽动性的娱乐效果，将重点放在说服观众通过理智思考购买上。"另一方面，奥美公司有一句名言："你不可能让无聊的人购买你的产品。"如今最有效的手法似乎是"寓教于乐"，这个术语来源于教育（信息）与娱乐的结合。

10.1

电视广告的 12 种类型

我向来以为小说是完全原创性的写作，无法被归纳出任何公式。

不过在一堂剧本写作课上，讲师说了一番让所有学员惊讶的话："我知道，你们都以为自己的作品很特别。不过电影编剧与制作人已经归纳出 36 种戏剧场景。所有的剧本都可以放进这些类别中。"她列出了几个类别，像革命、疯狂、爱的罪恶、野心、悔恨、灾难、通奸等。

虽然电视广告似乎有无数种表现模式，但电视广告的模式种类不会比电影剧本还多。以下是电视广告的 12 大类。

1. 实地示范

这类广告示范了产品如何发挥功能。假如你卖的是食物调理机，你的广告可以示范产品如何轻松快速地切片、切丁、搅拌、混合。

这类广告在比较两种不同产品时格外有效。你可以在左半边的屏幕让观众看到，一般的汽车蜡黏糊糊又没光泽；右半边的屏幕则显示你的汽车蜡滑顺易抹、光泽闪亮，而且跟鸭毛一样防水。

一个关于游泳池加氯器的广告展示了一名妇女坐在游泳池边，画外音讲述加氯器可以使池水变得多么清澈。突然，这个女人从水中跃起。人们这才发现，她其实是在泳池里，而广告是在水下拍摄的，很好地展示了使用广告中的产品处理过的水的透明度。

2. 满意顾客证词

满意顾客证词可以为广告里宣称的效益强化可信度。如果产品好评来自其他顾客或第三方，而不是制造商自吹自擂，一般人会比较容易相信。

有些最有说服力的证词来自真正使用过而且确实喜欢这种产品的人。真实人物总是比拿钱办事的演员或刻意安排的访问容易赢得信任。要让真正的产品使用者给出可信的证词，广告制作人会利用隐藏式摄影机拍下顾客使用产品的反应，以及他们对问题的回答。

许多广告主会付钱请名人代言产品，理由是名人比较容易吸引观众注意，而且大家会听进去他们讲的每个字。

不过电视广告制作人都会同意，名人的形象必须适合代言的产品。小甜甜布兰妮能够为百事可乐的广告创造人气，却不适合拍摄投资银行的广告。玛丽·奥斯蒙德可以做减肥运动。佩顿·曼宁占据了全国保险公司的电视广告。

3. 单人主讲

这类广告会有一个演员站在镜头前面，针对产品的好处做直接推销。

这类单人主讲又称发言人或宣传人，在推销内容够强、根本不需要婉转修饰的情况下特别有效。亚历克斯·崔贝克是宾夕法尼亚人寿保险公司和反向抵押贷款的主讲人。这是一个直接反应广告，结果可以衡量。而且这类广告一定是有效果的，否则如此昂贵的广告不会频繁播出。

4. 生活剪影

这类广告像一出迷你剧，围绕着几个人和一则关于产品的故事。在一则牙膏广告中，有个穿睡衣的小男孩眼睛含泪。他因为没有刷牙被妈妈责骂，所以心里很难过。爸爸向他解释，妈妈并非生他的气，只是担心他的健康。好好刷牙可以让他牙齿洁白、不必担心蛀牙。广告中的小男孩笑开了，原来妈妈还是爱他的。

5. 生活风格

这类广告将重心放在使用者身上，强调产品如何贴近他们的生活风格。

科罗娜（Corona）啤酒主打的特点是年轻、健康的青少年在海滩上与好朋友玩耍，描绘了一种轻松、随意的生活方式。在老年人辅助生活设施的广告中，以及劝说人们可以在 50 岁时购买具有活力的成人社区的广告中，会将产品描绘成提供陪伴和活动的愉快生活环境。

注意：如果你要用静态照片或视频展示扮演的目标市场用户，演员或模特需要比人口统计学中的真实人物年轻 10 岁左右，体重轻 4.5 千克左右。理由是：人们总是自视比实际情况更年轻、更苗条，或是渴望像照片中的人一样。

6. 动画

动画或卡通对儿童观众特别有效，尤其是以受欢迎的卡通人物为主角的时候。面向成年人的动画大多数时候都会抛弃卡通人物，只简单展示那些一般由演员完成的动画动作。

7. 广告歌

广告歌以音乐唱出广告标语。过去知名的广告歌包括麦当劳的《麦当劳都是为你》、百事可乐的《新一代的选择》以及健怡可乐的《轻松喝进好味道》。最好的广告歌会有悦耳易记的曲调，让大家忍不住哼哼唱唱，进而将广告标语烙印在消费者的脑海里。农民保险有这样一句标志性的类似广告歌的话："我们是农民，dum-de-dum-dum-dum-dum-DUM。"

8. 以视觉效果为主

有些广告主将电视广告当成电影而不是销售工具。他们制作出色彩及画面质量都胜过大部分电视节目与动画片的迷你电影。日产汽车的 Turbo Z 系列广告就是一个例子。广告场景为光线并射、幽暗的"未来城市"，令人想起《银翼杀手》这部电影。

特殊的视觉效果确实能抓住观众的注意力，但这种前卫的娱乐有助于卖产品吗？我还没读过任何文章或任何个案研究证实这一点。

9. 幽默

幽默的广告正大行其道。见证了温蒂汉堡的"牛肉在哪里？"的广受欢迎以及联邦快递的连珠炮广告之后，我们知道大家都喜欢幽默的广告，但这些广告是否能成功说服观众购买产品，就是另一回事了。实际上，幽默和其他娱乐性广告的一个共同问题是，观看之后，消费者往往无法说出广告产品的名字，因为广告才是关注的重点，而非产品。

其实写得出幽默广告的文案写手并不多。万一广告不够好笑就会变成销售灾难。除非你 99.9% 确定广告够有趣（而且观众也有同感），否则你应该避开这类广告。而且一个观众觉得好笑的地方，另一个观众可能会觉得很蠢。

10. 系列人物

这类广告创造出一个虚拟人物，让他出现于一系列电视或平面广告中，在建立品牌辨识度上特别有效。成功的虚拟人物包括卫宝先生、绿巨人、适高纸巾的布鲁贝尔阿姨（Aunt Bluebell）、通用汽车的古德仁先生（Mr. Goodwrench），以及贝氏堡公司的形象娃娃面团宝宝（Pillsbury Doughboy）。假如你创造出的虚拟人物能够得到大众的喜爱，那么就持续大量让其曝光，直到研究或销售数据指出你的顾客已经看腻了。近些年来，这种形式有所减少。

有时候，这个人物是公司的老板，比如吉米·迪安（Jimmy Dean）的香肠、普渡家族（Purdue family）的鸡。也可以有其他选项，比如大力水手卜派中的女性角色，或是国家汽车租赁公司的帕特里克·沃伯顿（Patrick Warburton），或是全国保险公司的佩顿·曼宁。

11. 购买原因

这类广告的文案列出大家应该购买产品的理由。弗兰克牌腌熏食品（Hebrew National Franks）的广告上，几个人开心大啖弗兰克的热狗，旁白则告诉观众大家喜欢弗兰克食品的几个理由。这类广告有其效果，但是购买理由出现在平面广告的时候似乎效果更好。

12. 诉诸情感

利用怀旧、魅力或感伤来打动观众心弦的广告，能够让观众留下记忆，也具有销售说服力。在超级碗播放的百威啤酒广告中，展示了一个驯马师和从小养大的小马驹之间的感情，后来他把马驹卖给了百威啤酒。在一次游行中，驯马师以观众身份出现在人群中，这匹马是百威马队的一员，它看到了驯马师，从游行队伍中脱身，朝着教练所站的相反方向跑去，这显然是一次温情的团聚。

跟幽默广告一样，情感真挚的文案不容易写。假如你办得到，那么祝你成功。大部分的文案写手还是谨守实地示范、单人主讲、满意顾客证词和其他"直接销售"的模式，这些类型的成功率会比较高。

10.2——
撰写电视广告文案的秘诀

以下这些秘诀可以帮助你写出引人注意、让人印象深刻而且有说服力的电视广告：

1 电视基本上是呈现画面而非文字的媒体。你的画面一定要传达出销售信息。假如你把电视机的声音关掉后，看不出这支广告到底在推销什么，那么这支广告就没能达到效果。

2 尽管如此，你的声音还是得配合画面。广告文案必须能解释清楚画面内容。

3 一般观众对影像和声音的注意力有限，只能维持 30 至 60 秒。直接反应广告（DRTV）通常为 120 秒，或者是时长 30 分钟的电视商业广告片。所以，假如你的推销需要用大量词汇，那么就让画面单纯一点儿。相反，如果你的广告有复杂的视觉设计，文字部分应该越少越好。观众无法同时应付眼花缭乱的图像以及连珠炮似的讲话。

4 你应该将观众——那些坐在电视机前面的男男女女放在心上。想象一下你的广告内容是否够有趣、够重要，而不会让他们站起来走向冰箱或厕所。

5 广告的构思规划，必须遵守既定的预算范围。特效、广告歌、演员、动画、计算机绘图、外景拍摄，都会导致广告预算暴增。只有单人主讲以及在摄影棚内拍摄的实地示范广告，才是相对比较省钱的制作方式。

6 务必确定你的广告词在一开始就能吸引住观众。电视广告开始的 4 秒钟，就像平面广告的标题，决定了观众是看完整个内容还是起身去找零食。所以你的广告开场白必须让观众忍不住继续往下看，譬如用活泼的音乐、吸引人的画面、戏剧性的场景或真实生活中会遇到的问题。

7 假如你推销的产品可以在超市货架上买到，你应该在广告中秀出品牌。不妨用特写镜头，带领观众将眼光集中在产品的外包装。假如观众记得广告中的包装，往后实际购买时也会记得挑选你的品牌。

8 利用动态画面。影片跟幻灯片不一样，它会有连续动作，显示汽车飞驰、枫糖倾流、飞机越过、爆米花弹跳、苏打水冒泡的画面。你应该让电视广告的画面持续流动，切勿显得过于静态。

9 同时别忘了，电视除了画面还有声音。你应该让观众听到汽车引擎咆哮、煎饼在锅里滋滋响、飞机轰轰飞过、爆米花噼里啪啦、汽水的嘶嘶声、冰块扑通掉进高冷饮杯的声音。很多人发现煎培根的声音比画面更能引起食欲。（嗅觉或许更能勾起食欲，可惜电视技术还做不到散发味道，我也不知道是否已经有制造商正在研发这样的技术。）

10 利用字幕。也就是以白色字体压在画面上的标题。这类字幕可以强调广告中的卖点或指出旁白没有提到的部分。假如你卖的是邮购维生素，不妨打出字幕"仅限邮购"。因为假如观众以为产品在店里卖，就不会通过邮购来下单。

11 至少重复 2 次产品名称跟主要卖点。这样做有 2 个理由。首先，这样的重复能够帮助观众记住产品。其次，许多观众可能在广告的一开始还没注意看，所以你可以通过重复，让他们知道是什么品牌、什么产品。

12 别忽略了产品。广告要让观众看到这些产品被吃进嘴里、穿在身上、驾驭使用、享受其中。你应该好好展示产品，找人谈论产品的好处。不妨将已经证实可行的平面广告技巧，运用在电视广告上，结果会让你感到欣慰。

13 假如你希望观众打电话或来函订购产品、索取进一步信息，就应该在广告一开始提醒（"请拿好纸笔，记下以下这项特别优惠……"）。很少人会在看电视的时候准备好记事本。因此，要使用易于记忆的电话号码和网址。

14 假如你用名人代言（无论是通过镜头或录音），你应该通过配音或字幕让观众知道这位名人的身份。除非你先告知，否则很多人其实不认识这位名人到底是何方神圣。而且除非他们知道这位名人是谁，否则他们不会对这支广告印象深刻或者被名人说服。

15 如果是当地零售商的电视广告，你应该在广告中说明店址和清楚的交通信息。

16 广告长度基本分为10秒、30秒、60秒、120秒。10秒钟的广告通常用于"品牌辨识",告诉观众产品名称是什么,辅助其他30或60秒版本的广告。

17 由于时间有限,一则广告应该锁定单一概念或卖点,譬如烧烤比油煎好;迈达斯公司装置的消音器数量最多;威瑞森(verizon)比斯普林特(Sprint)公司的网络更可靠;苹果公司的智能手机最时尚、最先进。

10.3——
规划一部电视广告脚本

电视广告的脚本格式很简单,左边是镜头(画面)、右边是声音(旁白跟音效)。

真正重要的是写出好脚本。别担心技术性的部分。当你需要的时候,就会学起来。关键只在你的广告必须吸引观众、容易记住、有说服力。

以下是几个有助于你初试身手的基本术语:

ANNCR:播音员。念广告旁白的人。
CU:特写。非常接近单一主体的镜头,使被拍摄的主体占据大部分屏幕,例如包装上的品牌标签。
LS:远镜头。从一段距离外拍摄主体。
MS:中景。主题在前景,但画面保留相当空间显示背景。
SFX:音效。人声或乐器之外的背景声音。
TS:紧构图。主体几乎占满整个镜头,只留一点点空间给周边背景。
VO:画外音,即镜头之外旁白的声音。

以下电视广告,是个值得参考的脚本格式,也是直接表现产品益处的文案范例。

作者：埃米·布莱

产品：鸡肉冻（30秒）

镜头	声音
一、中景到特写：放着金棕色鸡肉冻的大浅盘。	一、播音员（画外音）：在你眼前的是一盘香嫩多汁的鸡肉冻。但这可不是普通鸡肉，因为我们取出了骨头。
二、中景：一个男人在切鸡肉冻。四分之一至三分之一的部分已经切进盘子里。	二、你可以轻轻松松切下来……
三、特写：长方形餐桌上一排鸡肉料理。	三、想准备什么美味鸡肉料理都行，无论是白酱焖鸡胸肉还是鸡肉沙拉，都可以轻松快速料理，不必费工去骨。
四、中景：一家人享用鸡肉，面带微笑。	四、鸡肉冻价格虽然高于一般鸡肉。
五、特写：盘子上的鸡肉全数切完。	五、但鸡肉冻不会有浪费，100%都是可以吃的部位。
六、特写：包装好的鸡肉冻，秀出品牌名称与商标。	六、假如你不喜欢在鸡肉里挑骨头，试试我们的鸡肉冻吧。肉品专卖店或超市都买得到。

这支广告片有几个我特别欣赏的地方：

首先，它很简单——观众容易吸收——而且制作成本不高。其次，影像部分秀出了产品、示范产品用法（无骨鸡肉冻可以轻松切）、大家享受产品，以及产品的外包装——全部在30秒钟内呈现。

广告旁白告诉我们鸡肉冻的独特卖点（没有骨头）以及产品的好处（可以直接切食，没有浪费部位，轻松省时），同时示范你可以如何应用这种产品（用来准备任何鸡肉料理都行）。

最后，广告结尾（假如你不喜欢在鸡肉里挑骨头）是个聪明的文字游戏，能够让你脸上露出微笑。结尾也指出什么地方可以买到产品。

下面这则 30 秒的广告，也来自同一位作者。

作者：埃米·布莱
产品："你的"女性啤酒（30 秒）

镜头	声音
一、中景：穿着入时的伴侣坐在高级餐厅。男伴伸手拿桌上的一瓶啤酒。女伴开玩笑地打了他的手。	一、女伴：嘿，那是"你的"。
二、中景：男伴的脸。他看着她，困惑地微笑。	二、男伴：如果是我的，为什么不能拿？
三、紧构图：女伴的手指，指着瓶子上的商标。	三、女伴：因为"你的"啤酒专属于女性。
四、中景：女伴倒出啤酒。	四、音效：啤酒倒进杯子里。播音员："你的"啤酒比一般啤酒更多泡沫、口感更清爽、热量更低。
五、中景：女伴倒完啤酒，拿起杯子。	五、播音员：而且，10 盎司的容量正好倒满一个啤酒杯……刚刚好满足你的渴望，不多也不少。
六、中景：男伴伸手拿酒杯。	六、男伴：我为什么不能喝"你的"啤酒？
七、中景：女伴把杯子推开，微笑。	七、女伴：因为它是我的……
八、紧构图：黑色背景前，一瓶"你的"啤酒特写。	八、播音员（画外音）："你的"啤酒……第一瓶专属于女性的啤酒。

这支广告基本上属于生活风格类型，结合产品益处做了呈现。"你的"

啤酒，属于那些在高级餐厅进食、打扮入时、拥有英俊优雅男伴的女性。你可以想象《欲望都市》女主角莎拉·杰西卡·帕克和《鬼使神差》的迪伦·麦克德莫特扮演这对上流社会拍档的情景。

我喜欢这个脚本的其他部分是：

首先，它有趣、幽默、俏皮，但所有的趣味都围绕着产品本身。其次，这种产品有鲜明的立场："第一瓶专属于女性的啤酒。"

这个广告彰显了吸引女性的产品特色：口感清爽、热量低、每瓶容量不大。

还有，脚本重复了商标名称 5 次，画面也显示了 2 次。

10.4——
如何撰写电台广告

电台广告和电视或平面广告都不一样，差别有 3 方面。第一，电台节目可能是由专业播音员预先录制的，并配有音乐和音效，或是播音员在广播中进行播报。第二，购买电台的时间要比电视时间成本低很多。第三，大部分听众都是边开车边听广告，因此很难记下电话号码或网址。

电台广告文案的重头戏是文字与声音。它们必须能在听众的脑海中创造出产品的形象。

"露西婶婶的可口蓝莓派"电台广告无法让听众看到一家人享用派，所以得通过声音来描绘蓝莓派被切片、叉子插进脆皮、大家狼吞虎咽、有人心满意足地发出"嗯"、众口赞美女主人手艺了得的画面。

假设蓝莓派在当地超市销售，包装在特殊蓝色铝箔纸里。虽然你没办法让电台听众看见包装外观，但你一定要让播音员告诉他们："要找美味手工派，请到当地超市或烘焙坊指明蓝色铝箔纸包装。"

现在有越来越多独立电台为广告代理商或客户撰写、制作电台广告，盛况几乎已蔚为小规模产业。不少广告公司写手或创意总监看不起电台（或许是因为相较于电视，电台的预算少得可怜），所以很乐意将电台业务拱手让给其他人。

不过电台广告也有自己的潮流与明星。多年来，斯坦·弗雷伯格是重庆中菜馆和其他幽默电台广告的大牌播音员，接替他的地位的还有迪克·欧金和伯特·博蒂斯。喜剧泰斗约翰·克里斯为英国老牌卡拉德与包瑟糖果（Callard & Bowser）以及法国可伦堡生啤酒（Kronenbourg）录电台广告后大红大紫。现在美国运通的广告明星是杰里·史坦菲尔德。

在《作家文摘》的一篇文章中，文案作家大卫·坎皮提为电台广告新手提供了几个文案诀窍：

1 锁定销售人员的"线索"，也就是销售人员与顾客沟通后得到的"内幕"。

2 来自顾客的反馈可以显示出关键卖点。举例来说，有个文案写手访问了农人，想找出他的电台广告无法成功推销邮购毒鼠药的原因。他发现，面临老鼠猖獗问题的农人因为太尴尬，不想让邮差或邻居发现他们邮购毒鼠药。于是这名文案写手在广告最后加了一句话，说明毒鼠药会用无字的棕色包装寄出，结果销售量应声上扬。

3 多谈谈产品的益处。告诉听众客户的商品能够为他们做什么。

4 内容简洁，使用短句。

5 重复重要信息。最少要重复店名2次、网址要在结尾处显示一两次。电话号码至少说2次，在60秒钟的广告中出现的次数要更多。最近更流行通过网络或短信进行回应。

6 了解自己在写的主题，深入研究产品。

7 了解电台广告制作人可以提供哪些资源。学会使用广播设备。同时你应该知道电台有哪些音乐或音效可用，录音设备的质量与功能以及广告配音员的能力。

以下是两则我喜欢的电台广告以及我喜欢的原因。第一则是圣路易斯石材工业协会的 60 秒广告。

男子：呃，今天我们的来宾是三只小猪，这样称呼对吗？

小猪们：没错，讲得对，老哥。

男子：好，告诉我们，自从你们决定用砖头盖房子，你们是不是还担心，呃……

小猪一：又大又坏又恐怖的？

男子：对。

小猪二：没有，他再也没接近我们了。

男子：太好了。

小猪三：他知道用力吹也没用啦。

男子：是啊。除了解决人身安全问题，你们选择砖头应该还有其他原因吧。

小猪一：听着，假如这年头搞一间房子要花 8 万多美元，你总希望房子撑久一点儿吧。

小猪二：没错。

小猪三：说得对。

男子：砖头确实比较耐久。

小猪一：而且几乎不太需要保养。

男子：确实。

小猪二：不但能把大野狼挡在门外，还可以防火、防冰雹、防……

小猪三：卖铝墙板的推销员。

男子：我注意到你们还有坚固的砖造壁炉。

小猪一：是呀。

男子：很漂亮呢。

小猪二：我们觉得这是个不错的点缀。

小猪三：尤其是有女孩子来拜访的时候。

男子：而且我敢说也很安全吧。

小猪一：壁炉是很安全，他们就难说了。（男子和小猪一起笑了）

男子：对于砖造建筑还有什么我们应该知道的事吗？

小猪一：就算有也不应该问我们。

男子：哦？

小猪二：你应该问石材工业协会的人。

男子：石材工业协会？

小猪三：他们会很乐意寄给你详细信息。

男子：刻在砖头上吗？

小猪一：不是，写在纸上。

男子：什么？

小猪一：砖头没办法放进信封啊。

（音乐）播音员：想知道更多有关砖造建筑的信息，请打电话给圣路易斯的石材工业协会，电话是550-5888，再说一次，550-5888。

这支广告抓住而且留住了我的注意力，因为它的节奏很快，而且真的很好笑。访问者与三只小猪之间的嬉笑使得整个广告相当活泼。而这段对话也在短短60秒之内提供了相当多产品信息。我们从中了解到：

一、砖头能够抵挡恶劣环境，包括冰雹、风、暴风雨等。二、砖头能维持很久，而且几乎不太需要保养。三、它可以防火。四、假如你的房子是砖造建筑，你不需要再装铝墙板。五、你可以利用砖块建造安全、漂亮的壁炉。六、任何人都可以主动向石材工业协会索取免费的砖造建筑信息。

下一则吸引住我的电台广告，是加州乳品协会（California Milk Advisory Board）的60秒广告。这支广告由迪克·欧金和伯特·博蒂斯联手担纲：

经理：您好。

西尼：加州乳品协会吗？

经理：是的。

西尼：我可以针对你们的广告歌提一点儿建议吗？

经理:"任何时候都是喝牛奶的好时候"那一首吗?

西尼:对,虽然好听好记,但你们或许应该改成"除了斗牛,任何时候都是喝牛奶的好时候"。

经理(笑):我刚刚听成"除了斗牛,任何时候都是喝牛奶的好时候"。

西尼:我就是这么说的。

经理:什么?

西尼:请容我自我介绍,我叫西尼·费瑟,是职业斗牛士。

经理:嗯。

西尼:我很喜欢你们的牛奶。

经理:嗯。

西尼:我整天都喝,因为它喝起来冰凉清爽……

经理:请继续说。

西尼:不过要一只手喝牛奶,另一只手挥红巾实在……

经理:西尼,你该不会打算一边喝牛奶……

西尼:我今天用掉6盒。

经理:6盒牛奶?

西尼:6盒裤子。

经理:裤子?

西尼:当你转身跑的时候,牛就冲过来了……

经理:你为什么不之后再喝呢?

西尼:在医院喝?

经理:不是,我是说斗完牛之后,喝起来多美味,还可以配点心,或者一边坐着看电视一边喝。

西尼:哦,没办法。

经理:没办法看电视?

西尼:不是,没办法坐。

经理:哦。

西尼:当你转身跑的时候,牛就冲过来了……

经理：好，我明白了。

广告歌：没错！任何时候……都是喝牛奶的好时候！

西尼：除了斗牛的时候。

经理：挂了吧，西尼。

西尼：挂红巾？

经理：挂电话。

西尼：哦，好。（音乐淡出）

播音员：以上电话内容来自加州乳品协会。

这也是一支快节奏的幽默广告，夹带了有说服力的信息。请注意，广告中的句子都很短，所以整体节奏显得比较快。

10.5
何谓"非广播影音"

电台或电视广告，是文案写手作品中曝光度最高的部分，因为我们每天都接触得到它们。不过每年也有数千个脚本在撰写制作之后，我们无缘得见。

这部分的文案被称为非广播影音（nonbroadcast AV），创作这些影音作品的公司只打算给少数特选的观众看。这类影音不会出现在电台或电视上，而是出现在会议、贸易展、座谈会、说明会或销售人员与顾客的一对一销售中。如今，这类视频也会发布在 YouTube 等网站上。

非广播影音可以选择多种媒体，包括：

1 PowerPoint

2 在线视频内容

3 DVD

4 可视图文

5 其他软件

这些呈现方式可以应用在多种方面：

1 员工沟通。

2 贸易展的展示。

3 座谈与会议。

4 招募活动。

5 社区服务。

6 公关活动。

7 辅助销售。

8 广告来询服务（寄送关于腹肌锻炼机或加勒比海游轮的广告DVD给回应的潜在客户）。

9 为高层主管进行说明会。

10 训练课程。

11 产品介绍。

12 产品示范。

13 个案历史。

14 聚会。

15 辅助销售人员及业务代表。

16 在零售地点做定点展示。

17 年报、销售说明或其他宣传文件的提纲。

18 记录历史事件。

　　幻灯片及影片的脚本格式，跟电视广告一样：画面写在左边、声音写在右边。不过非广播影音没有 30 秒或 60 秒的时间限制。你可以自行决定长短。幻灯片或影片的最佳长度在 8 到 10 分钟之间，最好不要超过 20 分钟，否则你的观众会开始神游物外。

　　非广播影音的制作成本比电视广告低很多。每分钟广告可能要花至少 4 万美元。制作一盘 10 分钟的非广播录像带只需 500 到 1000 美元。

　　以下是撰写非广播影音的诀窍：

1 为耳朵而写，不要为眼睛而写。意思是脚本上的文字不只可以看，还要能大声念出来。

2 念出来的文字应该精简、条理清楚而且充满生动意象。

3 文案要一听就懂，因为听众没有闲工夫再回头看文字。你的文案应该要让他们在听的当下就明白。

4 做好研究功夫。尽力找出所有跟主题、产品、销售目的、观众相关的信息。

5 开场白至关重要，而且必须抓住听众、锁定他们的注意力。

6 文案要生动、好记、精确。多使用主动动词、富于色彩的文字和词句。

7 一次提供一点儿东西，别用大量信息"轰炸"观众，而且信息要经过你的精挑细选。一场影音说明会不必道尽细节，而是应该让听众还想知道更多。

8 让文字在听众心目中创造意象，补足屏幕实际影像的不足。

9 尽可能简明扼要，避免使用复杂的句子。

10.6——
如何制作 PowerPoint

好，假设你依旧被要求做一场有 PowerPoint 的说明会，你应该怎么做才能让这场演说更有效？

第一，别在整场演说中都使用投影片。你可以选择性地运用 PowerPoint，而不是整场说明会都用。

若演说中有重要影像要给大家看，就播放出来。说明结束后，插入一张蓝色或黑色的背景。

第二，只有在影像的沟通效果优于文字时，才使用影像。假如你的演说谈到质量，那么在屏幕放上"质量"两个大字，对于彰显你的论点帮助并不大。但假如你想解释非洲食蚁兽的外观，那么直接放一张照片自然胜过千言万语。

第三，别在投影片中塞满图文。每张投影片内主图不要超过一张，而且内容应保持简洁，避免使用复杂图像，例如拉了一堆线的流程图。

第四，你可以考虑采用其他媒体来搭配，甚至取代 PowerPoint。当我在教电话营销的时候，我会用电话铃声和道具电话来和受训学员互动，这是计算机幻灯片达不到的效果。

第五，设计说明会内容的时候，要考虑到就算计算机设备故障，你还是可以继续进行。看着主讲人为了找不到对的那张幻灯片而惊慌失措，实在是再尴尬不过的事。你的视觉辅助工具应该要为你加分，而不是反过来阻碍你。

平面设计顾问罗杰·帕克针对如何准备 PowerPoint，提供了以下几个诀窍：

1 视觉部分要简洁，别用美工图库的物件来装饰。这些图案通常看起来像卡通画。你应该只在需要辅助说明的时候，才增加图像部分。

2 说明会上只用关键字，别写出整个句子。美工字体提供的是说明会的架构，而非脚本。将文字部分浓缩成关键字，你才有空间使用容易阅读的大字体。

3 别使用复杂的背景。假如你不确定应该采用哪一种背景，就选择白底黑字的吧。

4 不妨为你的 PowerPoint 增添个人色彩。你可以在每张投影片加上自己的标识、说明会题目和日期。

除了罗杰的建议之外，基于我多年来制作 PowerPoint 的经验，我加上了这几条建议：

1 不要让饼状图、柱状图、图示太杂、太乱或太小。PowerPoint 应该让坐在最后排的参会人也能轻松地看到。

2 如果你确实有很多信息或数据需要用分项条目或视觉图像来传达，记得关于文字幻灯片的 5×5 规则：每张幻灯片的分项条目不超过 5 个，每条不超过 5 个单词。

3 将文字和图像幻灯片混合在一起（例如，如果你在销售玉米种子，就展示农民播种的图片，然后是高大、健康的玉米秆）。最好每张幻灯片都有图片，但不要超过 3 张。

第 11 章
网络文案：日益重要的营销利器
WRITING WEB SITES

20年前，我所有的文案作品都出现在平面媒体，没有任何一则出现在网络上。时至今日，我的文案已经有30%是印刷文字，70%则被登在网站上。

结论是什么呢？今天一个执业中的文案写手，将有大量案源来自网络。有些委托案的主要目的在于增加现有网站的流量。其他委托案则把重心放在扩充内容上，无论是增加新网页还是建立全新的网站。

11.1——
这样做，线上营销超有效

电子商务公司有多种不同的商业模式。

在线营销方式已被证明可以成功运用在多种行业：发电子邮件给某个已经认识你的人，这种营销效果是最好的。

因此，成功的在线营销专家会建立自己的"自家人档案"或"电子邮件名单"（包含销售对象的名字及其电子邮件），然后通过电子邮件营销向这些人进行销售。这套做法叫"有机模式"或"集会模式"（图11.1）。

首先，营销人员建立一个网站，将公司定位为特定细分市场或产业的权威，这个网站便会成为广告主的"在线营销基地"。

这个网站应该包含一个顶部有横幅的首页（图11.2）、公司介绍页、简述公司产品和服务的链接菜单（点进链接可以查看产品或服务的详细信息）。

首页还应配有一个或多个召唤行动（CTA）的位置。在图11.2中，它体现为注册框，可以订阅免费的电子通讯，即图中的C位。另外建议再设置一

第 11 章　网络文案：日益重要的营销利器　247

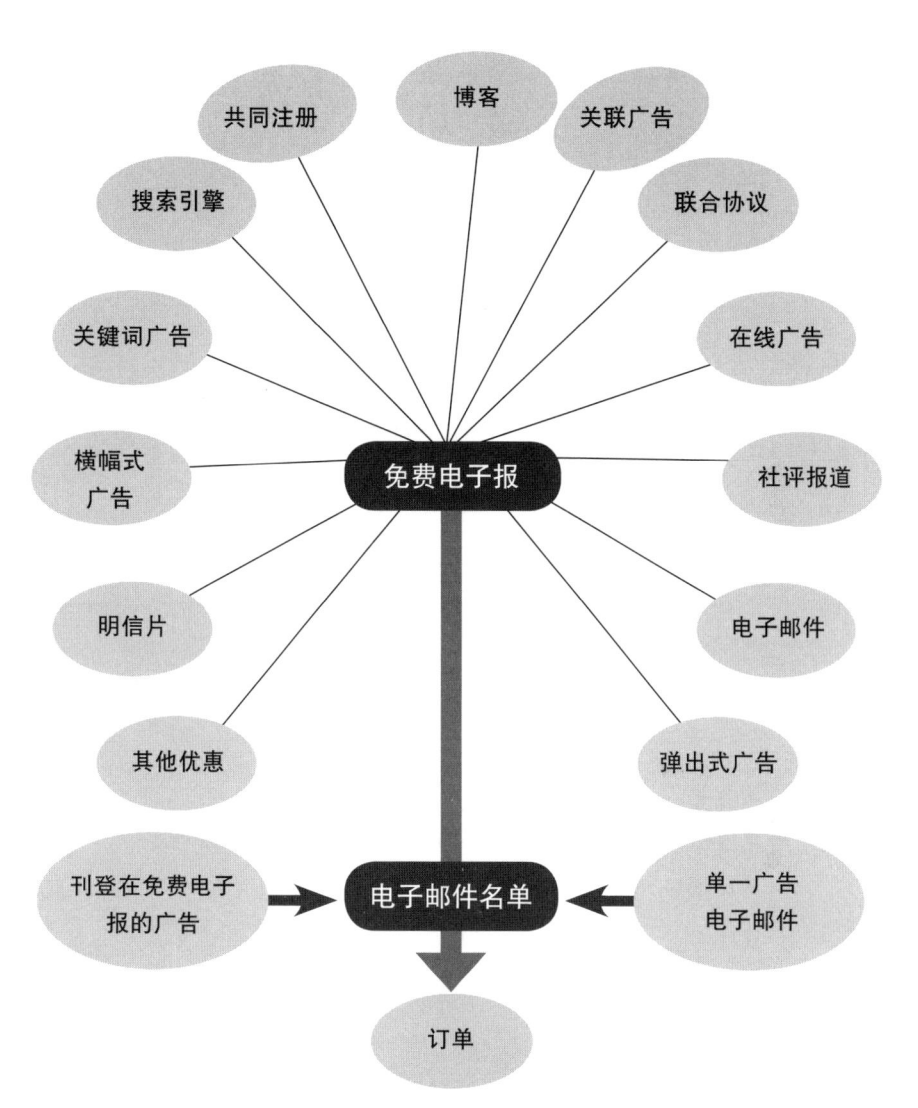

图 11.1　网络营销的集会模式

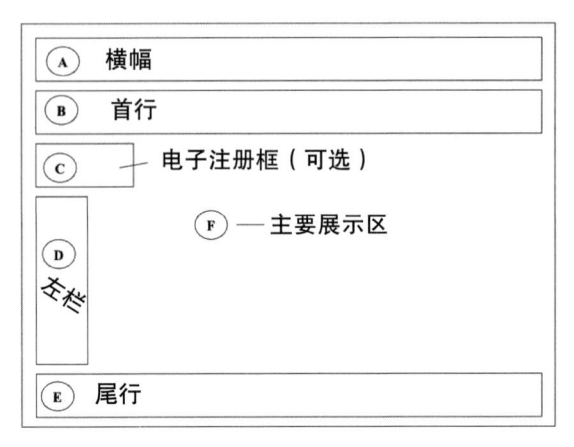

```
┌─────────────────────────────┐
│  Ⓐ   横幅                    │
│  ┌──────────────────────┐   │
│  │ Ⓑ   首行              │   │
│  ├──────┐               │   │
│  │ Ⓒ    │─ 电子注册框（可选）│
│  ├──────┤   Ⓕ ─ 主要展示区  │
│  │ Ⓓ    │               │   │
│  │ 左栏  │               │   │
│  │      │               │   │
│  ├──────┴──────────────┤   │
│  │ Ⓔ   尾行              │   │
└─────────────────────────────┘
```

图 11.2　首页版式的文案草图

个召唤行动的位置，欢迎有兴趣的潜在买家向你咨询产品或服务。

你也应该建立"文章网页"，在上面列出专业领域内的相关文章，并告知网页浏览者，往后可以在哪里免费阅读及下载这些文章。

为什么不要用滚动横幅

滚动横幅是指在首页顶部有一组幻灯片或图像循环运行。

这些横幅快速切换，自动循环滚动，可以显示 4 至 8 条推广信息，包括图片、视频或文字。

虽然滚动横幅是网站的热门趋势，但不要在自己的网站上使用，因为：

1. 网站访问者中大约只有 1% 到 2% 的人会点击滚动横幅。

2. 一般人会认为横幅是广告，因此会忽略，86% 的受访者甚至回忆不起来看到过它。

3. 图片横幅文件比较大，会拖慢网站的加载速度，延迟 1 秒即会导致 7% 的用户放弃访问。

4. 横幅在移动设备上的显示效果不佳。

5. 访问者需要等待才能看到所有横幅。而且横幅滚动如此之快，以至于他们常常没时间读完信息。

你可以针对自己的专业领域，撰写篇幅较短的特别报道或白皮书，并让浏览网页的人都能取得这些文件。他们可以免费下载，但必须先注册并提供电子邮件信箱（或任何你希望取得的信息）作为交换。

你也可以考虑提供每月新闻快讯或电子报，让你的网页浏览者可以在注册、提供电子邮件信箱之后，免费申请订阅。你可能会希望让网页浏览者勾选以下选项："我同意贵公司及其他公司将我有可能感兴趣的产品、服务、新闻及优惠相关信息，寄到我的电子邮件信箱。"

假如，你已经让浏览者注册好、申请好免费报告或电子报，那么你手中就握有了他们的电子邮件信箱，而现在便可以在不花额外成本的情况下，随时通过电子邮件向他们推展营销业务。

你的在线潜在顾客、销售及获利，都会来自对这些"自家的销售对象"反复进行的电子邮件营销，因此，你的目的是要尽快以最节省成本的方式，筛选、建立出庞大且优质的电子邮件名单。

值得一提的是，网站上的"实用信息"越多越好，这样可以吸引更多人浏览你的网页，而且停留在你的网站上更久，甚至，他们也可能向别人提到你的网站，这样你的网站流量将提高。

除此之外，想要冲高网站流量，还有几个在线营销做法可选择，包括提供免费宣传品、电子邮件营销、横幅式广告、共同注册、联合营销、搜索引擎优化、直邮广告以及电子报广告等（参见图11.1）。

其成功的关键在于，以低成本、小规模的方式尝试各种策略，随时抛弃不管用的方法，投注更多心力在有效的方法上。

11.2
如何撰写一般性网络文案

我们常常不确定网络文案应该有哪些讲究，某些术语代表什么意思，文案篇幅应该要多长。举例来说，当我们提到"微型网站"，到底它指的是什么呢？这类网站的文案有多长篇幅？什么时候才应该采用微型网站？以下几种网络文案是我最常收到的客户委托类型，看下这几类文案的定义和范畴：

1 微型网站

也称为"长篇文案登录页"，是设计来直接推销单项产品的网站，例如新闻快讯、电子书、维生素、腹肌锻炼机器或讨论会，其文案的长度相当于4至8页的销售信。

2 信息收集页

点进在线广告之后，视窗转入的产品或优惠方案网页。这类网页通常用于白皮书、软件操作示范或其他咨询回复。文案长度往往跟杂志广告差不多，包含标题、几段产品描述以及在线订购表单。

3 交易页

内容类似短篇文案登录网页，只是对产品的描述更为简略。基本上，它只是一份浏览者可以用来进行在线订购或索取进一步信息的表单。

4 长篇文案电子邮件

目的在于将收件人引导至短篇文案登录网页或交易网页，通过这种方式来直接销售产品。这类文案的字数差不多等于半页的销售信。（关于如何撰写电子邮件文案，请看本书第12章。）

5 提示电子邮件

这类短篇电子邮件将读者引导到微型网站或长篇文案登录网页去订购产品，长度相当于半页至2页的销售信。

6 潜在顾客电子邮件

性质类似提示电子邮件，不过目的是引导读者到登录网页或交易页，在那里申请索取免费白皮书或其他信息。

7 对话式在线电子邮件

指的是通过自动发信系统寄出一系列电子邮件信息，目的是追踪购买意愿、将顾客来询变为成功交易。

8 在线广告

在线广告一般是 50 到 100 个单词的分类广告，它们可以在电子杂志上运行，将读者带到微型网站或登录网页上。

9 横幅广告

网站上的 HTML 广告，可以超链接到登录网页或其他页面。

10 弹出式广告

当浏览者在网站上做了特定动作后（通常是没有订购就离开网站），视窗上跳出来的广告。这类广告会提供特别优惠，往往是免费的，用意在于请浏览者留下自己的电子邮件信箱。

11.3
如何撰写电子商务网站文案

电子商务网站销售多种不同商品，相当于网络上的产品目录。例如亚马逊、阿里巴巴、塔吉特超市、沃尔玛和蓝色尼罗河珠宝网站。

很多成功的电子商务网站都有以下几个特点：

1 可供搜寻的大量产品照片及描述。

2 能够让你在线选购产品的购物车。

最大的电子商务网站是亚马逊（Amazon.com），从原本只卖书籍到现在延伸出众多其他产品线，包括影带、音乐、工具及电器。

另一个成功的目录网站例子是蓝色尼罗河珠宝网站（www.bluenile.com），它示范了如何架设具有吸引力的在线销售商品网站。

网站首页有珠宝的图片和产品说明，并以超链接的方式跳转到展示和描述这些产品的页面。功能很简单、很基础，但是很有效，我也会用这种方法。

首页底部设置了增值链接，为消费者提供关于钻石的免费指南和知识（这些内容会定期修改）。

1 选购钻石

2 了解 4C 标准

3 蓝色尼罗河 Astor 甄选系列

4 贵金属

5 宝石指南

6 诞生石指南

7 珍珠指南

8 订婚戒指

9 结婚戒指

10 确定你的戒指尺寸

蓝色尼罗河网站的使命再清楚不过，就是要协助消费者在网络上买到钻石或其他珠宝。整个网站的设计，都是要让交易尽可能轻松简便。

首页中大部分超链接都导向特定商品，所以你可以看到有哪些珠宝饰品可以购买。这些网页还增添了实用但不会多到令人眼花缭乱的钻石购买、产品搜索、交互式珠宝设计建议。

在蓝色尼罗河网站购物既有趣又轻松，你可以很容易找到自己想要的商品，购物车使用方便，而且有链接可以让你深入了解产品细节及消费信息，无论是戒指的特写照片还是解释戒台如何嵌住宝石的图解。整体来说，蓝色尼罗河彰显了实用有效的文案和设计，创造出了易于浏览的成功网站。

单页网站的不便之处

如今，设计公司网站的一大潮流是"单页"网站。网站不是按主题（例如推荐语、客户名单、关于公司、产品）逐一创建单独的页面，无法通过菜单选择达到指定的地方，所有主题都在一个长长的首页上，通过向下滚动的方式找到它们。

一般这样的网页也会有菜单。但当你点击网页上的主题按钮时，不会来到单独的页面，而是来到首页显示该信息的位置，免去了滚动的工作。

如今单页网站很受欢迎，甚至"风靡一时"，但我不喜欢它们，而且建议多数公司不要使用，原因如下：

·首先，Link-Assistant.com 和很多人都指出，单页网站不利于搜索引擎优化。如果只有一页网站，很难通过搜索引擎最优化引来大批流量。因为关键词和主题的内容不够。

·根据 NN 保险集团的一项研究，76% 的受访用户表示，网站最重要的是让人容易找到想要的东西。传统的多页面很方便访问者迅速找到所需的内容。

·只有 10% 的用户表示，在访问网站时，设计才是最重要的。单页网站的创新之处就是外观炫酷，而非搜索引擎最优化或可用性。

·用户更喜欢小块的内容，而不是一口吃下一大块。传统的多页网站对内容进行模块化，很符合这种自然偏好。单页网站则违反了这一点，在一个巨大的页面上展示所有的内容，让人难以阅读和搜索。

11.4
撰写高点击率的网站文案

销售漏斗（图 11.3）是一系列步骤，让消费者从陌生人变成咨询产品或服务信息的人，或是成为消费者进行购买行为。

图 11.3　经典的线上销售漏斗，将点击转化为顾客和销售

ClickFunnels 平台旨在将整个销售漏斗放在一个网页或网站上。想要了解这些漏斗网站是如何编写设计的，请访问 www.clickfunnels.com。

ClickFunnels 式的网站是垂直布局的。第一部分是销售漏斗的顶部，中间是销售漏斗的步骤，最后是行动召唤。在消费者看来，也就是购买产品。

从上到下，ClickFunnels 网站的各个部分使用的是第 4 章中介绍的"动机清单"进行组织的。此处提醒一下，步骤分别是：（1）吸引注意；（2）说明产品潜在客户的问题、关切或需求；（3）向对方展示产品正式解决问题或需求的方案；（4）证明你的产品与竞争对手相比更胜一筹；（5）用行动呼吁订购。

每一个步骤在漏斗中都展现为单独一层，由于版面空间有限，ClickFunnels 的文案相对简短，并经常以分项条目的形式出现。

销售漏斗的"证据"可能分布在多个下沉的层面上，每个层面只有一个证明元素。第一层可能是客户推荐语，下一层是对产品的描述，例如它是如何工作、如何制造、由何种材料制成的。随后的一层可以强调该产品赢得了哪些奖项，出现在哪些报道中。之后，可能会有一层来展示更多的科学证据，证明产品的优越性，例如临床研究或测试结果。

尽管有相似之处，但 ClickFunnels 还是专业的销售页面，唯一的目的就是获得销售机会和订单。相比之下，我们前面讨论的单页网站是一个完整的公司网站，而非销售网页。

11.5——
撰写网站文案时的其他注意事项

自从我在 1998 年 4 月架设了自己的网站 www.bly.com，我收到一大堆不请自来的电子邮件、传真以及电话，来信者的身份从一般网友到网络专业人士都有，他们都对如何改善我的网站提供了各式各样的建议。可惜的是，他们的建议有超过 9 成不切实际，若照做可能只是浪费时间与金钱而已。

为什么会这样呢？并非网友对视觉设计或网站内容的意见不着边际，或网络专业人士提不出好点子，事实上他们的意见都很好；问题在于，他们的所有建议都没考虑到网站的商业目的，也没想到改善之道能不能达到这些目的。

举例来说，一个网站顾问打电话来说："你的网站浏览人次不够多，我可以帮你冲高流量。"他承诺说，他可以提供建议让我的网站点击率超过纽约洋基队官网。我委婉地向他解释，我完全没打算增加网站流量，也对他推销的顾问服务没兴趣。

他闻言大惑不解。也许你也是。你可能会疑惑："谁不想为自己的网站增加点击率?"答案是,很多人都不想。你得先了解一个人或一家公司的网站业务,以及他们希望通过网站达成的商业目标,才能提出有意义的网站改善方法。

以我的网站为例,我是个专长撰写直复营销文案的自由作家。我服务的对象是高端客户,包括主要直复营销公司、《财富》500 强企业以及大型科技公司,而且我针对不同的客户拟定收费标准。上述特质让我跟许多其他拥有网站的创业家,在两方面有所不同。

首先,99% 以上的网友都不是我的销售对象。我对客户的挑选相当严格,而且我也不跟小公司、新成立的公司、家族企业、个人工作室或初出茅庐的创业家合作,尤其是那些做大众市场生意,只想在网络上搜寻免费营销信息和建议的人。

其次,我手上的业务已经快接不完,我们的办公室(我有两名助理)经不起浪费时间在回应成功概率不高的潜在客户上面。应付一般网页浏览者的询问需要时间与精力,而这些时间与精力应该投注在许多现有的客户身上。

既然如此,我为什么要架设网站?这是个关键问题,但那些给我建议的人当中,几乎没有任何一个提出这个问题。

我的网站成立目的,主要是为潜在客户立即提供咨询回复。

这是什么意思?在互联网问世之前,假如有成交意愿高的潜在客户打电话来,我们会寄给对方一份描述服务项目的信息,这表示我们得花很多成本在快递邮件的费用上。就算我们以最速件寄出,对方还是得等 24 小时才能收到。

有了网站之后,这些成本和等待都可以省了。销售对象希望我们寄资料过去,我们会先告诉对方,他们所需的信息都是在线的,这样一来他们可以自行决定是否需要我们服务。

网站里面应该要有哪些信息?在《罗杰·帕克的网站内容与设计指南》一书中,我的朋友帕克建议,你的网站内容应该包含以下元素:

1 销售对象做出购买决定所需要的信息。

2 能够说服销售对象购买的信息。

我的网站内容就包括了这两大元素。"购买决定所需信息"包括：

1 我的服务内容说明（在首页）。

2 我的文案作品在线选辑。

3 每个主要服务类别的专属网页（文案写作、咨询顾问、文案审稿）。

4 我的个人资历（在"关于鲍伯·布莱"的网页）。

5 客户名单。

至于说服销售对象的信息，也就是用来让他们相信我就是他们应该找来代写文案的人：

1 满意客户证词。

2 突出成就的案例研究。

3 我出版过的营销主题书籍以及这些书的内容描述。

4 我撰写的关于市场营销的指导性文章。

5 一份推荐厂商名单，显示我有人脉可帮助潜在顾客达到他们想要的目标。

如你所见，我的网站完全以潜在客户需求为导向，几乎完全不考虑一般的网页浏览者。但是，这就等同于我不希望你来拜访我的网站吗？当然不是。

相反，我现在就邀请你来我的网站逛逛。你可能会喜欢，甚至下载我贴在网站上的免费文章。而我也会很高兴，你从网站上购买我的书（虽然不是直接在我的网站上购买，我的网站有链接可进入亚马逊。只要是从我的网站进入亚马逊,每本书我们可以抽 15% 的手续费)。

假如你是小型创业家,需要专业的营销咨询协助呢?我建议你点选推荐厂商名单,你会从中找到能够帮你设计网站或提供邮寄名单等各种服务的人。不过我要请你帮一个忙,当你打电话给他们的时候,麻烦告诉他们是鲍伯·布莱推荐他们的。他们都很忙,假如他们知道你是经人推荐找上他们,会比较愿意为你提供服务。

对于这类不请自来想要帮助改进网站的人,他们还有一个问题,即他们并不知道你的衡量方式:也就是通过哪些因素衡量得到了目前的数据。这就像一个室内装修设计师,在没看过房子的情况下就给客户提供装修建议。很荒谬,对吗?

11.6——
如何撰写"搜索引擎优化"文案

随着网络成为越来越普遍的营销工具,新的文案类型也随之出现,即"搜索引擎优化"(search engine optimization,简称 SEO)文案。

撰写网络文案的时候,你不只要考虑读者如何回应文案,还得想到你在文案中使用的字句,能不能吸引搜索引擎找到你的网站、在这些搜索引擎目录之下提高你的排名。

与内容分割成若干独立页面的传统网站相比,登录网页和单页网页在谷歌上的排名会更靠后。传统网站通常有一个单独的页面,介绍公司提供的每一种产品和服务。每个页面都针对不同主题对相关关键词进行了优化。例如,如果一家健身器材制造商的网站有一页介绍腹肌锻炼机器,你认为这款产品的潜在客户会在网上搜索哪些关键词呢?可能会有腹肌、腹肌锻炼器、腹肌锻炼或 6 块腹肌。

很多在线工具可以帮助你为网页设定最佳的关键词。它们包括:Soovle、Jaaxy、Ahrefs 关键词挖掘器、SEOCockpit 以及谷歌站长中心。

网站的每个页面都应该针对两三个关键词进行优化。页面的标题中使用最重要的关键词，最好是标题中的第一个词，在正文文案中也要明确出来。如果可能，将这些关键词链接到网站上包含该主题的其他内容页面。

在元标签（meta tags）中使用关键词也有助于为网页的搜索结果进行优化。元标签在访问者看到的网页文案中是不显示的。它会嵌入到支持每个页面的 HTML 代码中。

人们在谷歌上搜索页面关键词时，元标签会帮助搜索引擎找到你的页面。其中最重要的是描述标签（meta description）和标题标签（title tag）。描述标签可以帮助谷歌找到网页。

当你搜索关键词并找到网页时，该网页的描述标签通常会显示在谷歌搜索引擎结果页（SERP）上。它会对页面内容进行简要描述，不超过 158 个字符。关键词应当出现在描述标签的开头。

标题标签是页面的 HTML 标题，不超过 60 个字符。同样，关键词应该放在元标签的开头。在网页的 HTML 编码中，主标题的代号是 H1。

你可能会认为，把尽可能多的关键词塞进页面文案和元标签里会优化搜索结果。但这样做是"关键词堆砌"，会适得其反。这样会导致网页被搜索引擎的算法忽略，在某些情况下，网站还会遭到惩罚。更糟糕的是，塞入过多关键词会让访问者觉得很奇怪、不舒服。

在网页或标签中频繁使用关键词，比完全不使用还要糟糕。使用关键词的频率与网络爬虫能否抓到你的网页并没有关系。如果网络爬虫能够抓取到网页，重复使用关键词也毫无必要。

关键词越能反映出用户搜索的内容，搜索引擎优化的结果就越好。使用 2 到 4 个描述标签词语，不要只用单个词，例如使用"波士顿美容牙医"，而不仅仅是"牙医"。

将关键词自然地融入正文中，保持文章流畅，不要呆板。例如，不使用"现代技术"，而用"现代美容牙科技术"。

第 12 章
利用登录网页文案获取潜在客户

WRITING LANDING PAGES

"登录网页"是一个专门让网站访问者在线主动与你联系的网页。登录网页的设计是为了获取访客的一些信息，比如电子邮件地址和姓名。

"转换"是指利用点击将其推送到销售漏斗的下一个步骤。设计登录网页可以包含以下目标：

1 选择加入你的电子名单。

2 订阅通讯。

3 下载白皮书或其他内容。

4 填写在线表格。

5 使用 PayPal 或信用卡在线购买产品。

行动召唤会号召访问者采取某一特殊行动（例如注册网络研讨会），并且告知对方采取该行动需要遵从哪些指示（例如填写提交参加活动的报名表）。

很多人都会讨论博客、病毒式营销、社交网络等抓人眼球（让人浏览你的网页）以及产生在线流量的新方法。但是，除非你能将从这些特殊渠道来的访问者转化成线索或客户，否则这些流量不会为你带来任何收益。

这就是登录网页的作用。登录网页的好坏是以转化率来衡量的。具体来说，在点击进入页面的人中，有多少人采取了你所期望的行动？如果有 100 个人点击你的页面，有 5 个人购买了你的产品，那么转化率就是 5%。

根据《公关日报》的一篇文章，有 10 到 15 个登录网页的公司获得了

55% 的线索增长，有超过 40 个登录网页的公司获得的线索是只有 5 个以下登录网页的公司的 12 倍。

12.1——
10 个提高登录网页转化率的技巧

有的登录网页是直接销售产品，有的是要求访问者下载免费白皮书，有的是推广网络研讨会或讲演，根据这些目的的不同，转化率可以从 1% 或以下至 50% 及以上不等。以下是将登录网页转换率最大化的 10 个关键。

1. 尽早建立可信度

人们总是对广告持怀疑态度，随着垃圾邮件和黑心商贩的泛滥，他们对网上看到的内容更加怀疑。因此，你的登录网页文案必须迅速解除这种怀疑态度。想要做到这一点，一个方法是确保访问者在第一屏上就清楚地看到一个或多个"信誉保证"。如果你很有名，在网页顶部的横幅上可以使用你的标识或公司名称；屏幕左上方可以展示大学、协会或其他机构的官方印章。在横幅上或是紧贴横幅的地方，即标题的上方可以放比较有力的推荐信。可以考虑添加一个前置标题或副标题，展示公司使命或所获证书。

2. 获取未购买商品用户的电子邮件地址

对于点击了登录网页但没有购买产品的访问者，有很多获取电子邮件地址的方式。

一种是通过窗口提供免费报告或电子课程，以换取电子邮件地址。这个窗口可以是弹出式的（访问者抵达登录网页时出现），也可以是下拉式的（访问者试图离开登录网页，不进行咨询或购买时出现）。但弊端是，弹出式和下拉式窗口经常会受到拦截。

"悬浮窗口"是从侧面或顶部滑入屏幕的窗口。与弹出式和下拉式窗口不同，悬浮窗口是网站 HTML 代码的一部分，所以它不会被弹出式窗口拦截器拦截。

3. 大量使用推荐语

推荐语可以建立可信度，克服怀疑态度，这就像在网站上发布案例研究成果和白皮书一样。如果你要邀请客户参加现场活动，可以问问他们是否愿意出镜做一个简短的推荐。

让专业摄像师将它录下来，从客户那里获得签字许可，然后以流媒体视频的形式发布在网站上。请客户点击按钮来观看推荐，而不是在访问者点击页面时自动播放视频。

对于文字形式的推荐信，客户可能会要求你写下希望对方说的话，然后由他们授权认可。礼貌地请对方用自己的语言表达对产品的看法，而不是由你来写。他们写出来的东西可能会更具体、更可信、更详细，而你的版本可能带有吹嘘和促销的味道。

4. 大量使用分项条目

在简短、易读的分项条目中突出关键特点和优点。我经常会使用一种格式，即条目的第一部分是功能，破折号之后是优点（例如，"速干黏合剂——让车贴保持整洁不粘连"）。

网购者喜欢看到自己的钱花得值，所以在登录网页上销售商品时，要在页面上以分项条目的形式列出产品的所有主要功能和重要优势。

通过赠送白皮书获取线索时，你并不需要列举所有的功能和优势。但可以使用分项条目介绍文章的内容和信息能带来哪些好处，这样可以提高下载的转换率。

5. 在标题中引起人的好奇心

标题应当起到唤起好奇心，做出有力承诺，或以其他方式抓住注意力的作用，让读者别无选择，必须继续阅读。有个销售如何成为专业房产选址师的培训项目，其登录网页标题就做出了很大的许诺："今天就成为房产选址师——只有少数房产从业者才知道，一年赚取 10 万美金。"

6. 使用对话的文案风格

大多数公司的网站都是不带感情、毫无生气的：网站上只有"信息"。但登录网页是一个人写给另一个人的信。要让它看起来像是这个样子。即使你的产品高度专业化，买方也是技术人员，但要记住对方依然是人类，对方不可能因为无聊而买你的产品。

7. 在标题和引语段加入情感的钩子

通过逻辑进行销售固然有效，但挖掘潜在客户的情感则更为有力——尤其是能正确评估出潜在客户对产品解决问题的感受的时候。

引导式登录网页还有一种有效的策略，即在标题和引语段中强调免费和优惠。例如：凯顿（Kaydon）公司的登录网页上展示了一张产品目录图片，上面用粗体字写着标题"免费陶瓷轴承产品选购指南"。

8. 解决读者的问题

如果你用充满情感的文案描述出读者的问题，或是用令人欲罢不能的免费价格抓住了眼球，说明产品或免费信息可以帮助对方解决问题。

例如："现在有更好、更简单、更有效的办法解决餐厅桌子摇晃的问题，这样的摇晃会惹恼顾客，破坏用餐体验：Table Shox，世界上最小的减震器。"

为了最大限度提高登录网站的转化率，你必须让对方相信，解决问题最快的方法就是按照登录网页上的指示行动，而不是在网站上四处乱逛。

这就是为什么登录网站没有导航，读者唯一要做的选择就是回应或不回应，不会出现菜单按钮或其他有趣的页面超链接来分散其注意力。

9. 及时更新

网络文案越是能与当下事件和新闻联系在一起，回应率就会越高。这一点在金融投资信息以及法律和规则经常变化的领域尤其关键。定期更新登录网页的文案内容，要反映当前的商业和经济、挑战和趋势。这会让读者明白，你的公司是与所处行业齐头并进，并处于领先位置的。

10. 对呼应行动召唤的用户强调退款政策或不强制购物

如果你允许客户直接从登录网页上订购产品，就要在页面上说明退款政策。

如果你是为了收集线索，就要强调你所提供的内容——可能是白皮书、在线演讲或网络研讨会——都是免费的。不会进行任何强制性消费。

12.2
登录网页有效化的其他准则

1 在登录页标题中，通过巨大的许诺和令人难以拒绝的优势吸引目标客户。

2 明确文案以谁的口吻进行写作，将其专业资质展示出来。

3 销售信要讲述吸引人的故事，触动客户进行购买。

4 用各种细节证明销售成果（例如，事实、数据、图表和证词）。

5 页面布局简洁，易于查阅。

6 主要的响应机制是让客户点击行动召唤按钮，跳转到购物车或其他页面上（例如，用于下载免费电子书的表单）。

7 行动召唤的按钮要够大，字体够粗，颜色是彩色的。你也可以将销售文案中某个关键词或短语超链接到交易页面，读者可以点击下订单或进入下载页面；超链接的单词或短语通常是蓝色的，并带有下画线。

8 除了行动召唤的按钮和关键词超链接之外，还可以添加一个免费呼叫的电话号码。

9 文案、内容和参考资料必须准确，且保证实时性。页面上的内容过时会让你失去很多访问者的信任。

10 图表可以让销售文案更容易阅读。

11 与之相对应，尽量避免使用复杂且难以阅读的图表，设计师们喜欢这样的图表（例如，字体和背景之间缺乏颜色对比）。

12.3——
为登录网页增加流量的 7 种方法

1. 搜索引擎

作为世界上最大的搜索引擎，谷歌每天都要为其用户提供 55 亿次的网络搜索服务。作为广告商，你可以在谷歌的搜索引擎上购买优先权，基于关键词按点击成本计算。

费用可能是每次点击 10 美分，也有可能是每次点击 1 美元，这取决于你要购买的关键词的受欢迎程度。如果关键词的成本是每次点击 30 美分，当天有 100 人通过谷歌搜索到你购买的关键词而点击了网站，谷歌就向你收取 30 美元。谷歌会让你限制每天的花销，所以任何预算都适用于这一服务。

2. 联盟营销

寻找适合自己目标市场的网站。在这类网站和发送的电子邮件中介绍自己的产品。将在线广告、电子邮件简介和谈论商品的网页链接到你的网站上，用户就可以购买讨论的产品了。联盟会从销售额中获得 15% 到 50% 不等的分成。想要与联盟合作或是成为联盟一员赚钱，请访问 www.affiliatesdirectory.com。

亚马逊网站就运行着最大的联盟行销项目，你可以在网站上介绍与自己相关、受众感兴趣的书籍；当用户点击书籍页面时，就会自动跳转到 www.amazon.com，在线购买这本书。这是你为访问者提供的一项服务，可以从每笔销售中赚取少量佣金。

3. 共同营销

在共同营销时，访问网站的用户会收到一个弹出窗口，其中包含一些特别的优惠；最常见的是订阅免费电子杂志。安排电子杂志或其他优惠在共同营销的弹出窗口中出现，可以为在线数据库收集到很多新名字，与传统的电子邮件营销相比，这样做的成本相对较低。

很多公司都可以提供共同营销业务。其中一家叫 Tiburon Media Group，网址是 http://www.tiburonmedia.com/coreg。另一家是 Opt Intelligence，网址是 http://www.opt-intelligence.com/。

4. 横幅广告

横幅广告是有效果的，但要保守谨慎地进行测试，不要期望过高。横幅广告一般是其他引流方式的补充，偶尔才会成为访问的主要来源。有例外吗？当然。

5. 电子邮件营销

租用一份名单，一对一发送促销电子邮件从而获取新客户信息，这是一种很昂贵的方式。假设你以 200 美元的价格租了一份有 1000 个电子邮件姓名的名单，得到 2% 的点击率，其中 10% 的人注册了电子杂志。那么获取这两个新用户的成本是每个 100 美元。B2C 的营销人员经过仔细测试并发送电子邮件，这种营销的成功概率会更大，因为消费者名单的价格会比企业名单更合理。

6. 在线广告

如果向公司客户发送一对一的电子邮件，每1000个名字可能需要100至400美元，比较便宜的选择是在电子杂志上做一个小型的在线广告。这样做的成本可以低至每千人20至40美元。电子杂志的出版商会规定广告的格式和长度，一般是100个单词的文本和一个URL链接。在杂志中出现的位置越靠前（越早），反响就越大。

7. 病毒式营销

最简单的方式是，在发出电子邮件进行营销时加入一句话："将此邮件转发给你的朋友，他们也可以享受这个特别的优惠。"想要发挥作用，收件人转发的电子邮件里就必须有一个特别的优惠政策，要么是免费优惠（通常是免费内容），要么是商品折扣。

第13章
电子邮件营销文案：别让好文案被扔进垃圾邮件箱

WRITING E-MAIL MARKETING

身为文案写手，你会接触到两种基本电子邮件类型。第一种是"单一邮件"，也就是将只宣传一样产品或一项优惠方案的电子邮件发送给通信群组。第二种是"电子报"，即在线新闻快讯，针对营销目的撰写、寄送。两种邮件的典型策略是通过提供免费订阅在线新闻快讯，建立一份销售对象电子邮件名单。接着，一旦你得到这份名单，你就可以寄给他们电子报（包含你的产品广告）以及宣传个别产品的单一邮件。

13.1——
15个诀窍让你写出能够有效营销的电子邮件

读者会将你的营销信息打开来阅读，还是看也不看就丢进垃圾邮件箱，你的电子邮件文案扮演了决定性的角色。以下提供15个已证实有用的技巧，可以让最多的收件人愿意打开你的电子邮件、进入你的网站或其他回应机制：

1. 在邮件开头加上"寄件人"或"邮件主题"

在电子邮件的一开始，加一行"寄件人"以及一行"邮件主题"。"邮件主题"的内容应该像销售信信封上的提示那样精简、引人注意、激发好奇心——但不要过分吹捧，以免造成读者反感，举个例子："跟我们重返新观念论坛！"就是不错的邮件主题。

2. 视情况点明寄件人的身份

如果你的电子邮件营销名单来自"自家人档案"，那么"寄件人"这一行可以让对方知道你是谁；若你的名单是买来的，那么你或许可以将提供名单的公司当成寄件人。当收件人是已经同意接收营销邮件的读者，写明寄件人是提供名单的公司会特别有帮助，因为该公司和收件人之间已经有比较好的关系可作为基础。

3."寄件人"信息到底重不重要

有些网络营销人员认为"寄件人"这一行无关紧要，有些则认为至关重要。网络文案写手伊万·利维森说："我常常在'寄件人'这一行使用'团队'这个词。这样听起来像是产品背后有一群聪明、有活力、充满热忱的人。"

举例来说，假设你买了一份名单之后，要寄电子邮件给名单上的计算机专业人员，向他们推销一套新的软件，你的"邮件主题"和"寄件人"应该这样写："寄件人：Adobe PageMill 网页编辑软件团队／邮件主题：Adobe PageMill 3.0 版限量上市！"

以下是几种"寄件人"的写法：

寄件人	使用时机
提供名单的公司	当提供名单的公司要求 收件人为有共同兴趣的社群 寄件内容是电子报 提供名单的公司是热门的优质网站 收件人是经常访问网站的访客
你的公司	当你的公司是知名企业或品牌 当你的公司是市场龙头 当收件人可能自认为是你的顾客
你自己	当邮件内容为个人信息 当收件人对你的公司不熟悉
团队（例如 Adobe 团队）	强调合作成果

4. 视情况避用"免费"这个字眼

虽然在传统直复营销当中,"免费"这个字眼已经被证实有鼓励读者回应的效果,而且一般人也习惯网络提供免费资源,对付费的接受度不高,但有些网络营销人员,还是会避免在电子邮件的主题栏使用"免费"这两个字。

原因在于,有些网络使用者会用垃圾邮件过滤软件。这类软件的功能就是删除广告信,辨识方法之一是挑出主题栏有"免费"字眼的来信。

根据回传电子邮件管理公司(Return Path)在 2004 年的统计,22% 的电子邮件营销信息会被网络服务提供者(ISP)挡下来。但我个人的经验是,就算有可能被邮件过滤软件从中作梗,在主题栏打上"免费"二字,一般来说,还是能提高回应率。

5. 在邮件开头就抓住读者的注意力

电子邮件文案的标题或内文第一句,必须能立即抓住读者的注意力。你得在一开始就使出撒手锏,给读者完全无法拒绝的好处。假设现在你要撰写信封的提示文案或销售信的标题,以下提供一个参考范例:

> 寄件人:股票投资专家理查德·斯坦顿
> 邮件主题:6 个惊人的经济预言
>
> 亲爱的(填上名字):
>
> 美国经济将面临什么问题?
>
> 理查德·斯坦顿出版的最新报告指出,在未来 6 到 12 个月将出现 6 大经济危险。免费获取这份报告,请点击:(提供网址)。
>
> 理查德·斯坦顿表示:"我个人认为,这一年会是有史以来最不稳定的一年。随着经济衰退的逼近以及对气候变化的担忧,回报最大的将会是太阳能、风能和其他可再生能源相关个股。"
>
> 在理查德·斯坦顿的观察和预测中……

6. 为核心信息做重点提要

在电子邮件的第一段，先将整篇邮件的重点做个大纲提要。你应该在这一段就提出优惠、提供立即回应的机制，像是让读者可以点进网页的链接。这样做可以吸引注意力短暂的网络销售对象，对此信息做出回应。

7. 把产品细节放在第一段之后

在第一段之后，用篇幅较长的文案描述产品特色、益处、证明或其他买家需要，用来当作购买决策参考的信息。这样做可以吸引需要更多细节的销售对象，毕竟这些信息无法在短短几句话内讲清楚。

8. 优惠与回应机制不能只放在信末

就跟传统直邮广告一样，电子邮件的最后应该再次强调优惠及回应机制，不过，这两项信息也应该几乎每次都出现在邮件的最前面。这样一来，那些没空读完每封信，而且只花一两秒扫描信件内容的大忙人，便还是能知道整封信的重点。

9. 回应链接的数量要低于3个

经验表明，假如你在电子邮件内文当中放进好几个回应链接，大部分响应都来自前两个。所以，电子邮件的回应链接数量或许应该设定在 3 个以下。例外的情况是，内容分为五六栏的新闻快讯或电子报，由于每一栏有各自的主题，所以应该有自己的链接。

10. 给邮件预留适当的左右边距

邮件内文的两侧边栏要预留足够的宽度。你应该不会希望内文在不恰当的地方被自动换行或中断，所以内文每行字数应该控制在 55 至 60 个字符之间。假如你觉得某一行可能会太长，不妨先设定好每行长度。

网络文案作家乔·瓦伊塔尔将边栏设定在第 20 个字符与第 80 个字符之

间,让句子长度维持在60个字符,以确保整行字都可以清楚呈现在屏幕上,不会在不恰当的地方被打断。

11. 别滥用全部都是大写的英文字

全部大写不是不行,但应该谨慎运用,因为它们比较不易阅读——而且在电子邮件的世界,全部大写会让你显得像在吼叫。

12. 邮件内容不要过长

一般来说,邮件的篇幅短一点儿比较好。这一点就跟典型的邮购邮件营销不一样了,后者的通则是:"说得越多,卖得越多。"电子邮件是个特殊的销售环境,读者得快速过滤一大堆信息,不太会在一封信上花太长时间。

13. 当产品信息过多,请善用附件功能

无论信件长度怎样,你都要很快地将重点呈现出来。假如你希望提供很多产品信息,应该将这些信息放在内文稍后的地方。你也可以考虑使用附件,像Word文档、PDF文档或HTML网页。需要更多信息的人大可自己打开这些附件来看。产品的重要好处及优惠,应该在屏幕的最上面就看得到,或至少要放在很前面的地方。

14. 文案要具体,避免空泛的词汇

电子邮件的基调应该是乐于助人、友善,具有信息性和教育性,不带宣传或强迫推销意味。瓦伊塔尔认为:"在网络世界,信息就是黄金。"想要用传统的吹捧式销售信说服读者购买是不会管用的。大家上线是为了搜寻到更多信息,自吹自擂的销售信还得有具体内容才能说服网友。

你的电子邮件应该避免自称有"最好的"服务或提供"高质量"产品。这些都是空泛、没意义的词汇。文案应该要更具体明确。你的服务如何能称为"最好的"?你说的"高质量"究竟指的是什么?有谁认同你的话?此外,

就算信息是黄金，你的读者也不喜欢看无趣的信。他们就跟我们一样，都想寻求刺激。所以就给他们心里想要的吧。

15. 提供"取消订阅"的渠道

你的电子邮件里应该说明，收件人可以选择退出收信名单，并解释清楚为什么要提供这项选择，避免部分收件人觉得自己被排除了。你可以解释，这样做是为了尊重他们的隐私权，方便让他们往后不必再收到广告信。他们只要按下"回复"，然后在标题栏打上"取消订阅"就可以了。你可以这样说："我们尊重您的上线时间与隐私，并保证不会滥用电子邮件。如果您未来不希望再收到我们的邮件，敬请回复这封信，然后在标题栏打上'取消订阅'就行了。"

13.2——
如何打通网络服务提供者及邮件过滤软件

大家似乎都同意，电子邮件营销是目前最有效也最有力的网络营销方式。毕竟它可以在短时间内完成，而且提供了立即可测的结果，同时带来较高的投资报酬。

但电子邮件也有不利的一面。成功的电子邮件营销需要适应不断变化的邮件过滤软件、拦阻垃圾邮件技术以及防火墙软件产业，所以需要足够的经验、专业以及知识。据说，超过 20% 的邮件无法成功送达，因此大幅降低了读者回应比率以及广告的有效性。

光是建立潜在顾客清单，将资料寄给他们，每星期或每个月发信过去，在过程中推销产品或服务，这些都已经不够了，你还得知道如何让信息成功送达、让收件人愿意读这些信息。换句话说，写出绝佳的文案只是过程的一部分——假如这些信息根本就没送进收件人的信箱里，文案写得再好都是白费工夫。

　　这是因为企业及网络服务提供者，设定了过滤软件和挡信机制，造成取得同意才发信的营销人员，无法成功寄送邮件给那些已经建立关系的顾客及订阅者。电子邮件营销的关键在于"可行性"。这其中牵涉的，不只是将信息寄往收件人的信箱，也不只是将内容写得"足以提高收件人展读的概率"，还包括设法让信息成功递入目标收件人的信箱里。

　　简单来说，就是你如何确保自己的信息被收到。我们得到的前提是：收件人必须先同意接受你的邮件信息，你才能开始进行这项工作。假如你的电子邮件营销策略建立在上述基础上，那么邮寄到对方信箱的困难会大幅减少。就算他们的网络服务提供者、邮件过滤软件或者拦阻功能拦截了你的信，收件人还是会将你的信解除封锁。

　　以下是几种拦信机制，它们是造成已取得同意的发信无法寄达的原因：

1 网络服务提供者拦截来信

这是最常见的拦信方式。许多网络服务提供者，尤其是规模较大的公司，会将特定的互联网协定（IP）地址列入黑名单，完全封锁来自这些 IP 的信件。至于这些 IP 被封锁的常见原因，往往是网络服务提供者接到顾客抱怨某些 IP 寄来垃圾邮件。网络服务提供者封锁这些 IP 不会事先通知，因为他们天天都得处理成千上万件这类客户投诉。

2 网络服务提供者禁止发信

你的网络服务提供者，会禁止你发信至另一个网络服务提供者。这种情况比较罕见，因为大部分的网络服务提供者只会拦阻来信，不过这种事偶尔还是会发生。

3 分散式内容过滤软件

某些反垃圾邮件软件可帮助网络服务提供者和企业网络使用者拦阻大量涌入、不请自来的邮件。这些拦阻软件运用复杂的内容分析，在扫描过信息内容之后，对那些符合垃圾邮件特征的电子邮件进行判断和签名，防止这些邮件在客户端传播。

4 公共黑名单

公共黑名单和白名单由志愿者共同维护，使用者通常是规模较小、没有专属电子邮件管理员的网络服务提供者或企业。这类黑名单的判断标准往往相当精确甚至近乎强制性，执行程度要看清单拥有者的偏好。管理员会选择最符合公司政策的清单判断标准。白名单是获准可信的来源列表，用户会收到这些来源的电子邮件。黑名单是恶意的、不可信或不安全的名单，用户不应当接收这些邮件。

5 网络服务提供者的内容过滤软件

与分散式内容过滤软件类似，互联网服务供应者经常会内部创建过滤内容，也会从其他服务者那里进行改良。内容过滤软件会扫描各种危险信号，它们甚至可以在垃圾邮件中学习新模式，例如在会触发拦截机制的单词中插入句号。

6 使用者内容过滤软件

几乎每个电子邮件客户都会有垃圾邮件过滤功能，此功能的复杂程度不一。微软 Outlook 的过滤方式是找出特定关键字句，而更高级的过滤功能可以用个人计算机来进行自动侦测。

7 使用者黑名单

最近推出的电子邮件应用程序，包括美国在线（AOL）、MSN、雅虎及 Outlook，都能够让使用者编辑自己的黑名单与白名单，无论是寄件者电邮地址或寄件者网域。此外，还有一种回应系统，会要求非白名单上的寄件人先回复密码或其他通关密语，然后才将其信送达。

8 电子邮件退回

这可能是电子邮件暂时无法寄到对方的信箱，但稍后可以再试一次。会造成这种情况的原因，可能是对方的信箱塞爆了，或对方的服务器没有回应。不过电子邮件被退回也可能是永久性的情况，原因通常是电邮地址错误或远端服务器封锁了你的服务器。

当然了，你会希望永久退回的次数可以减至最少，因为这些没能寄达的信息，代表失去和销售对象的联系、没生意可做。提高寄件成功率有几种方法，首要方式就是先取得收件人的合作，期望他们能将你的电子邮件地址纳入接受名单之列。

13.3——
如何进入收件人的通讯录或白名单

要想成功地将信息送进收件人的信箱，而不是被封锁甚至被扔进垃圾邮件箱，你可以鼓励收件人将你的电子邮件地址加入通讯录或个人白名单——也就是使用者允许接受其电子邮件的名单——这个步骤已经日益重要。有越来越多商业及一般电子邮件使用者会采用过滤软件，或者将电子邮件软件升级到具备过滤及白名单功能。

你得提醒消费者采取行动，将你加入他们的通讯录或白名单。你不妨在电子邮件的最上方加一句话，比如说下面这3种：

将邮件加入白名单的范例
为确保我们的电子邮件能送达你的信箱，请将电邮地址 delightfulmessages@ourcompany.com 加入你的通讯录，或更改垃圾邮件过滤设定。
为确保你能定期收到我们的电子邮件，请将我们的电邮地址（youwantthis@thiscompany.com）加入通讯录，谢谢！
为确保电子报能送到你的信箱，请将电邮地址 ournewsletters@mycompany.com 加入你的电子邮件通讯录。

你可能会希望向收件人解释如何进行垃圾邮件过滤设定，或者发一封信专门解释上述设定做法。若是这样，建议你先了解电子邮件主要功能的操作以及网络服务提供者的处理流程，然后据此写一份电子邮件，逐一解释每个设定步骤。我有不少客户会提供电话客服给任何有需要的读者技术上的协助。

13.4
触动垃圾信件过滤功能

各种网络服务提供者以及电子邮件软件，用以辨识垃圾邮件或不恰当电邮信息的方法在与时俱进，所以我们必须随时注意新技术的运用。不过，我们还是可以从各种技术当中归纳出一些基本要素。

你的电子邮件文案得注意到特定词汇或字母的运用。微软的Outlook Express若侦测到垃圾邮件，会直接移至垃圾邮件资料夹。它在邮件内容中侦测的关键字是"免费""广告"或"立刻订购"等。这份关键字清单随时在变动，你应该定期更新自己的忌用字眼清单。

要让你的电子邮件得到认证通过，你的HTML语法必须符合页面标准验证。常用的HTML编辑软件已经包含验证工具，可以在编辑过程中挑出任何语法错误。

关于HTML语法的完整详细说明，可参考万维网联盟（World Wide Web Consortium）网站（http://www.w3.org/MarkUP）。你也可以在电子邮件软件中加装HTML验证功能，或使用来自第三方的HTML验证器，例如W3C验证服务（http://vadidator.w3.org）。

以下有10种方式，可以帮助你提高电子邮件信息被收件人的网络服务提供者接受的概率，同时避免往后寄送发生问题。

1. 建立反向解析网域名称系统（RDNS）

发信一方的网络通信协定（IP）应该要有RDNS的反查记录，RDNS将IP地址解析为域名。借此确保收信一方的IP在检查你的IP地址时，你可以通过那些过滤垃圾邮件的基本关卡。

2. 建立发件人策略框架

所谓发件人策略框架（Sender Policy Framework，简称SPF）指的是一个认证发件者身份的额外步骤。这一框架使用网络数据服务（DNS）记录，授权从某个域名发送电子邮件的服务器和 IP 地址。该协议设置很容易，网管人员应该可以在 5 分钟之内就搞定。SPF 可以为你的发信增加认证，并让你避开网络钓鱼的攻击。有些网络服务提供者，例如美国在线（AOL），甚至要求你要有 SPF 才能被纳入白名单。

3. 每次连接只发一封信

当你连接某个电子邮件服务器的时候，最好每次连接只寄出一封信息。有些电子邮件系统会将尽可能多的信息集中在一次连接寄出，这就好像一次把 500 个电邮地址放进密件抄送（BCC）。网络服务提供者不喜欢这种技术，因为有些寄发垃圾邮件的人会抢在被拦阻之前，用这种技术拼命发信。

4. 限制发信频率

虽然理想的发信量要视收件人名单而定，但你还是应该将发信量限制在每小时 10 万封信左右。别忘了，寄信之后，你也可能会收到退信信息，故发信的速度要考虑到是不是有充足的时间可以处理退信。

5. 接收退信

有些电子邮件系统，特别是比较早期的电子邮件系统，会拒绝接收退信的信息。这些"被拒收的退信"若传到收信一方的网络服务提供者，就可能会造成对方将你的电子邮件信箱列进黑名单。网络服务提供者最在意的就是收信一方的电邮地址不存在，才导致退信信息又被退回来。

6. 验证 HTML 内容

大量寄发垃圾邮件的手法中，最让人讨厌的就是使用恶意 HTML 代码。假如你在电子邮件信息中使用了 HTML 语法，务必确定你的语法完全无误，而且符合稍早提过的 W3C 指导原则。

7. 避免使用程序指令

电子邮件浏览器中，程序指令造成的安全问题逐年增加，因此导致了大部分的程序指令被排除在信息之外。有些电子邮件系统甚至一侦测出信息中夹带程序指令，就干脆拒收邮件。为了尽可能提高你的送件成功率，你应该避免在邮件信息中使用程序指令，改为将收件人导引到你的网站——在你的网站上，想用多少程序指令全都在你。

8. 了解邮件内容过滤技术的基本知识

不懂过滤技术，并不是无法让信息送达的好借口。你应该仔细阅读退信内容，追踪哪些信息的退信率较高、哪些信息的退信率低，然后从中找出可能造成退信的原因，并加以解决。

9. 监看寄达率及退信率

你应该在每次发信之后，针对主要网域和网络服务提供者制作追踪报告，从中找出不寻常的退信、取消订阅、抱怨垃圾信件、特定网域的邮件开启率。

10. 监看垃圾邮件投诉

就算是顶尖的市场营销人员，懂得最先进的网络销售操作，也会有收到垃圾邮件投诉的时候，尤其是，如果他们的收件人大多来自美国在线订户。你应该在每次发信之后，追踪垃圾邮件投诉的件数，并且建立一个标准值，然后整理出那些垃圾邮件投诉数量超出标准值的邮件。接着，你再从中观察可能造成问题的原因，究竟是标题写坏了，还是短时间内寄出太多信息？别忘了，过多的垃圾邮件投诉，可能会导致你被网络服务提供者暂时封锁甚至一直封锁下去。

以下是一些你可以用来追踪垃圾邮件投诉的资源：

1 美国在线意见反馈机制：http://postmaster.info.aol.com/fbl/index.html

2 SpamCop: http://www.spamcop.net/fom-serve/cache/94.html

3 Abuse.net: http://www.abuse.net/addnew.html

　　诊断出寄送问题的根本原因，有助于你避免遇到这些问题。你得时刻监督发信的成功率，因为电子邮件系统的安全规则每天都有改变。别低估了这项工作需要的心力，特别是发信成功率决定了电子邮件营销的整体有效性，同时也决定了贵公司的形象。

　　切记，想达到 100% 寄件成功率，你得采取以下行动：

1 监督

利用种子名单监看系统来追踪各大网络服务提供者的寄送成功率，主动察觉问题，不要在收到退信时才被动接收所需的信息。你的发信究竟是永远无法送达，还是被直接转进垃圾邮件箱，只有通过这套系统才能知道。

2 分析

一旦你发现寄件成功率未达 100%，就得尽快找出原因。你应该仔细检查个别电子邮件以及邮件软件本身。寄件失败的原因很多，越早侦测出原因，未来的寄送就越顺利。

3 解决

不妨和网络服务提供者的技术人员建立良好关系，他们可以提供解决问题方面的宝贵建议，所以你应该将建立上述关系视为优先事项来努力。

4 优化

运用来自各方的资源来解决电子邮件寄送问题，比如说，文案内容、寄件名单或服务器组态的小改变，都可能造成寄达率出现大变化。请务必在大量发信之前追踪电子邮件寄达率、测试网络服务提供者的封锁及过滤功能，并在发现任何问题时立即采取解决方法。虽然操作过程很复杂，但这是促进、维持电子邮件营销成功的不二法门。

13.5
电子邮件文案的理想篇幅

这个问题我被问了无数次:"电子邮件营销的文案怎样比较好,应该写得长一点儿还是短一点儿?"

文案篇幅的长短对直复营销人员来说,比对一般营销人员来说更难以决定。理由如下:市场普遍认为在网络上,文案是越少越好。网络营销专家告诉我们,由于互联网的步伐远比"龟速邮寄"的世界快得多,大家的注意力也变得更短,所以网络使用者一看到较长的信息,就很快会点鼠标逃了。因此,这些网络营销专家也在无数的电子报上建议:"精简就是美!"

就算是网络营销领域之外的一般专家,也都相信文案越短越好。他们的平面广告通常包含大尺寸的图片、寥寥几个字,所以他们对于网络营销大师主张的"一般人不喜欢看很多字"这种想法,会毫不迟疑地接受。

不过,靠长篇文案直邮广告或简讯来卖产品的传统营销人员,例如推销新闻快讯、座谈会、杂志、阅读俱乐部、保险、有声书等,在面对文案越短越好这套哲学时会遇到麻烦。他们的麻烦通常像这样:

"刊登平面广告的时候,我得用长篇文案来说服读者购买产品,否则根本无法得到订单。我们已经试过短篇文案很多次了,谁不希望能少花点儿油墨纸张成本呢?但短篇文案就是没办法成功推销我们的产品。现在我的网络营销顾问又说,电子邮件内容应该短短几段就好,对此,我联想到,平面广告上的短短几段文字无法说服消费者,为什么一样的做法在网络上反倒行得通呢?"

他们的疑虑有其道理。就算消费行为转移到网络上,说服消费者的过程也不至于有所改变。假如,消费者需要具体信息来做出购买决定,那么无论他是通过直邮广告还是网站来消费,这些信息都必须翔实提供。

不过我们还是觉得,网络营销大师应该不至于信口开河,也许,一份4页长的广告文案全数放进电子邮件,收件人可能根本没看完就按鼠标跑了。

关于文案篇幅长短的问题,我可以提出一个合理的解答。

第一，我们得先量化何谓"长"、何谓"短"。当网络营销大师说电子邮件文案应该要简短的时候，他们指的或许是内容控制在三四段文字；所以当他们说不可用长篇文案时，意思是电子邮件文案不应该超过几段。

当我说"长篇文案才有销售效果"，我说的长篇是跟一般电子邮件相比，而不是跟书面的直邮广告相比。"长篇"电子邮件文案相当于 2 页的销售信，以直邮广告的标准来说算是短的，更遑论动辄 4 页甚至 8 页的直邮广告。

第二，我们也需要量化一下，究竟网络文案要比书面文案短多少？应该将整个文案逐字放到网站上，还是压缩成一半以下的篇幅？

针对网络传播写过不少作品的凯西·汉宁曾说："一般而言，在线文字的篇幅，最好是印刷文字的一半甚至更少。"这虽然不是精确的公式，倒也是个不错的考量基础。

第三，也是最重要的一点，别忘了电子邮件营销文案不限于邮件内容本身，事实上，它可分为两个部分。第一部分是电子邮件内容，但电子邮件内容会提供链接，让收件人点进某个网站或服务器；当你点击链接进入了某个网页之后，就会看到第二部分文案以及在线订购的机制。

在传统的直邮广告中，销售信息并非平均分配在各版面中。大约有 98%的文案被放在销售信及宣传册上，剩下的 2% 放在订购单上；不过，在电子邮件营销中，文案的配置更加多元化。

下面是电子邮件营销模式图示，显示了将文案分别安排在电子邮件内容以及链接网站的各种方式。你的文案可以有四种选择，如图 13.1 所示：

1. 短篇电子邮件，登录网页

许多营销人员在吸引潜在顾客时，会采用短篇电子邮件（内容有 3 到 4 段文字），并附上一个登录网页链接。这类登录网页有个带标题的简单表格，1 到 2 段解释优惠方案的文字，以及让收件人键入个人信息的在线回复机制。这种模式的文案长度及风格，和那些以吸引潜在顾客为主要目的的直复营销单页销售信及顾客回函卡相当类似。

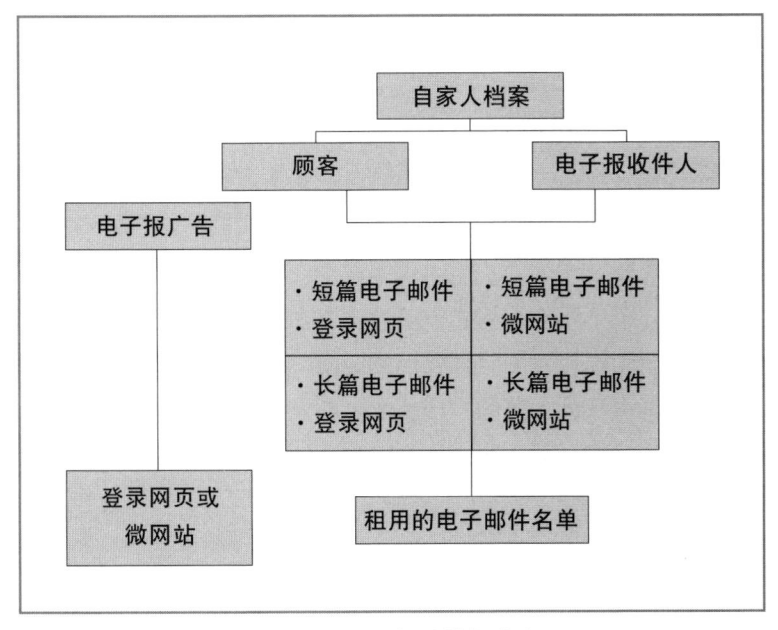

图 13.1 电子邮件篇幅参考

2. 长篇电子邮件，登录网页

这里的所谓"长篇"，是以网络营销的标准来看的。方便起见，我们把短篇电子邮件定义为打印出来不超过半页的邮件。相比之下，打印出来超过 1 页的电子邮件都称为"长篇邮件"。这种格式在长度和风格上类似一两页的信件。

3. 长篇电子邮件，微网站

这种模式有长篇的电子邮件以及长篇的登录网页。微网站是一种个性化的 URL 地址，目的在提供产品信息及相关优惠；不同于通常只有 1 页的登录网页，微网站的长篇文案可能需要分成好几页来显示。你的微网站文案可以分成数页或全部放进一个网页，让读者自行将网页往下拉。长篇电子邮件结合微网站，可以让你放进大量文案内容，适合用来将目录杂志这类内容

（看起来像杂志的长篇文案）放到网站上。

4. 短篇电子邮件，微网站

这种模式将短篇的电子邮件放在前面，长篇微网站的链接放在最后，这样的组合很适合用在那些必须提供许多信息来说服购买，但销售对象可能没时间看长信的产品。

归根结底，电子邮件营销确实不需要篇幅跟文学巨著《战争与和平》一样长的文字来达到销售目的，只要讲求策略，将文案内容配置在电子邮件以及随邮件附上的链接网页之间，你就可以确实传递出销售信息，不至于让时间有限的网友一看到长串文字就逃之夭夭。

13.6——
如何撰写转换购买意愿的电子邮件

通过网络来转换销售对象的购买意愿，已经被证明是可以用来建立潜在顾客邮寄名单、有效营销产品的做法。以下是网络转换购买意愿如何运作的简化说明：

1 制作免费的在线内容。

2 邀请销售对象看免费的在线内容。

3 销售对象接受邀请之后，在网络上向他们推销付费的产品与服务。

接下来让我们拆解每一个步骤，就从制作免费在线内容开始吧。这是最简单的一步，你只要重新包装现有的内容就行了。你提供的内容不一定要很多，改写既有的文章就足够了；你也可以另外制作一些目的在转换购买意愿的特别报告，或是提供直邮广告中已有的报告。

这项"免费特别报告"通常以 PDF 文档格式提供下载，不过有些市场营销人员偏好将报告制作成 HTML 网页，放在网站上。

第二个步骤是通过提供免费在线内容，搜集潜在顾客的电子邮件信箱地址。吸引销售对象到你的网页下载免费内容，有许多方法可采用，其中一个方法是寄电子邮件给销售对象，邮件内容强调提供"免费的特别报告"，为了得到免费报告，收件人会点进邮件里的网址链接。

假如你提供的免费内容是可下载的 PDF 文档，那么收件人会被引导至一个内容简短的网页，收件人只要在网页上输入自己的电子邮件信箱地址，就可以下载、打印这个 PDF 文档。

但如果你提供的免费内容是连续几页的 HTML 网页，收件人也会被引导至一个内容简短的网页，然后在网页上输入自己的电子邮件信箱网址，按"发送"键，最后被引导至一个微网站的首页。收件人想取得的报告，就在这个微网站上以 HTML 文件的格式阅读。

你可以在 HTML 语法的报告当中，多放几个链接引导读者到登录网页或交易网页，利用这种方式来推销付费产品。许多读者可能会在阅读免费在线报告的当下，就点进这些链接购买产品。

无论是下载 PDF 文档还是在网站上阅读 HTML 文件，读者都必须先提供自己的电子邮件信箱地址，这正是利用网络来转换销售对象购买意愿的关键步骤。你还可以用很多其他的方法来筛选潜在顾客、强化他们的购买意愿，有些市场营销人员通过寄发明信片成功做到了这一点，有些则在横幅式广告或电子报广告上有所斩获。

最后，你得将潜在顾客变成真正掏钱的客人。目前为止，我们已经有两个进展，其一是取得了销售对象的电子邮件信箱地址，所以我们可以在几乎不花钱的情况下随时向他们进行销售；其次，我们知道销售对象对免费内容的主题有兴趣，因为他们至少主动索取了相关的免费文章或报告。

既然这些内容是免费的，我们还不知道这时候销售对象是否愿意花钱买相关主题的产品。不过这些主动索取内容的销售对象已经可以被列为潜在顾客，因为他们至少显露出兴趣，而且愿意回应网络营销信息。

接下来，你应该连续发给对方几封电子邮件，即所谓的转换购买意愿邮件，目的在将对方从索取免费内容的销售对象变成掏钱买产品的顾客。

靠目前的经验得知，3 至 7 封转换购买意愿邮件是最有效的。有些营销人员希望每一封邮件都能达到成交目的，所以这些邮件都有读者可以点进去的网址链接，将读者导引到可以直接订购产品的网页。

其他营销人员则希望前 2 封邮件可以先建立好感，推销所提供信息的价值，鼓励读者主动阅读免费内容，有时候甚至还提供更多免费内容。这类电子邮件称为"自由接触"邮件，因为它们在接触读者的同时，并不会要求对方购买。

接下来寄出的转换购买意愿电子邮件，才会开始要求读者购买。以连续 6 封电子邮件为例，第一或第二封可能是自由接触邮件，接下来的几封则是转换购买意愿邮件。

当读者点进电子邮件里的网址链接后，他们可能被引导至登录网页或交易网页。登录网页会有不少产品描述及优惠方案说明，能够相当有效地向读者推销产品价值；交易网页的产品描述则尽可能精简，基本上，它就像是一份在线订购表。

有些市场营销人员会在收件人每次点进链接的时候，都把他们引导至登录网页，他们所持的理论是销售文案越多，成交数量就越高；其他市场营销人员则相信，假如转换购买意愿电子邮件本身的篇幅就已经够长，这些文案没必要再通过登录网页重复出现，所以他们会将销售对象引导至内容精简的交易网页。

利用网络转换购买意愿的最好办法，就是提供为期 30 天的产品试用。假如你的网站设计能够让收件人的信用卡在 30 天试用期内不会被收取费用，这将会是提升购买意愿的最佳做法，因为这才是真正的"免费试用"。

相较之下，如果你在收件人一送出订购单，就对他们的信用卡收取费用，这就只能算零风险 30 天试用，而不是真正的免费 30 天试用——收件人还是得付钱，只不过他们可以在 30 天内取消订购，拿回自己的钱。

你可以测试看看，各种转换购买意愿的发信时机、发信次数、结合自由接触与在线转换购买意愿的做法。通常发信的过程如下：

1 第 1 天：发出第 1 封电子邮件，性质为自由接触。感谢销售对象主动索取免费内容，并强调这些内容的价值。

2 第 2 天：发出第 2 封电子邮件，性质为自由接触。鼓励销售对象阅读免费内容，再次强调这些内容的价值，并指出其中包含的一些特别有用的概念、诀窍或策略。

3 第 4 天：发出第 3 封电子邮件，性质为在线转换购买意愿。告诉销售对象，只要接受免费试用 30 天，就可以得到更多类似内容，并向对方推销产品、彰显产品的价值。

4 第 7 天：发出第 4 封电子邮件，提醒销售对象只要接受免费试用方案，得到你的产品，他们就可以变成某方面的专家。

5 第 14 天：发出第 5 封电子邮件，告诉销售对象免费试用方案已经快到期，再次推销你提供的内容，同时敦促对方立即采取行动，让他们知道，再犹豫就太迟了。

撰写转换购买意愿电子邮件文案的方法，就跟其他在线或平面印刷的产品推销差不多。你可以用同样的文案、内容、组织方式：在第一段设法赢得读者的注意力，接下来让他们感兴趣，对你的产品产生购买欲望，最后要求他们掏钱购买。

唯一不同的地方是，在转换购买意愿电子邮件中，你的第一段请务必强调，他们之所以收到你的信，是因为他们主动向你索取了免费的报告或文章。

这样做有两个好处。首先，他们可能会隐约感受到非读你的信不可，毕竟这是你回复给他们的礼物。其次，假如他们喜欢你寄的免费内容，对同类内容的接受度就会变高。

你应该尝试利用电子邮件转换购买意愿吗？每个希望通过网络销售产品或服务的市场营销人员，都不妨测试各种寄发转换购买意愿邮件的方法，说不定能从中得到好处。

你不能光是买来一份同意接受营销邮件的邮寄名单，然后发信给名单上的人要他们买产品，网络使用者通常不会跟陌生人做交易！不过，你可以先寄给他们一份通知，告知有免费报告或文章可索取，他们就会接受你——毕竟，这有什么可损失的？

假如你锁定了正确的读者群，且你提供的免费内容质量精良，那么就会有足够的读者会想收到更多同类内容，同时也愿意接受相关产品的 30 天免费试用。

若你的产品质量精良，那么，最后退回试用产品、索取退费的读者比率应该会相当低。这样一来，你就等于成功地让索取免费内容的读者变成掏钱的买家——这正是在线转换购买意愿的目的。

13.7——
如何撰写营销电子报

对许多市场营销人员来说，要取得同意接受营销邮件的邮寄名单，即宝贵的在线资产，最好的方法就是先邀请收件人注册订阅在线的新闻快讯，或称之为"电子报"。

免费的电子报相当于网络版的公司新闻快讯，只不过它是通过电子邮件传送。电子报比平面印刷和传统邮寄省去了许多成本与寄送时间，不但成本几近于零，而且鼠标一按，就几乎同时将电子报送到了数千名销售对象与顾客的信箱里。

建立了庞大的电子报邮寄名单之后，你就可以在任何时候通过网络寄广告给销售对象，进而增加销售量、大幅提升利润。同时，你也可以省下庞大的印刷和邮寄费用。

你可以利用各种在线营销工具来吸引销售对象进入网站，注册订阅免费电子报，条件是交换他们的电子邮件信箱地址；你也可以要求他们提供

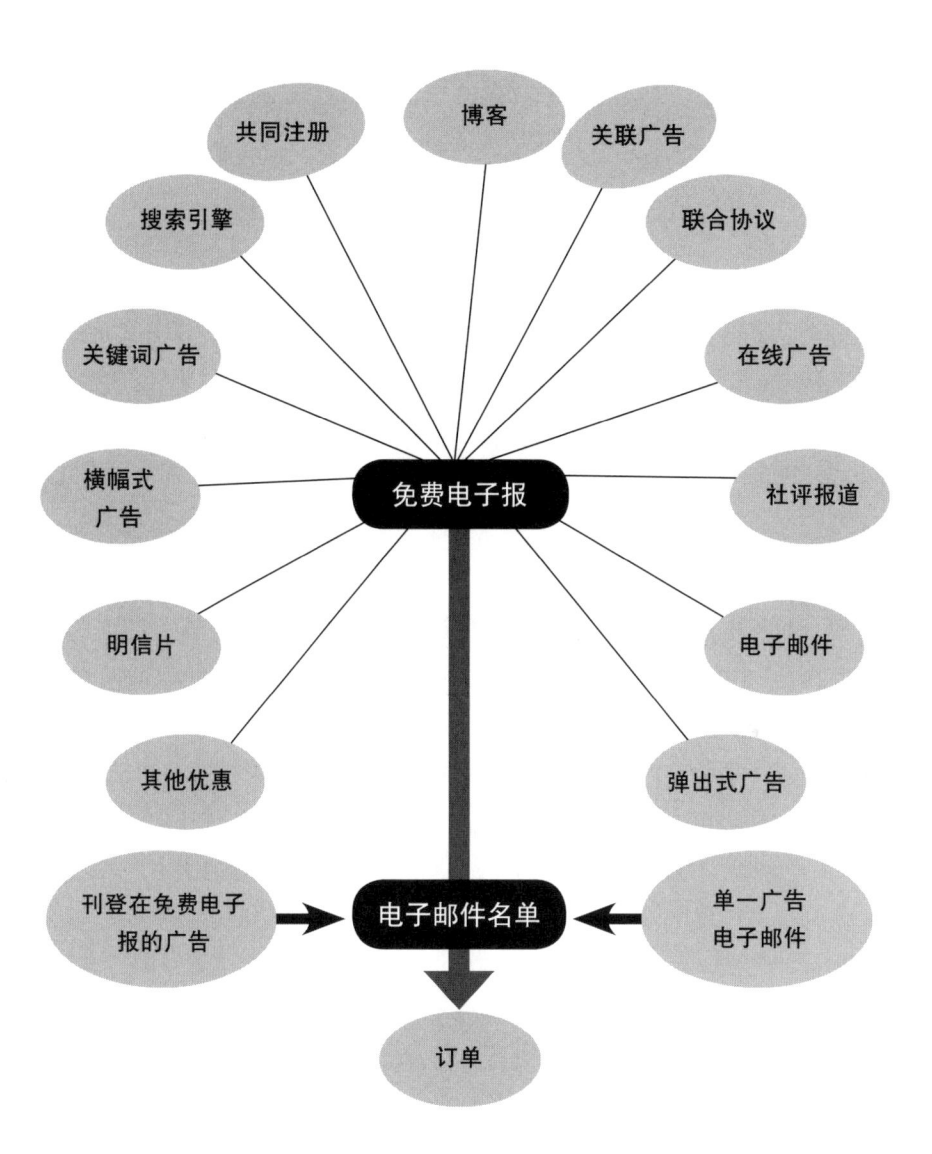

第 13 章　电子邮件营销文案：别让好文案被扔进垃圾邮件箱　293

- 共同注册
- 博客
- 关联广告
- 搜索引擎
- 联合协议
- 关键词广告
- 在线广告
- 横幅式广告
- 免费电子报
- 社评报道
- 明信片
- 电子邮件
- 其他优惠
- 弹出式广告
- 刊登在免费电子报的广告 → 电子邮件名单 ← 单一广告电子邮件
- 订单

姓名，往后你寄给他们的电子邮件就可以加上姓名，让你的信看起来更个人化。

建立邮寄名单的做法，包括了情境式营销、横幅式广告、电子报在线广告、电子邮件营销、关键词广告、为电子报的订阅网页取得搜索引擎排名优化等。每个电子报订阅者的取得成本在 1 至 5 美元，确切成本要视采用策略及目标市场而定。

一般来说，电子报的订阅人数越多你的在线营销就越有利可图。毕竟，在电子报订户的广告点击率为 1% 的情况下，若仅寄出 1000 份电子报，你的登录网页访客可能只有寥寥 10 人；但假如你的订户可以冲到百万人，1% 的点击率就意味着上万名访客。

要让你的电子报发挥在线营销功能，订阅人必须不只注册，还要打开你的新闻快讯来阅读。如果他们不打开信来看，就不会对里面的广告或优惠做出任何回应。而且，假如他们不持续看你的信，最后终究会取消订阅，你也就失去了这些在线销售对象。

根据我的个人经验，那些有最高阅读率和点击率的电子报，提供了实用信息和诀窍，并且排版成精简的篇幅；电子报的内容越实用、越能落实在生活中，就越有价值。

电子报不是用来宣示经营哲学或解释复杂科技的地方，你可以将订户引导至网页，去下载相关的白皮书或特别报告。电子报的读者喜欢实用的文章，从中得知如何做好一件事，而且这些文章篇幅都只有几段精简的文字。

新闻也可以用来做电子报的内容，但它的吸引力不如实用的建议。运用新闻的最好方法是让订户在阅读时，可以链接到一个提供实用诀窍或建议的网站。举例来说，假如你是财经刊物出版商，打算告诉订户每桶原油价格涨到 50 美元的消息，不妨同时告诉读者，该挑选哪些个股才能从油价飙涨中获益。你不需要为了在电子报内容中提供实用建议，刻意加入新闻的角度。不过，如果你能将提供的建议与时事联系，不妨这么做吧。过去经验显示，联系时事可以使阅读及回应人数翻倍。

尽管如此，我们永远也无法知道哪一篇文章会俘获电子报读者的心，答案往往出乎你的意料。举例来说，一位销售信息安全产品给人资主管的企业经理，定期发行一份谈信息安全与人力资源相关主题的电子报。他说，在所有发行过的文章中，点阅率最高的是《计算机族解除眼睛疲劳的 10 个妙方》。一篇谈论消除眼睛疲劳的文章，竟然比所有其他特别为人力资源主管设计的内容更受欢迎，实在令人想不通。

以下是一些合适的电子报文章类型，其中有不少信息借自我的同事依莉斯·班宁的网站（www.artofselfpromotion.com）。

1 将自己想象成输送管，任务是将有用的信息传递给那些使用者。

2 密切注意工作上或者与顾客互动时遇到的任何疑惑、困难或想法。

3 将一门课浓缩成一个实用建议，然后通过电子邮件、传统邮件，甚至口头对话分享出去。

4 以一个问题或一种情境作为提供建议的开场白——你的建议内容必须精简到只剩重要核心。

5 提供解决之道。你的建议要有可行性，所以务必要包含几个实际步骤。读者尤其喜欢那些能够立刻拿来运用的信息，譬如上述计算机族解除眼睛疲劳的 10 个妙方。

6 描述这些建议会带来的结果或好处，借此鼓励读者采取行动。假如有任何工具可以让读者实际衡量这些建议带来的成果，那么就提供读者这些工具的网站链接吧。

7 不妨将可以为读者节省心力的现成文句、样板、清单、表格等，加入你的建议内容中。

8 列出读者可以搜寻进一步信息的网站或其他信息来源。

9 将最吸引人的建议放在第一个，以免读者懒得看完整篇文章。有时候，就算把建议写得很简短，对读者来说还是篇幅过多。

要注意，大部分电子报有两种读者，第一种是订阅了免费电子报，但还没成为顾客的人，第二种是已经向你买过产品，只因为被列在你的顾客名单就收到电子报的人。

考虑到成本以及管理上的便利，大部分发行公司会用同一份电子报提供给两种不同的读者群。尽管如此，你还是得记得这两种读者有不同的需求与角度，否则你的电子报不会有营销效果。

第一种电子报订户是那些注册订阅免费在线新闻快讯，但还没有向你买过产品的人。他们甚至可能不知道你的产品，或根本不晓得你是谁。

针对这类订户，你的首要目标是用免费电子报来让他们开心；然后，引导他们进行到下一个步骤——掏钱买你的产品或服务。

要达成这些目标，你得留意：

1 你的电子报必须有扎实的内容。没有比实用可行的建议或诀窍更能够吸引读者的了。

2 在每期电子报刊登约 50 至 100 个单词的广告，提供 30 天的产品免费试用，并附上登录网页的链接，让读者可以点进去使用你的试用优惠。

3 在每两期电子报发行的间隔期间，至少寄一封电子邮件给订户，以极具说服力的理由告诉他们为什么应该接受你的 30 天免费试用。举例来说，你可以提出试用就能获得免费礼物的方案或是免费的内容（例如一份特别报告）。假如你提供的是免费内容，你应该让他们在登录网页上订购产品之后，就可以下载 PDF 格式的报告。

第二类电子报订户是那些已经购买过你的产品或服务的顾客，你的电子报可以为这些顾客制作以下内容：

1 提供新消息、更新信息、推荐和使用新产品的想法。

2 强调产品升级、新配件上市或其他产品相关情报。

3 针对他们尚未购买的产品与服务，提供特别折扣优惠。

你可以在电子报里放进实用建议与诀窍之外的内容吗？当然可以。我的电子报（可在 www.bly.com 注册订阅）中，就用了许多种类的文章，包括书评、名言引述、新闻以及新产品公告。我希望你能接受我的建议：当你在编撰下一期电子报内容的时候，切记，没有什么比可靠的实用建议更能赢得读者的注意、激发他们的兴趣。

第14章
关于网络广告文案，
你需要了解这些
WRITING ONLINE ADS

很多中小型企业使用互联网广告作为直复营销工具，也就是网民看到广告，点击进入，链接到网站或登录网页购买他们的产品。

这种销售模式的问题在于，广告依赖于中断。比如看到横幅广告的人本来是想浏览网页，但点击横幅会打断他们正在做的事。

因此，横幅广告作为直复式工具仍然有效，但可能更适合形象广告或品牌推广。鉴于其广泛的覆盖面和高频的出现率，对于提升品牌知名度非常有效。但不幸的是，要衡量这种效果并不容易。品牌推广是长期战略，要随着时间的推移慢慢积累效果。

与电视广告一样，受众在看到横幅广告时可能不会立即采取行动，但当他们有意购买时，会记住你的名字。只是与电视广告不同，用户依然保留了采取立即行动的能力。

横幅广告已经不再那么昂贵了，既可以积累品牌效应，又可以获得即时反馈，可谓一种非常具有成本效益的广告形式，只是你要明白，积累品牌效应也是其中的一部分。

14.1——
横幅的大小

在讨论横幅广告大小的时候，指的是两个不同的东西：广告尺寸和文件大小。文件大小是以字节为单位的。随着宽带互联网的发展，文件大小已经不像以前那么重要了，不过，最好还是把横幅广告文件大小保持在25KB以下。

只要主页可以容纳下，广告的尺寸大小是任意的。美国互动广告局（IAB, Interactive Advertising Bureau）规定了20种标准尺寸（见下文）。该组织是互动广告行业的一个非营利性贸易协会，创建这些标准是为了减少广告尺寸的类型，简化广告制作的过程。

这种尺寸以像素为单位，像素是制作视频或计算机图像的基本单位。

矩形和弹出式窗口

中等矩形	300×250
方形弹出框	250×250
竖直长方形	240×400
大矩形	336×280
矩形	180×150
3∶1 矩形	300×100
弹底框	720×300

横幅和按钮

整横幅	468×60
半横幅	234×60
微型条柱	88×31
按钮1	120×90
按钮2	120×60
垂直横幅	120×240
方形横幅	125×125
排行榜	728×90

擎天柱（垂直横幅）

宽版擎天柱	160×600
擎天柱	120×600
半页广告	300×600

在很长一段时间里，468×200 的横幅是最常见的，但随着对优质广告商的竞争，网页逐渐给予广告更大的空间。

一般来说，广告越大，人记得越清楚，点击率越高，但这并不意味着小广告没有作用；页面位置、内容和相关性以及设计也会发挥重要作用。Advertising.com 研究了横幅广告的点击率和转换率，发现中等矩形（300×250）的点击率最高，宽版擎天柱（160×600）的点击率其次。

14.2——
页面位置

页面位置对广告效果几乎和广告大小一样重要。对图片广告来说，页面顶部的位置是最好的，这里最有可能让人看到并记住，但是不一定会有点击率，而在页面内部和侧面的广告可能更有针对性，更有可能获得点击。

出现在滚动条附近的广告可以产生高点击率。其原因是，用户点击广告是因为他们的鼠标指针已经在广告旁边了。

14.3——
横幅设计与内容

近年来，横幅广告有了长足的发展。随着宽带的发展和技术的提高，动画和图形的现实效果越来越好。横幅和广告不仅仅是简单链接到一个新页面，还可以与鼠标有一些互动。有些元素是非常有效的，以下是关于一些效果良好元素的概述：

文本：横幅上的文字数量必须保持在最低限度，因此要用少量的文字获得最大的影响力。好用的技巧包括，说明点击广告的好处，如"获得更多流量"。也可以提出问题，将答案放在你的网站上。可以用"时间有限"这样的短语创造紧迫感。也可以使用"免费"这个词。使用"点击这里"或"了解更多"可以召唤行动，增加点击量。

广告应该与内容相关。广告与页面内容越接近，就越有效。文字要简短，人们不会花大量时间去阅读文字。简单的横幅广告会有更高的点击率。

颜色与图形：理想状态下，广告会与它出现的页面相互搭配，但由于一个广告会在许多不同的网站上显示，为每个网站或页面设计一个广告是不现实的。研究表明，蓝色、黄色和绿色这样明亮的颜色能获得最高的点击率。图形应该醒目，但不能太过分。出于品牌推广和识别广告的目的，你可以使用公司的标识。

动画和互动：动画和互动在横幅广告与展示型广告中起着三个重要作用。首先，会动的广告会获得关注，人们很难忽视它。第二，可以用互动性来吸引观众，如鼠标移动产生效果或出现下拉菜单，这样会增加点击率。第三，这样的广告更令人难忘，因此即使人们没有点击，对建立品牌形象也有很大作用。

14.4

搜索引擎点击付费广告

点击付费的第一步是确定你愿意花多少钱，想要达成什么目的。是想要抓住一个线索跟进，还是需要流量产生即时销量？

计算每次点击产生的价值，确定愿意支付的最大数额——这是每次点击的最高成本（CPC）。如果你销售的是单一的低价商品，那么CPC就要控制得比较低。

另一方面，在销售利润率较高的商品时，CPC可以相应变高。同样，如果抓住一条线索，还可以一次又一次地向同一个人营销，虽然可能无法在第一次中收回成本。

这里有一个简单的例子。如果20次点击才能达成一次销售，每次点击花费1美元，每笔订单花费20美元。产品的利润是否超过这个数额？如果不能，就要确保点击成本降得更低，或是提高转换率或价格。

有些使用点击付费广告的人不是为了销售产品，而是为了积累名单。为每次点击花费的金额基于名单上名字的平均价值。如果在线销售额为一年20万美元，名单上有2万个名字，那么每个名字的平均价格为每年10美元。

要为产品找到最合适的关键词，这就要靠自己动脑筋想办法。没人比你更了解你的产品。想想寻找这种产品的人会在搜索引擎上输入什么。

内容要具体。不要使用宽泛的术语，要尽可能具体。如果你是珠宝商，使用"黄金耳环"作为广告关键词就比"珠宝"更好。

还有一类关键词也可以获得较高的转化率，即将你的产品或服务定位为另一件物品的替代品。例如，你可以使用关键词"钻石"为立方氧化锆做广告。然后，在广告里给出你的理由，说明你的产品比客户一开始搜索的那个产品更划算。

获得节日和特殊场合的流量。可以使用"节日"或"特殊"作为关键词，尤其是当你的产品特别适合作为礼物的时候。"节日""生日""婚礼""毕业"都是很好的搜索关键词。你可能会想到"母亲节礼物""订婚戒指""周年纪念礼物"这类短语。

在这些比较明显的关键词之后，你可以开始考虑不太显眼的搜索词。比如"婚礼誓言"，因为对誓言感兴趣的人可能也会需要结婚戒指或伴娘礼物。思考这类词时要有创意。使用时要将它们完美融入标题和正文中，例如"完美的母亲节礼物"。

如果你能想办法让产品与当前事件、当红名人和热门话题联系起来，会是很好的搜索词。但要保证这些词与登录网页和产品相关，否则只能徒有流量，没有转化率。

选择好关键词之后，可以使用谷歌的关键字规划师工具（keyword planner tool），看看可以获得多少搜索量以及竞争有多激烈。最理想的情况是看到有大量的搜索和很少量的竞争者。

有竞争力并不全是坏事。如果有竞争，说明这是个可行的关键词，人们都会搜索购买，否则没人会做广告。这个工具还会给你类似关键词的建议。

可以从中挑选出你认为最好的。

此外还有大量的关键词工具，可以帮助你找到最具成本效益和产出率的关键词。有些是免费的，有些则需要支付少量费用。

现在你确定了自己的核心关键词，接下来就是为每组关键词写几条广告。下面介绍广告的结构：

标题：第一行是标题。标题中一定要出现关键词。

标题可以是两行，长度不超过 30 个字符。字数并不多，尤其是一两个关键词就占据了不少空位。要让标题吸引人的注意力。

1 提出问题："你买到订婚戒指了吗？"

2 陈述优势："世界上最好的钻石订婚戒指"。

3 诉诸基本情感（爱、贪婪、恐惧）："让她更爱你的钻石"。

主体：主体部分是描述段落，最多可以有 80 个字符。

展示带有超链接的 URL：域名是广告的最后一行，由谷歌从你的最终 URL 中自动提取，以确保准确性。最糟糕的事莫过于以极高的点击成本将大量流量引向你的网站，却没有转化为任何销售或线索。可以考虑在广告中添加一个限定词或短语。例如，假如你要以 19.99 美元的价格销售飞钓指南。如果将指南的价格放在广告里，会失去那些"只逛不买的人"——也就是寻找免费信息且不愿支付金钱的人。

可能的话，网址中也要包含关键词，即便是需要单独创建也是值得的。最好的办法是专门为每个登录网页购买专用域名。

14.5
电子通讯中的广告

各种类型的电子杂志广告都有其价值。本节将介绍三种不同类型的电子杂志广告以及如何让其为你所用。

独立广告：独立广告是指电子杂志将你的内容单独发送给邮件列表的用户。换句话说，这封电子邮件只显示你的内容，广告并不是常规通讯的一部分。

赞助广告：电子杂志并不会限制赞助广告的数量，并会根据广告在通讯正文中的位置来细分其价格。顶级赞助商广告位于电子邮件的开头，通常是最昂贵的广告。

只要不是放在第一篇文章，广告就属于中间赞助广告。一份通讯可以有无数中间赞助广告。效果最好的是那些出现在相关文章旁边的广告，例如，销售草籽的中间赞助广告放在了一篇关于草坪护理的文章旁边。

底部赞助广告是电子杂志的最后一个广告。它出现在所有常规内容之后，分类广告之前。这种广告的报价通常最低。

文本广告：文本广告通常是三五行，每行 60 到 65 个字符。即便是拥有最大规模读者群的电子杂志，这类广告也相当便宜，每期从 5 美元到 25 美元不等。

有些新闻通讯可以免费发布广告，交换条件是将你放置在他们的电子邮件列表中。这是他们扩充名单的一种方式。但是，你并不用花费一分钱（除了时间和杂乱的电子邮件信箱），任何反馈都是好的。

不要忘记，电子杂志是会存档的，因此总有一个指向你网站的链接。即便没有客户访问网站，搜索引擎的网络爬虫也会访问。

广告的设计很大程度上取决于在通讯上摆放的位置以及广告类型。研究新闻通讯属于哪一类。有些是严肃的文字内容，根本没有图，它们的带宽值很低，很容易通过垃圾邮件过滤器。可以向电子杂志的出版方询问哪种类型的广告更合适。毕竟，他们比任何人都了解自己的受众。

如果是独立广告，内容应当与出版方定期的新闻通讯内容类似。让广告看起来更像是在电子杂志上看到的信息。换句话说，要让它看起来有新闻价值，避免夸张宣传。独立广告可以培育消费者，扩大产品的优势。

此时，精彩的标题对吸引注意力非常重要。标题的作用就是引起读者注意，吸引他们去看广告文案。如果标题说出了潜在客户脑海中的想法，就能达成这一目的，因此要尽量在其中包含一个关键词。下面是一则独立广告的例子（它是在"9·11"袭击和伊拉克战争前发布的）。

炸弹落在巴格达，你就能赚到钱！

即便布什不向伊拉克宣战，这家鲜为人知的防务承包商也能获得100%的利润，如果他宣战，将获得500%的利润。免费研究报告详细介绍了这种纯粹的防御策略的细节，还有其他4只在华尔街雷达下成功飞行的"隐形股票"。最好之处在于：当市场情绪转向负面时，我们的"隐形股票"系统可以让你安全地持有现金。在当今的市场中，这是最安全的赚钱方式。我们已经获得了58%、108%甚至241%的收益……并且用这种方法轻松击败了标准普尔指数。点击了解更多。

对赞助广告和分类广告而言，没有太多可挥霍的空间，也很难获得读者的关注。文字大约要限制在6行之内，每行少于70个字符。正因为如此，更需要给人留下深刻的印象。

迫不得已之时，为了创作一条起效的电子杂志广告，所有规则都可以适用在这里：标题有力，陈述需求，展示自己的产品如何满足这一需求，进行有力的行动召唤。

14.6——

脸书广告

目前，脸书拥有远超20亿的用户；专业人士网站领英拥有6.3亿用户。当然，你想把注意力放在受众聚集的地方，因此红迪网（reddit）、汤博乐

（Tumblr）、照片墙（Instagram）、拼趣（pinterest）和推特都是发布广告的潜在对象。

脸书的广告指南（https://www.facebook.com/business/ads-guide）描述了三种广告的规格：视频、图像和集合格式。图像广告是脸书广告的基础，本节会重点介绍这种格式。由于视频在网络上相当普及，关于视频广告的规范也会有所涉及。

基础的点击付费广告单次点击成本约为1.25美元。如果你选择这种方式，很快会发现有许多设计和内容选项。以下是单张图片广告的基本要求：在右侧栏运行（与在脸书动态广告中播放的单张图片广告相反）。以下的规格是从2019年3月起施行的。

图片规格：

1 建议图像尺寸为 1200×628 像素。

2 最小宽度和高度为 600 像素。

3 建议长宽比在 9∶16 和 16∶9 之间，有链接的话则是 1.91∶1。

4 推荐的图像格式是 JPG 和 PNG。

5 文本含量超过 20% 的图片可能会增加显示失败的概率。

6 大小：1200×628 像素。

7 比例：1.91∶1（宽高比；通常表示为两个由比号分隔的数字，如 16∶9）。

8 脸书建议在图片上减少使用文字或不使用文字。

文字限制：

1 文本：125 个字符。

2 标题：25 个字符。

3 链接描述：30 个字符。

14.7——
创作脸书图片广告

脸书的图片广告怎样才能起效？有两点：一是明亮、醒目的图像，二是引人注目、有说服力的内容。但是，根据脸书广告专家的说法，图像才是"最重要的部分"。研究发现，图像是非常重要的，对广告效果起 75% 到 90% 的作用。他们认为，明智的做法是测试 10 到 15 张图片（在图片变化中保持广告文案不变）。

实际上，脸书建议将文案的优先级下调；文案人员对此非常清楚。他们始终想要给文字应有的关注。这里有一条针对脸书营销人员的广告。想象一下：苦恼、沮丧的写手坐在空白的电脑屏幕前。顶级广告的内容是：

我来告诉你写脸书广告有多容易。你会看到所有需要了解的诀窍、建议和陷阱。营销新人的好选择！

点击获取脸书广告撰写清单。

这份清单可以"一图"消除写好脸书广告的所有神秘感。

在撰写脸书广告时，所谓成功是抓住注意力，不仅让观众响应行动召唤，还要"喜欢"和分享看到的东西。图片就是可以吸引他们目光的东西，建议你把关键信息都放在图片里。但是，脸书规定图片中文本内容不能超过 20%。"文本"既包括图片上的文字、文字标识、水印，还包括视频缩略图中的文字。

脸书中带照片的广告通常都很小。而且，鉴于有图像，文字必须控制得更少。

这里有一个写脸书广告的简化公式，我认为很有效果。广告必须告诉读者这三件基本事情：

1 你能提供什么

2 对他们有什么好处

3 接下来要做什么

主打脸书社交广告管理的服务平台 AdEspresso 针对脸书的广告标题给出了 8 条明智的指导方针：

1 使用数字。大量文案写作研究都指向了一个结论：以数字开头的标题往往是赢家。

2 创造紧迫感。

3 清晰准确。

4 标题简短。

5 强调优势。

6 召唤行动。

7 提出问题。

8 用词有力。

关于这些要点的具体内容，本书在前面已经介绍过了，请参见前 4 章。

14.8——
脸书视频广告

2018 年 11 月，社交媒体管理平台 Hootsuite 指出，71% 的人在这一年增加了在线视频观看量，60% 的人预计未来一年会观看更多社交视频。另一个值得关注的问题是：用户在看视频的时候看广告的时间是平时的 5 倍。人们注视视频的时间比注视脸书上静态帖子的时间长 5 倍。

单个的脸书视频广告格式如下：

1 格式：.MOV 或 .MP4。

2 画幅：16∶9。

3 分辨率：最小 720p。

4 文件大小：最大 2.3GB。

5 时长：120 分钟（脸书），60 秒（照片墙）。

6 缩略图：1200×675 像素，16∶9。

7 字幕：最多 2200 个字符。

脸书提供了一些制作抓人眼球视频的简单建议，包括：

1 制作脸书视频广告时要考虑移动端播放问题。

2 为移动设备制作垂直或方形的视频。

3 吸引观众的注意力。移动端用户操作很快，视频一定要立刻吸引他们。

4 尽早展示品牌或产品。

5 适应静音播放。很多人在公众场合为了礼貌会将手机静音。

擅长制作脸书视频广告的营销人员还建议：

1 给视频添加文字。

2 画面即便不出声也要能够表意清楚。

3 上传带字幕的视频。

4. 效果最好的标题长度是 4 个单词，加上 15 个单词的链接描述。例如：

* 制作拍立得电子书（Create Instant e-Books）

*（缩略图）

2 分钟学会制作电子书

用博客、Word、谷歌……

制作精彩的电子书、报告、销售线索磁铁、白皮书

14.9——
脸书视频与 YouTube：哪种更好

根据最近的一项调查，47% 的消费者表示，他们大部分视频是在脸书上看的，41% 的人表示他们一般会看 YouTube。而 71% 观看脸书营销视频的人表示看到了与自己相关的广告。对品牌来说更为重要的是，60% 至 70% 的人在观看自己公司在脸书的视频后，会继续访问公司网站。

14.10——
其他脸书广告格式

脸书广告还有其他格式，包括幻灯片轮播和互动体验广告（canvas ad）。轮播格式可容纳多种广告组合，在单一页面中运行多达 10 张图片、幻灯片或视频。每个元素都可以链接到不同的登录网页上。

幻灯片格式则顾名思义：可以用 10 张不同的照片制作循环的视频广告。脸书广告可以为观众带来全屏互动体验。由于每个独立元素都有单独的规格，可以向脸书广告中心（https://www.facebook.com/business）了解更详细的内容。

14.11——
点亮帖子与推广帖子

点亮帖子是在脸书上能做的最基本的广告。它会将广告预算分配给企业页面上的帖子。点击帖子右上角的按钮，可以将它推送给"喜欢你的页面的人和他们的朋友"或是"定位选择的人"。你还可以设置自己的预算。

推广帖子则是脸书的一个广告选项，可以确保你想要推广的帖子出现在更多人的新闻推送（News Feeds）里。点亮帖子的广告价值一直颇具争议。有人认为，用推广帖子进行替代更为明智。它的功能是把你的帖子推送到新闻推送里。这样做的好处是，你的定位、定价和竞价的选择会更多。

14.12——
在脸书上做广告要花多少钱

广告成本取决于诸多因素：一年中的时间、一天中的时间、受众性别、广告位置。事实上，脸书的广告费用从不到 1 美元到超过 5 美元不等，这取决于广告质量和竞争等因素。幸运的是，你只需要花 10 到 20 美元就可以开始了。

14.13——
领英广告

根据领英广告团队的数据，这个全球专业人士的网站目前拥有远超 6 亿的会员数量。在他们看来，领英是商业交往与求职的第一大社交平台（虽然 indeed.com 才是第一大工作招聘网站）。

让我们来探讨一下领英中的广告选项：普通的文字广告，这一点我们稍后会探讨；还有动态和展示广告、站内信推广以及推广内容。由于对文字广告比较熟悉，接下来我们来看看其他陌生的广告形式。

1 动态广告：右栏的个性化广告，会根据每个会员的资料数据，如公司名称或工作职位为其量身定做。目前有三种类型的动态广告格式可供选择：焦点广告、关注广告和招聘广告（此类与本次讨论无关）。

* 焦点广告：这是与目标受众分享思维领导力、最佳实践、见解以及有价值内容的好机会。会员点击广告时，就会被传送到你的网站或登录网页上，你可以收集线索，号召注册或是邀请访问。可以使用焦点广告来建立品牌形象。

* 关注广告：这种形式允许广告商推广自己的领英页面，促使会员通过点击进行关注。这种类型适合那些为了建立品牌意识、增加领英页面热度或是想要将领英会员变成粉丝的广告商。这类广告会显示个人资料照片，旁边会有公司标识。他们还会在广告文案中突出会员和公司的名字。

2 展示广告：也称横幅广告。显示内容包括图像和文本内容。

3 站内信推广：站内信可以发给其他与你没有联系的领英会员。如果你有基本（免费）账户，需要升级到高级账户才能使用站内信功能。根据订阅类型不同，你会收到特定数量的站内信点数。开启这一功能后，你就可以向目标受众的领英收件箱发送个性化私信，收集更多线索，邀请对方参与互动。其所能提供的服务包括定制问候语、设置召唤行动按钮、正文、定制横幅图片以及在正文内容中添加链接。

4 推广内容：有两种形式，简单推广与直接推广。

* 简单推广内容会由页面管理员放置在领英的页面更新内容中，广告商可以选择此方案获得更广泛的传播。

* 直接推广内容不会出现在领英的页面或展示页上。广告商可以自行设计内容，代表公司进行推广；不会使领英页面或展示页显得杂乱无章，也不需要发布领英的页面更新。

注：展示页（Showcase Pages）是从公司页面上可以访问的二级页面。它允许公司推广特定产品或是向特定买家进行推销。领英用户可以在不关注公司或其他展示页的前提下关注某一个展示页。

由于领英提供了多种广告选择，建议你参考领英营销解决方案规范（https://www.LinkedIn.com/help/lms/topics/8154/8155/ad-specs-guidelines）。说到成本，根据选择的不同，有按点击付费（PPC）、按送达付费（CPM）以及按发送付费（CPS）等。

14.14
撰写领英文字广告

这一点与脸书上的文本广告基本相同。你的创造力会受到字符和广告尺寸的限制和约束。目前的规则如下：

1. 多种大小：300×250 像素、17×700 像素、160×600 像素、72×90 像素、496×80 像素。

2. 图像大小（如使用）：50×50 像素。

3. 标题：25 个字符（包括空格）。

4. 描述：75 个字符（包括空格）。

此处有一则领英上的文字广告示例。广告很短小，展示出一个神色满意的职业女性的图像，内容如下：

1. 学习的 VIP

训练团队与高层决策者沟通。

2. 免费网络研讨会

下面这则广告的文本则稍有不同,它清楚地显示了网址(而不是将其嵌入到广告代码中),而且是品牌化的。

3. 填满你的漏斗

根据集客营销网站 HubSpot 的免费指南从领英上获取线索。从 HubSpot 获得 URL:http://www.namethislandingpage.com。

第 15 章
如何撰写社交媒体文案

WRITING FOR
SOCIAL MEDIA

15.1——
关于社交媒体平台你需要知道什么

在众多的社交媒体平台上，要注意的一点是，在每个平台上撰写和发布的东西都是不一样的。即便表达的是相同的主题，在脸书上发布的内容和在推特或领英上也会有所不同。在任何平台上创作好内容的基本规则是：

1. 内容简洁——避免多余内容；社交媒体发布的内容要简短直接，以有趣的标题或导语开头。

2. 内容吸引读者，在两三句或两三段中给出大量有趣的信息，具体长短视平台而定。

3. 鼓励读者在下方留言，使用"你同意吗？"或"你怎么看？"

15.2——
开通商业账户

开通商业账户，不要用个人账户来推销产品或服务。这是一种更专业的塑造公司品牌的方式，在读者浏览内容时，保持品牌在他们心中的形象。如果用个人账户来维护企业品牌会看起来不专业，除非你的名字本身就是品牌。

一位女士写了一份 500 个单词的商务帖，一打开就占满了整个屏幕。每段都有五六句话，让人很难快速浏览。

把篇幅长的内容留给博客。大部分社交媒体读者只喜欢读短内容，然后点击"喜欢"。

在商业账户页面上为读者提供以下信息：

1 公司名称和商标。

2 联系方式，例如电子邮箱地址，如果你愿意接听电话，也可以留下电话号码。

3 公司信息以及可以为客户提供哪些服务。

15.3 采用漏斗策略

根据使用平台的不同给每份文案设计不同的标题。每个标题都要和主题相关，如果这是你的意图，就要告诉所有读者。如果你在企业网站上有个博客，可以在各个社交媒体平台的帖子里将读者输送过来，在帖子的结尾处放置一个博客链接。以下是在不同平台上的不同内容和标题，最终都引向了博客。

脸书发帖标题："更好更快写出制胜的谷歌广告！"

想要了解更多关于创作谷歌广告的内容，请查看最新博客内容，一步一步教会你怎样写好广告。你还会了解到如何为广告挑选正确的关键词。点击！
https://bestSEOpractices.com/blog/google-ads-creation

推特发帖标题："快速设计谷歌广告！"

查看快速发布谷歌广告的最新流程，让自己脱颖而出！点击下方链接了解更多信息！
https://bestSEOpractices.com/blog/google-ads-creation

领英发帖标题："5分钟写出成功的谷歌广告！"

了解设计谷歌广告的最新流程。你还会看到选择关键词的最佳方法，让自己在搜索结果中脱颖而出。
https://bestSEOpractices.com/blog/google-ads-creation

你可以在谷歌的支持页面中看到更多如何避免重复内容的信息：https://support.google.com/webmasters/answer/66359?hl=en。

所有社交媒体账号都应当是多渠道营销战略的一部分，帮助你的产品或服务在互联网上受到关注。为了达成这一点，就要写出简短、有趣、有信息量的内容，就像上面的示例所展示的，抓住读者的注意力，让他们沿着漏斗进入博客或登录网页。读过博客之后，他们也可以注册接收你发送的新闻简报或电子邮件。

图 15.1 展示的是漏斗是怎样利用社交媒体和博客为你带来客流的。

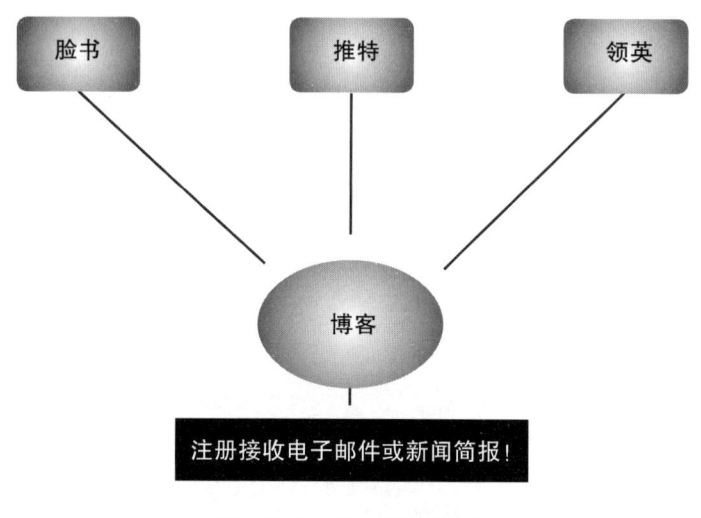

图 15.1　社交媒体漏斗

15.4——
社交媒体发帖注意事项

发帖是发表意见、分享内容、进行交流的方式。基本来说你可以自由发挥，想表达什么就表达什么，只不过有几条例外。YouTube、领英、推特、脸书还有博客都是允许评论的社交媒体。在脸书上，最有可能看到帖子的是你的朋友，当然其他脸书用户也会看到。推特上最有可能看到的是粉丝，领英上联系人会看到你的帖子和文章。

以下是在社交媒体上发帖的注意事项：

1 有目标。你是想表达自己的意见或感受吗？还是对当下的重大问题发表意见？是要分享建议、消息、注意事项或指南？你是想免费提供电子书之类的下载资源吗？还是要发起或参与什么有趣的话题？是要推广自己的业务和品牌吗？抑或是只想找点乐子？知道自己为什么要在脸书上发帖。如果想不清楚原因，为什么要做这件事呢？

2 创作时要有个性，就像是对读者单独说话一样。

3 在说俏皮话，特别是不敬言论时要格外小心。虽然有些人可能不在意，但如果你初来乍到，尺度可能很难掌握。人们想要更多地了解你，但如果满篇脏话，很多读者都会感到不快，并且会在社交媒体上抱怨你的发帖。对于绝大多数脸书用户来说，这样的字眼有害无益。

4 参与话题，并在适当的时候回应帖子下面的留言。社交媒体是双向互动的媒介。因此，它既可以产生参与和互动，也可以建立关系。

5 如果是在脸书上发布商业信息，应避免诸如政治、宗教、种族、性别相关的争议性话题。如果你分享的世界新闻或人物报道产生了负面效果，并出现具有倾向性的贬低、粗俗的评论，脸书可能会将你的账户暂停。

6 在帖子中用开放性的话作为结尾，鼓励读者反馈和评论。一些很好用的句子如：

"你呢？"
"你怎么想？"
"你同意还是反对？"
"你认为怎么样？——好、一般、不好、太糟了。"

15.5——
根据时间表定期发布内容吸引读者

你可以制定一个时间表来定期发布内容，比如每周二和周五更新。你甚至可以创建一个主题帖子，保证读者在某些天可以看得到。帖子要有趣味，同时将关注点集中在读者期待阅读的主题上。

比如，你可以在周一和周四发布关于搜索引擎优化（SEO）的原创内容帖。到了周三和周五，发布关于多渠道营销的内容。在每个帖子的结尾处，询问读者的想法。每个帖子都可以附上链接，指向当天与之相关的商业博客。

在脸书上交流的5个法则

还记得"网络礼仪"，也就是网络交流规则吗？我们需要"脸书的网络礼仪"这样一本手册，来告诉大家在这里讨论、发言或争论时如何表现得礼貌。

法则1：不要因为不同意对方的言论，就直言或暗示对方愚蠢。

法则2：如果对方发出了有数据支撑其观点的资源链接，不要简单地说是假的、伪造的、错误的。为什么呢？因为你不了解事实。这只是你的观点，可以用证据来支撑它。但如果只是说对方发出的文章、网站、研究或其他来源可靠的证据是胡说八道，且没有事实或逻辑支撑你的判断，那么胡说八道的只能是你自己。

法则3：如果对方脑子里的想法是不合逻辑的，那么无论你做什么都不可能用逻辑和理性的论述将他脑海中的这个想法去除。所以不要对此有妄想。这是一件没有结果的事，对你的时间和精力都是巨大的浪费。

法则4：不要用毋庸置疑的态度来阐述观点。所谓观点是：菲力牛排比切碎的肝脏好。所谓事实是：相比于菲力牛排，鲍勃·布莱更喜欢切碎的肝脏。

法则 5：正如作家哈伦·埃利森所说："实际上，你无权对所有事物发表意见。你只有权对了解的事物发表意见。"一般人只在少数几个领域掌握充分的信息。但你会看到他们在脸书上与人争论，在各个领域都说三道四。不要做这样的事。作家罗伯特·B. 帕克说："知道自己在谈论什么的唯一方法是只谈论你知道的事情。"

15.6——脸书

根据 Statista.com 的数据，2019 年第一季度，脸书在全球拥有 23.8 亿活跃用户。这一统计数字指的是在过去 30 天内至少登录过一次的用户。

SproutSocial.com 的报告指出，在全球范围内，脸书在印度的用户数量最多，达到了 3 亿人，超过美国的 2.1 亿用户位居第一。在确定自己最佳的目标市场群体时，可以去这些网站上，根据平台使用情况和诸如年龄性别之类的标签获得更多人口统计方面的信息。

1. 企业页面与个人页面

你可能已经有了一个脸书的个人账户页面，和家人朋友建立了联系。把个人生活和商务生活分割开来，这样营销业务会显得更加专业。

创建一个附属于个人账户的企业账户。

主页是展示公司名称和标识的位置。你还会看到可以推广页面、创建活动列表的位置。

2. 添加业务图片和信息

把所有高质量的图片都上传到企业账户的页面上——例如品牌标识、企业历史以及可为客户提供哪些东西，还有管理员简介图片以及联系方式等。可以根据脸书的指引完成这些设置。填好这些信息之后，就可以发帖了。

3. 制定发布时间表

最初每周至少更新两次，以此吸引读者和关注者。脸书很善于"催促"你发布帖子，这样你的业务才能持续出现在公众视野中。如果你有预算，可以使用脸书的广告功能将内容推送给可能感兴趣的读者。确定自己目标读者的人口统计学标签，其余的脸书都可以帮你完成。相对比完全不做广告，这样可以提高你的粉丝转换率。

SproutSocial.com 会对一个帖子中包括空格、标点符号在内的字符数给出建议。如果你不想花时间数字符，可以把文本放在免费的社交媒体字符计数器里：sproutsocial.com/insights/social-media-character-counter/。

4. 发布一条脸书的结构

1 用抓人眼球的标题开头，大约 5 个单词。

2 最多写两三段，每段一两个短句，一共约 80 个字符。

3 内容简短、有趣，符合标题内容。

4 添加与主题相关的图像、照片或视频。

5 添加与主题相关的博客、电子邮箱或新闻简报注册页（可选）的链接。

我在脸书上发帖的目的是引人思考，同时也是为了获得与这一主题相关的正面和负面评论。如果你的生意很小，是个单人的小买卖，可以发一些有趣的帖子，抓住读者的注意力。作为脸书商业页面上的企业，可以发表不带观点的帖子，鼓励读者以自己的观点进行回应。请看下面的例子。

第 15 章 如何撰写社交媒体文案 325

> **罗伯特·布莱**
> 5月9日
>
> 如果下次你犯了这类错误，一定要踢自己一脚，比如在简历上写错别字、约会迟到或是把肉烤煳。要知道在美国，每年大约会有 200 多起事故是因为外科医生给病人做错了手术。一位曾给我父亲做过腿部手术的外科医生，多年后切错了另一位病人的脑子。（来源：《哈珀》杂志）。
>
> 😮👍😢 55　　　　　　　　　　　25 评论　2 分享

> **罗伯特·布莱**
> 5月8日
>
> 根据《工业设备新闻》2019 年 7 月 5 日的一篇文章，世界上工资最低的制衣工人在埃塞俄比亚。他们一个月的收入是 26 美元，而当地一个月最低的生活花销是 110 美元。与此相比，中国的制衣工人月薪为 340 美元。主流服装品牌如 H&M、Gap 等在埃塞俄比亚雇用了数以万计的制衣工人，其中多数人仅凭 26 美元的月薪无法供养家庭，甚至撑不过一个月。在我看来，这个世界似乎出了问题，而这只是众多例子中的一个。
>
> 😢👍😮 58　　　　　　　　　　　29 评论　5 分享

这一条得到了很多情感上的回应。

> **罗伯特·布莱**
> 4月29日
>
> 再忙也要抽出时间经常去看望年长的亲属。很多住在养老院里的人既无聊又孤单，如果有家庭成员前去探望，他们会非常高兴，提醒他们依然有人爱着自己。
>
> 👍❤ 119　　　　　　　　　　　22 评论　7 分享

15.7——
领英

领英主要是帮助商务人士互相取得联系、建立商务关系的网站。如果你想联系某一类商务专业人士，在取得联系之前，要对他们的专业有一些了解。提前研究会带来很多重要信息，学会说对方的"语言"，以此获得初步的接触机会。

这不是为家人朋友提供聊天服务的地方。在这里看不到孩子，所以如果你想向父母和孩子推销玩具，这个平台可能不适合你。

但是，你可以在这里找到帮助你推销产品的专业人员，或是搜索引擎优化方面的专家，他们可以帮助你提高网站浏览量和广告效益。

1. 创建商务简历

在领英上可以创建一份个人商务简介。我附上了自己的领英资料页面文本，这是一种我认为较为有效的商务简历结构。以下是简历提纲：

在名字下方是一句话摘要，说明我是谁，是做什么工作的。请注意，这句话不仅说明我是谁，也说明了我能为客户带来什么。

我没有准备标准的头像照片，而是选了一张我的书的封面。这样做既可以让我脱颖而出，还会强化我作为该领域公认专家的品牌。

向下拉会看到"文案创作让我感到兴奋"这一段。这段话传达了我对自己职业的热爱以及我的目标，即为客户带来销售业绩，而非仅仅沉浸在创意中。

我将自己的职业技能以及所从事的工作类型都按条列出，字符全部大写（例如内容营销），显得更加醒目。

每一部分内容都有简洁的一句话概述，这样整个列表文字都不多，看起来很干净，容易一眼扫过。

在分条信息中，我没有把重点放在项目名称上，而是给出了非常具体的结果并附上了数字。数字可以吸引读者，而对潜在客户来说结果才是最重要的。

虽然在名字下方有个按钮，可以给我发送信息，但在分条栏目结束后我还是写上了电话号码，欢迎来电。添加一个电话的标志有助于吸引人们的目光。

鲍勃·布莱 · 3rd

广受认可的直复文案创作者，撰写创造销售纪录和提高营销投资回报率的文案

纽约都市圈 · 500+ 联系人 · 联系方式

联系 更多

鲍勃·布莱
罗切斯特大学

关于我

文案创作让我感到兴奋……兴奋之处在于通过写作推广，我可以为产品带来更多领先优势、订单和销售额，且效果比之前用过的推广方式都要有效。

▶线下文案创作专家：40 年来，我撰写了大量成功的直邮平面广告；作品曾获 DMA 国际金回声奖（Gold Echo），创造了 570 万美元的销售额。

▶邮件营销：我每月会测试大约 100 万封电子邮件，能第一时间掌握电子邮件营销的最新动向。

▶信息收集页：我的信息收集式登录网页可以迅速建立选入名单，并获得高达 72% 的转化率。

▶登录网页：我知道如何利用登录网页和销售视频将冷流量和热流量转化为销售量；其中一次产生了 32% 的转化率。

▶网页：我撰写的主页清晰且引人注目，传达贵公司独特的销售主张，同时提高行动召唤转化率。

▶内容营销：我可以撰写白皮书、特别报告、文章、博客以及其他内容以支撑营销活动。

专长于：
>> 直复文案创作。
>> 电子邮件营销。
>> 登录网页。
>> 信息收集页。
>> 网页。
>> 直邮。
>> 平面与线上广告。
>> B2B 市场营销。
>> 工业营销。
>> 高科技市场营销。
>> 健康产品。
>> 金融产品。
>> 信息产品。
>> 内容营销。

✪如需对您手中的文案写作项目进行免费、无门槛式评估，请致电鲍勃·布莱，电话是 973-263-0562。

2. 发布领英消息

领英的浏览者喜欢看图片，但猫咪的图片和视频在这里可能没什么效果。最好是使用专业图片，如果你有艺术方面的天赋，也可以放一些抓人眼球的有趣图片。与此前相同，所有使用的图片都要与主题内容相关。以下是在领英上发布消息的方法。

1 标题聚焦主题内容。

2 具体内容添加几句话，大约 50 到 100 个字符（包括空格），抓住读者的兴趣。

3 添加品牌标识或与主题相关的图片。

4 在文末添加链接，供人们点击进入登录网页或博客，看到更多关于这一主题的深度内容。将行动召唤（CTA）的内容放在这里。此处有几个来自我的业内朋友的样本。你会发现它们都很简短，但很有效果。

> 希瑟·劳埃德 - 马丁 Heather Lloyd-Martin
> 搜索引擎优化（SEO）文案创作培训师　旅游 |B2B| 市场营销 | 出版
> 商务培训教练主讲人　早期搜索引擎优化从业者
> 10 个月前·编辑
>
> 感觉自己是"因为谷歌希望这样"而必须发布大量内容？好消息是，你可以放松一点儿。原因是：
>
> **应当多久更新一次内容？**
>
> 应当多久更新一次内容？——成功案例
> Seocopywriting.com

迈克尔（迈克）·斯泰尔兹纳 Michael (Mike) Stelzner
社交媒体调查与社交媒体营销世界 CEO 兼创始人，
社交媒体营销播客主理人 《投放》（*Launch*）作者
1 年前·编辑
如何制作领英视频广告 https://lnkd.in/gc8DWx4

How to Create LinkedIn VIDEO ADS

www.SocialMediaExaminer.com

如何制作领英视频广告：社交媒体调查
https://www.socialmediaexaminer.com

15.8——

推特

你可以将推特用作个人页面或商务页面，或是二者兼顾。推特是一个更加非正式的平台，只能发布最多 280 个字符的"短讯"以及一个链接。分享的内容取决于你，但要尽量减少字符，最好不要超过 100 个。如果信息有两句话那么长，内容简洁会更容易阅读。

推特的话题标签放在关键词或短语的前面，有助于搜索该主题的人找到你的帖子，并且与其他符合该话题的帖子归并到一处。本质上讲，这是一种对推文进行编码的方式。

例如，"# 酮"这一标签可以帮助对生酮饮食感兴趣的人找到你的推特信息。

标签名称越精准、越具体，就越能吸引你想找到的潜在客户。因此，如果你销售的是生酮饮食信息，"# 酮"的标签能比"# 减肥"或"# 节食"带来更多优质的浏览人群。

标签不是推文。它只是告诉推特用户你的推文是关于哪方面内容的。因此，如果你想找到讨厌或喜爱唐纳德·特朗普的人，可以使用"#特朗普"。

在使用标签之前，先搜索一下，看看哪个标签最受欢迎，这样你的推文在该类别中也会更容易被人看到。

15.9 总结如何使用社交媒体平台

当你在某个平台开设新主页的时候，花点儿时间看看上面的帖子，尤其是那些热门的帖子是怎么写的。这样就能得到一个平台整体的"基调"，便于自己融入其中，且能以自己的方式脱颖而出。

如果你使用社交媒体的目标是为了多渠道营销，那么内容可以是业务内容与个人信息的组合体。

如前所述，与商务相关的内容可以为读者提供数据、内容链接、指南、提示、新闻或目标市场趋势。这些内容可以表明，你是个能提供价值的专业人士。

个人部分的内容就是所谓网络透明度效应。人们想知道更多关于你的信息：你的个人、家庭、旅行、爱好、兴趣、参与的活动等。

如果你使用社交媒体是为了推广业务，我建议你远离有争议的话题，如宗教、性别和政治。

为什么？因为这样可能会损害你的声誉，失去粉丝和潜在客户。如果你个人不喜欢宗教，或是你不相信上帝或耶稣，那么那些虔诚的基督徒会是什么感受呢？发表这样的观点可能会冒犯和激怒很多朋友、粉丝和联系人。

还记得萨尔曼·拉什迪出版《撒旦诗篇》(*The Satanic Verses*)时的遭遇吗？当时有人对他的生命造成了严重的威胁。虽然你的一条推文不太可能造成这样的效果，但即使是一条评论也足以引起他人的愤怒，损害你的声誉。

请记住，一旦某种东西放到了互联网上，人人都会看到，且可能极难删除。

还有更多的平台可供选择，如 Pinterest、Instagram、Snapchat、Flickr、Nextdoor（专注于社区）、Foursquare、Myspace、Tumblr 等。最后要提到一点，这些平台很多都有手机版，浏览人可以随时与社交媒体平台上的人联系。

记得看看手机版中各个社交媒体上帖子的呈现效果。如果有地方看起来不对劲，要尽快修改，直到你满意为止，然后分享出去。

资源

公版免费图片	
（一定要阅读使用条款，并且向平台管理者询问）	
· Unsplash.com	· Reshot.com
· Pexels.com	· Foodiesfeed.com（美食图片）
· Pixabay.com	· Picjumbo.com
· StockSnap.io	· Lifeofpix.com

Canva.com（照片、图片、图表、标识以及其他设计元素）
你可以在 Canva 上调整图片大小以适应各个社交媒体平台的需求。查看为你使用的社交媒体平台列出的图片模板。

字符空间计数工具
sproutsocial.com/insights/social-media-character-counter/

第 16 章
视频文案：视频正在占领营销世界

WRITING FOR
VIDEO

视频正在占领营销领域和整个世界。根据思科（Cisco）的一项研究，2019 年视频将占所有在线流量的 80%。85% 的消费者观看你的视频后更有可能购买你的产品。自 1979 年以来，我一直在编写视频脚本，在本章中我会分享最佳实践。

16.1——
视频脚本的类型

视频脚本的范围可以从超级碗比赛中场休息时播放的 60 秒广告，到长达 1 小时的视频销售信（VSL）。以下是脚本的几种类型。

1. 60 秒电视广告

当几个广告在节目间隙一起播放时，视频也可以被剪成 30 秒或 15 秒以缩短观看时间。这一类型的视频包括啤酒等饮料、食物和餐馆的品牌广告，还有汽车、家庭保险、家装广告等。

2. 说明性视频脚本

说明性脚本的时长一般是一两分钟，主要是解释一家公司能为客户做什么、某件新产品如何使用、为什么客户需要某项特定的新服务。在整个视频中，一个人要么在屏幕中讲话，要么在背景音中讲话。例如，一家软件即服务公司（SaaS）面向牙医诊所推出了新软件平台，可将所有业务整合在一起。该公司的董事长在第一个场景中提出了牙科诊所面临的问题。随后他提出了解决方案，也就是观众在视频中看到的内容。这个视频演示了软件的运行情况，显示了可以从该软件中打印出的报告清单。

3. 访谈视频脚本

这种类型有多种制作方式。采访人首先为每个部分准备一个结构性脚本。这有助于摄像机适时从摄像机 A 切换到摄像机 B。你可以回忆一下在新闻发布会上对总统候选人的采访情形。

接下来，拟定一份向受访者提问的引导性清单，并将其提前交给受访者，这样对方可以准备好回答内容。受访者也可以把回答内容写出来，这样在允许的时间范围内，比如一共 15 分钟，所有脚本内容都确定了下来。

可以使用提词器，将其放置在摄像机水平高度的后方。这样一来，被采访者既能记起问题的答案，又可以面对观众（摄像机）和采访者说话。

4. 企业脚本

公司董事长想制作视频来展示去年财务方面取得的成功，所以这样的脚本要涵盖财务报表的各个方面。董事长可能会面对镜头讲话，但同时也要将报表的各个组成部分做成饼状图、柱状图来维持观众的兴趣。

此外，如果董事长在镜头面前状态很好，那么整条视频都可以由他来出镜，中间穿插相关的柱状图、表格和饼状图。

5. 培训脚本

很多公司会给新员工制作培训视频，帮助他们快速上手公司内部软件、提交报告。培训视频中还包括优秀案例、企业文化、行为准则以及哪些行为会遭到解雇等内容。

这些只是他人有可能雇用你创作的几种视频脚本类型，还有很多营销人员会为自己的网站制作视频，使其更富有个人色彩。视频曾是有巨额营销服务费和产品预算的公司独享的东西，现在已经变得简单且普及。只要有想法，任何人都可以撰写脚本、制作视频。

6. 在线视频脚本

如今网页上的在线视频时长都很短，平均只有 2 到 3 分钟。B2B 的视频平均时长为 4 分钟，大约有一半的观众会看完视频。二级页面上的视频，特别是涉及产品及应用的视频可以达到 5 到 7 分钟，甚至更长。

至于脚本的长度，可以按每分钟 120 个单词计算解说词。一个 10 分钟的脚本就要有 1200 个单词，相当于 Word 中 12 号罗马字体双倍行距 5 页纸的内容。

撰写视频脚本的最佳准则是："一个演讲，一个主题。"视频应当只谈一个产品、一个想法或一种服务。毕竟在观众注意力减弱并关闭离开之前，你讲述的时间非常有限。

16.2——
怎样开始写脚本

在本节中，我会告诉你怎样筹划脚本并开始创作。假设你受雇于一家机构，为 SaaS 制作广告，这家软件公司开发了一个新的软件平台供牙医诊所使用。

合同中应该已经明确了客户会向你提供创作脚本所需的可用信息，包括已经完成的故事板，这些可以对你的写作起到指导作用。

创意摘要

客户会给你一份创意摘要，概述视频主题相关的所有内容，你可以据此搭建脚本。其中包括视频要如何拍摄、谁会参与其中以及是雇用演员还是由公司雇员出镜。这里有一份比较典型的清单，列出了搭建脚本之前你需要了解的内容。

1 这家软件公司希望告诉大家什么？（买产品、买服务，还是注册哪些信息？）

2 这项服务或产品能为客户解决什么问题？

3 视频要在室内拍摄还是户外拍摄？

4 顾客在何处可以获得产品或服务？

16.3——
搭建脚本

我们将新的软件平台称为黑豹（PantherWorks），开发它的软件公司称为毕德摩特（Biedermort）。假设出镜讲话的只有一个演员。视频的拍摄地点是真实的牙医办公室，只不过牙科诊所的名字可能不会显示。办公室是适合展现背景信息的地方。我们搭建的是一种视听格式的脚本。你还需要知道视频大致的时长。

如果客户没有故事板或大纲，你可以自己写一份来指导脚本创作。可以称之为大纲式脚本，但实际上脚本还没有写出来。请看下面的例子。

场景	画面	声音
1	画面淡入黑豹软件的标识图片。	画面出现标识或软件首页时背景音乐响起。
2	画面淡出，淡入讲解员站在牙医办公室的画面。另有两个同事坐在办公桌的电脑前工作。	讲解员开始讲述毕德摩特从各家牙医诊所那里听到的共性问题。指出这个问题现在已经解决了。
3	镜头切换，展示程序首页页面，展示报告从何处调出。	讲解员介绍黑豹软件是如何将软件集成的。所有信息都可以从这个平台上即时调取。
4	屏幕上显示多份不同类型的报告，打印出来平铺在桌面上。其中包括时间表、库存和月收入报表。	讲解员继续展示如何通过输入少量信息来定制报告。
5	镜头转回办公室，工作人员微笑着对产品竖起大拇指。屏幕下方出现网站地址。	讲解员转向镜头，表示需要咨询可以拨打某个号码，或是访问屏幕下方显示的网址。

始终将观众所看所听记在心里。站在对方的角度,感受他们看到视频、听到讲解时的感受。

16.4——
如何写脚本

一旦有了结构,就可以给每个场景写一句话,提醒自己要涵盖哪些内容。这有助于指导你创作脚本。

1 无论给哪种类型的视频写脚本,都要注意一件事:了解目标观众是谁(比如牙医和办公室工作人员)。

2 从简要介绍开始,每个字都不浪费。用一两句话来表达一条信息。稿件整体不超过 2 页,每分钟 100 至 120 个单词。

3 简洁有效地写作。不要花言巧语或用很多外来词汇。让脚本看起来简简单单。

4 在与观众对话时使用"你"这个词。

5 展现问题是什么,如何解决或是怎样能够解决。

6 展示使用该产品或服务之后,生活会变得更好或更轻松。

7 召唤行动,展示如何快速获得该产品、服务,或是如何注册,给出电子邮件地址或咨询方式。

16.5——
脚本搭建完成后

大声朗读,如果你愿意还可以把读的内容录下来,回放听听怎么样。用智能手机录音是个简单的办法。你可以给每部分计时,看看搭配视频中画面的情况如何。脚本的节奏和速度要自然，既不要太快也不要太慢，以免听着听着就睡着了。我们搭建了一个样例脚本，这样你就可以看到它是什么样的了：

标题：更高效更完善的牙科诊所！

时长：4 分钟

产品：毕德摩特公司的黑豹软件平台

场景	画面	声音
		（背景轻音乐贯穿全片）
1	画面淡入，黑豹软件的标识图片。	嗨，我是毕德摩特的詹姆斯·法勒，今天，我将向你展示牙科诊所如何更高效更完善地运转。 你的同事是否需要花费15分钟才能整理好你需要的下一位病人的信息？时间太长了。 这是在浪费时间和金钱。这段时间本应当用来医治病人。 但这不是同事的错。而是用错了工具。
2	标识淡出，淡入讲解员站在牙医办公室的画面。另有两个员工坐在电脑前。	过去两年中，我们不断从牙医和牙科诊所员工那里了解到，为了找到需要的信息，他们要翻阅大量的数据资料。 想把病例全部整理好简直是一场噩梦。 每天都需要调取治疗记录、医嘱、医学研究成果和办公室报告。需要的时间太长，办公流程非常缓慢。 所以，我们毕德摩特解决了这个问题，开发了黑豹软件。这一平台运行快速顺畅且易于操作。它能改变你的生活。

场景	画面	声音
3	电脑屏幕上出现软件打开的指定页面。	黑豹不需要你访问多个老旧、过时的数据库。 一旦将所有信息和数据更新整合，就不再需要在多个数据库中进进出出，消耗大量时间。 所有重要的信息和数据都从一个地方调出，只需轻轻敲击几下键盘。
4	报告放在桌面上，其中包括时间表、库存和月收入报表。	只需按下回车键，几秒内即可打印报告。 我们还有定制化报告服务，不用你担心。 想制作新的周报吗？告诉我们，我们可以帮你整理好，上传到你的平台上。 它很快，易于操作，我们还可以为办公室里的每个人提供初步培训，因此，在培训结束后，平台立即可以发挥作用，供大家使用。 在我们的网站上有培训视频，你永远都可以获得帮助。如果有问题，我们会为你解答。
5	工作人员微笑着竖起大拇指，淡出。屏幕下方出现网站地址。	（讲解员与牙科诊所的牙医握手——讲解员转身面对镜头） 如果你想了解黑豹，请立即致电×××-×××-××××。我们会安排时间造访你的诊所，上门为你和你的同事提供咨询服务。 想在网上了解关于我们的更多信息？请访问Biedermort.com/signup/ 与我们联系。迫不及待想要助你在这一领域更进一步！请致电×××-×××-×××× 或发送在线消息给我们！

16.6——
视频销售信

视频销售信最初只有一块白屏。此时，你会看到屏幕上出现了一句话，画外音也在说相同的内容。通常来讲只有一句话，有时会是两句。

这类视频都比较长，主题一般涉及健康或金融行业。但实际上任何主题都是适用的，唯一的危险是，这样的视频太长，中途会失去观众的注意力。

视频剪辑可以短一些，但对直接回应营销来说，视频销售信通常是 15 至 45 分钟甚至更长，脚本大约在 2000 到 7000 个单词。

视频销售信与静态（登录网页或印刷品）销售信的关键区别在于：潜在客户可能会多次阅读传统的文本销售信，如果有需要还会重读部分内容。而且他们经常这样做。但面对视频销售信，他们只能直接观看整个视频，无法选择想要观看的部分。

考虑到这一点，这里有一些撰写有效视频销售信的准则：

1 从一开始就要抓住观众的注意力，用打破常规的话作为开头。让他们感到震惊。震撼他们。

2 讲一个引人入胜的故事，带着观众听下去。超级营销专家迈克尔·马斯特森称之为"天鹅绒滑梯"。

3 保持简洁，注意信息密度，即一页纸中的事实数量应该比基于文本的推广少 20% 左右。

4 多用短句，尤其是短词。我不会使用超过 9 个字母的单词。

5 段落简洁——几句话即可。这样的文字在视频中更易阅读。

6 如果想显得戏剧化或证明某个主张，可以在视频演示中添加图表或图形。即便只有几秒钟时间，图表也会给人一种证据充足的感觉。

7 简明扼要地说明产品解决了哪些问题，这部分要体现在视频销售信的先导部分，而且一定要在前一两分钟内跟进解释解决方案。如果让观众等太久，只会令其厌烦并关闭离开。

8 一句话中不要超过两个数字。如果出现这种情况，至少去掉一个。

9 配音的语气要积极乐观，潜在客户听到的只是一个读文本的声音，这个声音听上去要显得很权威。

在我谈到视频销售信的时候，总会有人反对："太长了！我都会关闭离开。谁会坐在那里看 30 分钟？"

但实际有很多人会看下去。为什么这样说呢？测试反复证明，视频销售信比静态登录网页的转换率更高。

如果你依然因为不喜欢而对视频销售信心生反感，我就要引用王牌文案写手彼得·帕奇的一句话了："不要让个人偏好成为障碍。"

16.7——

资源

1. 音域（The Voice Realm）

把脚本上传到这个时间计数器上，也就是进行所谓录音估算，这样可以了解你的脚本会做成多长时间的视频。

https://www.thevoicerealm.com/count-script.php

2. 白板动画视频（Whiteboard Animation Videos）

这些软件平台可以为视频创作提供一些预置的人物、背景以及桌椅、时钟之类的摆件。你可以将这些组件放置在页面上创建自己的场景，运行时平台会将它们"绘制"出来。

VideoScribe：https://www.videoscribe.co/en/Whiteboard-Animation

Renderforest：https://www.renderforest.com/whiteboard-animation

Animaker：https://www.animaker.com/blog/how-to-create-whiteboard-video/

Rawshorts：https://www.rawshorts.com/

Explee：https://explee.com/

如果你想从头开始自己创作视频，可以使用以下程序。

3. 视频编辑软件

Windows 10 视频编辑软件

Adobe Premiere Pro（如需要，还可以打包或单独购买 Creative Cloud 软件包）

苹果 Final Cut Pro X（适用于苹果电脑）

Adobe Premiere Elements（对新手更加友好）

# 第 17 章
内容营销文案：当今营销的热门领域

WRITING FOR
CONTENT
MARKETING

内容营销——通过提供免费信息建立自己的品牌，提高读者对营销活动的反应，转换更多的在线流量，让潜在的客户了解你的技术、方法、产品和服务，是当今营销的热门趋势之一。

其他营销手法也在增加这方面的投入，其中包括在线视频、社交媒体、二维码、搜索引擎优化、实时在线聊天、信息图等。2017年8月，苹果公司宣布将拿出10亿美元投资原创内容。

"内容营销"这一术语应该是在1996年美国新闻学会约翰·F.奥佩达尔举办的记者圆桌会议上提出的。这意味着"内容营销"从提出至今已经过去了20多年。

但事实上，内容营销的实践远远比20年要长。它只是给一个古老的方法起了新名字。我个人已经做了近40年的内容营销，而一些营销人员在这方面花费的时间甚至更长。

1980年，我第一次涉足内容营销领域。那时，我是科赫工程公司（Koch Engineering）的广告经理，这是一家由已故的大卫·科赫持有和经营的工业制造公司，当时他作为自由党副总统候选人，还不太为人所知。后来他的名字变得家喻户晓，他成为臭名昭著的"亿万富翁科赫兄弟"的其中之一。

我们销售的产品之一是各式各样的"塔式内件"。其中一种内件是"托盘"。这是些圆形的金属盘，表面上有封顶的开口。托盘放置在炼油塔内，以提高原油蒸馏成煤油、汽油、加热油、喷气燃料和其他石油产品的产量。

为特定的炼油厂设计特定的托盘是一项高技术性的任务，在炼油厂工作的工程师们需要了解如何正确地操作。

为了提供帮助和指导，我们制作了一本设计手册，并称之为"托盘手册"。每本手册的印刷和装订费用为几美元。手册设计了硬质封面，螺旋式装订，配有各式托盘的折叠式图纸。顺便一说，这本托盘手册并不是我的主意，也不是我设计的；我加入公司时，它就已经存在了。

托盘手册大受欢迎——它是迄今为止最受欢迎的文字材料。它是这样使用的。首先，通过免费提供有价值的技术手册，我们收到了很多广告咨询。其次，它帮助潜在客户确定了自己想要的配置，并按照我们的建议完成定制设计，自然而然就从我们这里订购了托盘，而不会去我们的竞争对手那里。最后，这本手册帮助科赫公司成为炼油厂蒸馏领域的意见领袖。

那个时候，我们还不叫它"内容营销"。我们称其为"免费赠送信息"。操作方式都是一样的，只是我们没有给它取名字。

人们使用内容营销手法已有一个多世纪。克劳德·霍普金斯为了测试印刷品广告的效果，曾在广告中附赠提供免费信息的小册子。

1916年，金宝汤公司（Campbell Soup Company）开始用内容营销来推广其汤品，提供免费的菜谱小册子，并在菜肴中使用金宝汤。

在那段时间，这种免费内容就叫"免费的小册子"。到了20世纪后期，营销人员称其为"饵料"，因为小册子或其他免费信息有助于"吸引"潜在客户。

什么是饵料？

图17.1 营销人员用提供的免费内容做"诱饵"以获取潜在客户。基于这个原因，免费小册子和其他免费内容也被称作"饵料"。如今，人们称其为"销售线索磁铁"

今天说到"免费内容"的首选术语是"销售线索磁铁",原因是有价值的免费信息就像磁铁一样,吸引人来看广告,督促他们进行回应,索要白皮书或其他免费内容。

关于内容营销的效果,有各种意见和测试。让我来总结一下我的经验,只有简单两点。

首先,我不记得有哪次 B2B 或 B2C 营销活动中不涉及免费提供信息的工作。

对 B2B 而言,销售线索磁铁主要是提议,促使潜在客户回应。对 B2C 而言,免费内容往往是作为购买产品的额外奖励。

其次,平均而言,在 B2B 营销活动中增加销售线索磁铁,相较于没有提供免费内容的营销活动,其咨询量往往会翻倍甚至更多。

另外,根据 FierceCMO 在 2016 年 10 月 3 日的民意调查,4000 多名《福布斯》杂志的读者认为,如果让消费者考虑购买一个特定的品牌,品牌内容信息比付费广告的效果要高 9%。

在以往 B2B 营销的好日子里,我们一般建议提供一本"免费的彩色小册子",上面是关于产品销售的信息。这在当时是有效的。但现如今,如果你还可以提供对对方工作有用的免费信息,潜在客户的反馈会更好。

17.1——
7 个最常见的内容写作错误

1. 平庸的写作水平

在很多机构中,如果将从事写作的人与其他人进行比较,进行内容创作的人很难受到尊重,始终处于底层。

原因是:技术性越强的技能(如软件工程)能做的人就越少。但写作是一种软技能：每个人都写作，正如安·汉德利的《每个人都在写作》（*Everybody Writes*）的书名所示。但这是实情吗？大家的写作水平如何呢？

于 2018 年去世的高产作家哈伦·埃利森曾对我说："人们认为他们的开车水平比范吉奥还厉害，路上的其他人都不行；他们比唐璜还风流，每次都能取悦床伴；他们还特别能写，比斯蒂芬·金写得好，比狄更斯写得好，比荷马写得也好。而事实上，这是世界上最难做到的三件事，只有极少数人能做好其中一件事，更不用说三件都做得好了。"

2. 平庸的研究水平

如今的内容越来越像是"谷歌大杂烩"。作者使用谷歌迅速查找一些关于该主题的文章，迅速凑成一篇新文章，其中没有原创性或一手的知识，没有任何新知识，也没有新想法或洞见。

在某些情况下，它确实可以成为很好的点击诱饵。但实际上，这有什么意义呢？你所做的只是让当今网络上失控的"内容污染"的乌云又新增了一片。

3. 走捷径

内容分为四个层次，从低到高分别是：为什么、什么、如何以及帮你完成。

最基础的形式是告诉人们为什么要做某件事（例如，为什么你应该搭建一个内部呼叫中心）。

这一主张可能很有说服力，能帮助读者做出重要的决定。但这是一个"是"与"否"的决定，没有提供进一步的帮助。

下一步是告诉对方应该做什么（例如，规划和实施内部呼叫中心的 7 个步骤）。你需要列出行动计划的详细步骤，但仍然不知道每个步骤要如何执行。

再往上一层，就需要告诉对方如何做，只不过这些往往只是提示，不会具体到每一步怎样做。尽管如此，此时也有了可操作的步骤或思路，指向明确的结果：一个具备使用功能的呼叫中心。

在内容创作的最顶端是帮你完成。例如，如果你告诉读者他需要预先写一个脚本，就可以提供电话销售脚本的模板或样例，便于修改为适应对方需求的内容，为对方节省时间和金钱。

因此，很多内容营销写手只采用了最简单的方法，告诉读者要做什么以及为什么要做。更有力的内容是向读者展示如何做，以及在可能的情况下帮助对方完成一些工作。

4. 没有向相关专家进行访谈或事实核查

尤其是技术性内容或与公司独有的方法、系统相关的内容，写手只掌握表层信息。但他们往往需要更深入地研究才能写出特定的内容。专家可以进行讲解，至少能给出准确的解释。

5. 内容创作者不了解手头要撰写的主题

应当让拥有相关学位、培训经历或从业背景的写手加入进来，他们的专业知识可以在其中起到重要作用。

例如，我有一个化学工程的学士学位，因此在化学工业相关的写作中具有优势。我并不了解客户产品的细节。但我可以采访专家、工程师，他们见到我也会很轻松，因为我们有相同的背景，我听得懂他们的专业术语。

6. 出处不详

如果你在文章中提到，全美 35% 的公司都拥有内部呼叫中心，客户就会想知道这个统计数字的来源。如果你是在网上找到的，请注明来源和完整网址，可以标注在文章中或脚注中。

将信息来源标注清楚，无论它是来自行业杂志、协会会议发表的技术论文、客户网站，还是某位专家的采访内容。如果是被采访人提供的信息，你就需要在网络上核实一下，确定其准确性。

7. 内容纯粹来自主观意见

当然，你可以发表意见。但最好是以证据为基础，并配有统计数据、图表、例子、逻辑论证和事实支持。作为营销人员，不仅仅是提出观点，而且要证明观点，否则读者是不信服的。

17.2——
4 种内容格式

潜在客户通过四种模式来吸收内容：读、听、看和做。但你并不知道他们更喜欢哪一种。

出于这个原因，你需要制作多种格式的内容并结合起来，涵盖这四种学习模式。这样一来，潜在顾客一定可以得到自己最喜欢的格式内容。下面的表格中列出了不同学习模式适合的内容格式。

读	听	看	做
书	音频 CD	DVD	工坊
电子书	MP3	MP4 线性视频	课程
白皮书	播客	幻灯片	训练营
博客	网络广播	视频	静修
电子新闻简报	演讲	信息图表	会议
网络课程	研讨会	照片墙	软件
文章	在线研讨会	具有交互功能的网络广告	演示

我无法在一章中详尽解释表格中的每一项，这是一本书的内容。因此在本章中，我选择了三种较为有效的内容营销策略：白皮书、博客和个案研究。在本书之前的内容中，我们也介绍了诸如视频（第 16 章）、社交媒体（第 15 章）和公共关系（第 14 章）等其他重要的内容营销方法。

17.3——
白皮书

根据 Constant Content 的数据，50% 的营销人员认为白皮书是很有价值的拓展销路的工具。超过 49% 的 B2B 买家会根据白皮书进行技术采购。

多年来，我看过很多直邮和电子邮件的测试结果，如附上免费内容，回复率会提高 10% 到 100% 甚至更多。然而，我认为我们需要拓宽提供免费内容的思路，也就是白皮书起到的作用：利用免费的信息培养潜在客户，敦促他们咨询我们的产品或服务。

首先，我认为不是白皮书本身令人厌烦，而是这个名称让人厌烦。"白皮书"对一部分潜在客户来说就是一种推销意味明显的工具。由于世界上几乎所有的白皮书都可以免费获取，作为一种赠品它的价值感很低。

解决方法是在营销活动中继续使用白皮书，但给它换个名字。邮件列表代理人伊迪丝·罗曼出版过一份邮件列表的印刷目录。但她没有称其为目录，而是叫"直邮百科全书"。提供这样一份直邮百科全书为其带来了大量业务咨询。

文案写手伊万·利维森将他的白皮书称为"指南"。营销人员大卫·耶尔称其为"执行简报"。我更偏向于称之为"特别报告"。在针对消费者的营销中，营销专家乔·珀利士建议称其为"消费意识指南"，对于提供产品选择指导的 B2B 白皮书，我会将其改名为"买方指南"或"选择指南"。对于提供流程提示或说明的白皮书，我可能会称之为"手册"。如果你制作的是适合放在 10 号信封中的印刷版，而且是骑缝装订的，可以称之为"免费的小册子"。

你觉得销售线索磁铁叫什么重要吗？我认为是重要的，因为如果将其称为报告或指南，就会给人一种有价值的感觉——毕竟有数以千计的出版商实实在在地售卖特别报告和小册子，价格为 3 到 40 美元，甚至更高。我经常会在封面的右上角写上报告的美元价格，这会增强这一赠品的价值感，如果打上一个白皮书的文件名就没有这样的效果。

有人会抱怨，客户要读的东西太多了，这种观点要如何看待？我想起了拉瑟福德·罗杰斯的一句话："我们淹死在信息中，却仍对知识感到饥渴。"互联网上的信息即便是活 1000 次也看不完。

但是优秀的白皮书不仅仅是提供信息，它们在为商业和技术问题提供解决方案。实际上，你的每一笔销售都是因为有人认为你的产品或服务解决了他们的问题。白皮书可以把问题讲清楚，并且使读者相信，你的思路或方法是解决该问题众多选项中最好的一个。

每个营销活动都有目标，但如果你问大多数经理人制作白皮书的目的是什么，对方很可能难以回答。大部分人只是将白皮书视作网络谷歌资料的集合体。为了使你的白皮书获得成功，在落笔之前一定要确定营销目标。

例如，某个制造商发现顾客对他们的自助式地下洒水系统套装兴趣缺缺，原因是房主认为要自己安装灌水系统实在太难了。解决办法：制作一本免费的 DIY 手册，介绍如何在一个周末的时间内安装好一套地下喷水灭火系统。手册文字简明，图文并茂，一扫人们的畏难情绪。

在前互联网时代，洒水系统的"饵料"只能通过纸张和墨水制作。如今已经是个人电脑和互联网的时代，"饵料"可以呈现为 PDF 文件的形式，在网上即时下载。但在接收端，潜在客户往往还是会打印在纸上阅读。

也许让人厌烦的不是免费的内容，而是在 8.5 英寸 × 11 英寸的纸上用黑色墨水写了几页的标准的白纸格式。为了使你的"诱饵"脱颖而出，可以考虑使用其他格式：DVD、CD、U 盘、播客、网络研讨会、远程研讨会、闪存卡、贴纸、海报、软件、游戏或滚动指南。

滚动指南是一种卡片板类的宣传品，潜在客户可以通过移动或滚动进行一些简单的计算操作（例如将英寸转换成厘米或是计算月付抵押贷款）。

一般白皮书有 6 到 10 页，大约 3000 至 4000 个单词，但不必拘泥于这个长度。你既可以写得更短也可以写得更长，这取决于你想呈现哪些内容，还有饵料的营销目标。饵料既可以是简短的印在单页纸上的提示清单，也可以像一本自费出版的平装书。

几十年来，营销一直在提供免费内容，它非但没有衰亡，反而被赋予了新生命，这要部分归功于互联网催生的以信息为导向的文化。大卫·米尔曼·斯科特写道："每个机构都有特殊的专业知识，在全新的电子市场中具有价值。机构可以通过提供内容，在客户、员工、媒体、投资者和供应商那里换取可信度和忠诚度。"

17.4——

利用白皮书进行营销的 9 个步骤

本节将为你展示如何为你的产品或服务策划白皮书营销活动。策划的要素包括：

1 目标市场——有着相同问题的买方群体，包括他们的人口特征和心理特征情况。

2 明确问题——明确你的产品能够帮助这些买家解决的问题。

3 明确解决方案——为什么你的产品或方法是卓越的解决方案。包括你的产品与竞争对手产品的优劣对比。

4 内容——你将向潜在客户提供哪种类型和格式的信息（例如，在线教程、区域研讨会、标准白皮书）。

5 媒介——在哪里接触到这些买家（例如，清单、数据库、出版物、网站、其他媒体）。

6 策略——以何种方式接触到潜在客户（例如，直邮、广告、电子邮件营销、平面广告、广播节目、行业展览或其他营销沟通手段）。

7 时间表——推广的数量以及何时启动。

8 预算——花销多少。

9 测算——如何衡量结果，评估目标是否已经实现。

1. 确定目标市场

你的目标市场指的是有着相同问题的买方群体，包括他们的人口特征和心理特征情况。大多数营销人员对他们的目标市场已经比较了解了。例如，如果你销售的是牙科诊所办公设备，潜在客户就是牙医及其办公室的工作人员。

大公司经常花费数千美元进行昂贵的、精心设计的市场调查研究，旨在帮助他们了解客户的想法。这类调查包括邮件和在线调查、电话采访和小组访谈。小企业的经营者会开始担心，如果不做这种昂贵的市场调查，他们就不知道如何找到潜在客户，最终只会面临失败。

但对许多小公司来说，大型市场调研公司的一项研究费用便会耗尽他们全年的营销预算。别担心，好消息是访谈小组和其他标准的市场调研并不是必需的。

"那我要如何了解客户呢？"你可能会问。很简单：只需使用我的同事迈克尔·马斯特森的 BDF 文案公式，即信念、渴望以及感受。根据 BDF 公式，你可以通过问自己以下三个简单的问题来了解潜在客户：

"我的潜在客户相信什么？他们的态度是什么？"
"我的潜在客户渴望什么？他们想要什么？"
"我的潜在客户有什么感受？他们的情绪是怎样的？"

几乎不用进行市场调查，因为你可能早已知道这些关于潜在客户的事了。你确实知道。正如本杰明·斯波克医生所说："相信自己。你知道的比你以为的要多。"

例如，一家为 IT 专业人士提供"软技能"培训的公司正在推广一个新的现场研讨会项目。公司印发了传单，标题是该项目的名称：IT 专业人士的人际交往技巧。响应者不到 0.5%。（还提供了项目介绍和注册相关的详细信息。）

因此，市场部经理和公司老板开始头脑风暴，向自己提出了 BDF 问题。以下是他们的部分想法：

1　IT 专业人士相信技术才是最重要的。他们比自己服务的非技术人员聪明得多。

2　IT 专业人士渴望得到认可、尊重。不断学习新技术、适应新平台，更新新技能的机会。工作保障和更多的钱。

3　IT 专业人士感觉与终端用户是敌对的关系。他们需要不断与之争论，他们不喜欢向我们这群无知的人解释他们的技术。

根据这份 BDF 分析，公司重新写了一封信并进行了测试。这一次，有 3% 的人回应了，是旧版本的 6 倍。其中有 33% 的咨询者购买了为期一天的现场培训研讨会产品，价格为 3000 美元。这意味着每邮寄 100 份邮件，总成本约为 100 美元，他们就能得到 3 个机会以及一份 3000 美元的订单。他们的营销投资回报率是 30∶1。

那么，经过 BDF 分析之后的标题是什么呢？是这样的：

> 所有曾想对终端用户说"去死吧"的 IT 专业人士，我们有一个重要的消息。

该公司老板说："BDF 公式迫使我们关注潜在客户而非产品（我们的研讨会），结果获得了一次成功的推广。"

发送邮件前花费了多少钱进行市场调查呢？一分钱都没有花。

2. 明确问题

接下来，你需要明确你的产品能够帮助这些买家解决哪些问题。你的客户最关心什么，你的产品能帮什么忙？或者就像我的同事唐·豪普特曼喜欢问的那样："究竟是什么让这些潜在的客户夜不能寐？"

如果市场营销从潜在客户的需求、问题、担忧、疑虑、恐惧和欲望入手，就进入了接触客户的更深层次，随后便可以将这些需求和欲望与产品带来的好处联系在一起。

内容营销无法做到的事

白皮书以及实际上你所做的所有营销都无法创造需求，也无法迫使人们想要一个本不想要的好东西。正如尤金·施瓦茨在他的《突破性广告》（*Breakthrough Advertising*）一书中阐述的那样：

"使广告发挥作用的是拥有的冲动、力量和压倒性的动力，它来源于市场本身，而非文案。文案无法创造对产品的欲望。它只能把存在于数百万人心中的希望、梦想、恐惧和欲望掏出来，集中在一个特定的产品上。这就是文案的任务：不是在大众身上创造这种欲望，而是引导它。"

例如，内容营销并不能使IT专业人士产生维护计算机系统安全，阻拦黑客和病毒入侵的愿望。除非这种欲望已经存在，并且成为重要的关注点，防火墙、防病毒软件和其他安全解决方案才会销售得出去。

在这种情况下，作为营销人员，你能做的是：强调问题的严重性和紧迫性，以便在IT专业人员中引起更多的重视；培养他们使用最好、最可靠、最实惠的解决方案。

例如，美讯智公司（SurfControl，后被韦伯森斯公司收购）开发了一个过滤无用的互联网内容的产品。其内容营销策略的目标之一就是培养潜在客户，让他们了解自己并不需要某些互联网内容，如垃圾邮件和即时通讯传递的内容，以及将办公电脑用于私人用途（比如查看股票）对其网络和公司构成的危害。

3. 明确解决方案

一旦明确了问题，就要提出解决方案。在传统的营销活动中，解决方案显然就是你所销售的产品或服务。但在内容营销活动中，我们通常将白皮书本身定位为潜在客户问题的解决方案（只不过是部分解决方案）。

所以举例来说，如果潜在客户是一位网站管理员，正在纠结是否要将公司的大把预算花在内容管理系统（CMS）上，那么一份关于"如何计算CMS投资回报率"的白皮书就正对他的胃口。

营销材料应该集中在产品上还是饵料上？这一点比较模糊。但这里有一条经验法则，直销人员已经沿用了几十年，效果不错。

如果你的免费内容足够抢眼，在文案中着重强调这份饵料。另一方面，如果免费的内容不那么抢眼，那么就强调潜在客户的问题，然后提供产品作为解决方案。因此，我的建议如下：

1 如果你的白皮书很普通——也就是内容普通，无法引起潜在客户强烈的兴趣，或是该主题已经有很多类似信息了——不要在广告中强调这一点。

2 如果你的白皮书很亮眼——内容质量高、信息有价值、有一般难以获得的数据、格式或呈现方式足够独特，就考虑在文案中尽早强调这一点，甚至在标题中突出出来。

3 如果你的产品与同类别的其他产品相似，找到一个竞争对手不曾强调过的侧重点，利用免费的白皮书来培养潜在客户。

4 如果你的产品非常突出——功能更多、技术更新、质量更好，就要用大量的文案来阐述其优越性，然后以白皮书结尾，作为对潜在客户回应的额外激励措施。

4. 内容

还有几条关于白皮书写作的建议：

1 主题越聚焦越好。

2 针对主要的潜在客户（例如 CEO、工艺师、工厂部经理）。

3 精心设计内容，帮助读者进入购买流程的下一个阶段。

其中需要涵盖哪些主要和次要内容？可以通过内容大纲来确定这一点。把它拿给公司相应的专家看一看。他们会告诉你哪些内容不应当出现，哪些内容漏掉了，并且帮助你纠正技术错误。

5. 媒介

去哪里接触潜在的卖家，要如何接触他们呢？为了获得成果，你需要向潜在客户宣传你提供的免费白皮书，一般要通过某种形式的直销来实现。

想要通过邮寄或电子邮件进行直接营销是很困难的，除非你能拿到目标市场潜在客户的名单。四处搜寻一下，看看目标市场上有没有邮件列表、数据库、出版物、网站、行业展览、会议、专业协会、新闻通讯、电子杂志或其他媒体。名单越有针对性，营销活动的回应率就越高。

在美国总统唐纳德·特朗普的一档真人秀节目《学徒》（The Apprentice）当中，他给两个竞争小组布置了同样的任务：开一家婚纱店，举行晚间销售，销售额高的队伍获胜。

第一个团队的营销策略是打印销售传单，在高峰时段去宾州车站派发。特朗普对此提出了质疑，他问道："有多少人会在早晨下了火车去上班的时候还在考虑结婚的事？"

第二个团队的营销策略是找到一份长长的纽约有结婚意向的客户电子邮件列表，通过电子邮件向他们发出销售通知。

我想你可以猜到结果。第一个团队的店里几乎是空的，只有少数几个购物者，卖出了两条裙子，总收入为1000美元。

给目标市场发送电子邮件的第二个团队成了赢家：人们排着队等着进店，他们一共卖出了26条裙子，销售总额超过12000美元，以12∶1的比例胜过了第一个团队（当然，特朗普当周就解雇了第一个团队的领导人）。

重点是：邮件列表、在线列表、横幅广告、杂志、报纸广告、广播和电视广告这些媒介的针对性越强，下载白皮书的潜在客户就越多。

6. 策略

策略指的是接触潜在客户的手段（例如，直接邮寄、广告、电子邮件营销、平面广告、广播节目、行业展览、横幅广告、按次付费广告、联合运营以及其他销售途径）。

选择哪种策略部分是由成本和实际情况决定的。例如，如果租不到潜在客户名单及电子邮件地址，你就无法使用电子邮件营销来接触他们。有时候，每1000个邮件地址的售价是100美元，价格是合理的。但如果对方想要每1000个地址收取1000美元，那么从经济上讲这条路就是不可行的。

影响策略选择的另一个因素是你的潜在客户。如果他们大部分都不上网，电子邮件营销就不会奏效——令人惊讶的是，世界上有一半人口仍然没有触网。

7. 时间表

一份有效的时间表会涵盖项目的所有任务和关键节点（例如白皮书初稿成稿时间）、截止时间及负责人。

大部分白皮书都有多个组成部分，涉及多个供稿人、审查人和签发人。如果没有一个统一的项目时间表，将任务及所涉及的步骤、每个步骤的负责人和截止时间写出来，项目按时完成的可能性就很小。

8. 预算

预算是活动的成本。为了制定预算，你首先要列出活动的交付成果。

对白皮书来说，你的成本就是文案写作、设计，如果是精装印刷的文件，还有印刷和装订的费用。

此外还有履行咨询的成本，这指的是咬住了"饵料"的潜在客户回复邮件索要其他资料的成本。如果你是自动回复 PDF 版本的白皮书，履行咨询的成本就接近于免费了。

但是，不要忘记将营销活动的成本考虑在内。即便它是电子版，也不意味着这就是免费的。

相反，数字营销实际上是相对昂贵的。横幅广告、谷歌广告、脸书广告、给租用的名单发送电子邮件等，每月、每周，甚至每天的费用都可以轻易达到数千美元。

9. 测算

确定目标。白皮书营销活动的关键指标包括：

1 白皮书登录网页的点击率。

2 点击到白皮书下载的转换率。

3 接收白皮书的用户通过电子邮件或电话进行咨询。

4 接收白皮书的潜在客户数量。

5 接收白皮书且购买了产品的百分比。

17.5——
博客

博客最基本的形式是网络日记——只不过它已经产生了更深远的影响，在过去的 20 年里，博客在全国范围内拥有突出的地位。

根据 SoftwareFindr 的数据，互联网上的博客数量超过 5 亿个。Techjury 的报告指出，77% 的互联网用户阅读博客，在你现有的网站上增加一个博客可以增加 434% 的流量。

搜索引擎喜欢内容，你在写博客的时候，就是定期向你的网站发布大量新内容。在网站上添加一个活跃度高的博客，一定会提高你的搜索引擎排名。

与传统的文章和白皮书这类单向沟通（你写，订阅者阅读）的内容不同，博客是一种双向的线上媒介，可以就一个有趣的话题展开热烈的讨论。

此处有一个很有效的写博客技巧，在文章中放入一个有力的观点，请读者做出回应（例如，我经常以一个问题来作为结尾，像是"你怎么想"）。还有一种刺激交流的技巧是隐藏自己的观点，要求读者提出自己的意见。

如果讨论的文章已经发表，或是另有出处，一定要在博文中标注出原始来源。如果能找到，将该参考文献的超链接放在文章里。

很多商务博客都是以一个人的口吻撰写的，随着时间的推移，读者会与之建立起一种信任关系。

在适当的地方选文章中的一两句话添加超链接，指向与帖子主题相同的文章或网站。

根据轨道媒体（Orbit Media）的数据，一篇博文的字数平均为 1000 个单词，需要花费 3 个多小时来撰写。你的博客每周至少应该更新一篇文章。

目前有许多博客平台。WordPress 是一个开源软件平台，也是创建博客最常用的平台，很多内容只需点击一下就能为你设置好。它有免费和付费主题，也可以查看其他可使用的主题。你可以在 WordPress.org 免费获得下载版本。如果你打算使用它，要确保你的托管公司支持 WordPress 平台，大多数托管公司都是支持的。

WordPress.com 上还有另外一个版本，也就是将自己的博客页面托管，但不会有大幅度的拓展。可额外购买自定义域名和增加的存储空间。但你不能使用谷歌 AdSense 这类的广告平台。

你还会遇到"WordPress 主题框架"，意思是你从 WordPress.org 下载的 WordPress 版本已经被某家公司的开发人员拿去重新编码，提高其效率。有些公司的软件包下载要收取费用，而有些公司则会免费提供，例如 CherryFramework.com。

17.6 个案研究

根据文案写手希瑟·斯隆的说法，个案研究往往比小册子和传统印刷广告更有效。为什么呢？

"每个人都喜欢故事。"希瑟解释道，"在销售沟通和实践中，没有比这更真的真理了。故事能描绘画面。故事能唤起人们的情感。故事令人难忘。故事给你的讲述带来黏着力。讲述营销故事最简单的方法就是个案研究。"

个案研究是某一产品成功的故事。它讲述了一个公司如何利用某种产品、流程、方法或想法解决了一个问题。与其他营销术一样，对个案研究的追捧程度也在波动：虽然几乎所有公司都可以通过个案研究进行营销获利，但对 B2B 网站的非正式调查显示，大多数公司并没有充分利用个案研究的营销力量。

诚然个案研究没有一定之规，但还是有一些准则。

一般来说，个案研究的篇幅都比较短，大约一面或两面 8.5 英寸 ×11 英寸的纸就可以完成，字数在 800 至 1500 个单词。更复杂或深入的研究在 2000 至 2500 个单词左右。

有效的个案研究会促使读者更多地了解产品。这是一种软性销售，迫使潜在客户索要更多信息。如果你成功地映射出了读者的问题，个案研究会将他们向着销售漏斗推进一步。

大多数情况下，个案研究不牵扯过于技术性的内容：它们是类似杂志专题风格的文章。个案研究的目的并非深入介绍细枝末节的内容，展示分析数据，而是简要描述某个产品或服务如何有效地处理和解决一个特定的问题。

在撰写个案研究的时候，不需要创造性，也不需要另起炉灶，大多数个案研究都是这种久经考验的提纲的某一变种：

1 客户是谁？

2 问题是什么？是什么对客户造成了影响？

3 他们研究了哪些解决方案又最终没有采纳，为什么？

4 他们为什么选择我们的产品作为解决方案？

5 描述产品是如何起作用的，包括期间遇到了哪些问题及解决方法。

6 客户如何使用该产品，在何处使用该产品？

7 他们得到了哪些好处？

8 他们会向其他人推荐该产品吗，为什么？

"我们没有关于个案研究的一定之规。"前任《化工》(Chemical Processing)编辑马克·罗森茨威格说，这是一份几十年来一直在发表个案研究文章的行业出版物，"一般来说，我们会选择一个相对较新的设备，比如过去两年中的某项创新技术。是什么问题促成了这一新装置？它包括了什么？取得了哪些效果？一般文章会在1500到2000个单词。"

由于个案研究是以故事的形式呈现的，读者自然会更感兴趣——特别是当故事对他们有用的时候。与销售演说不同，个案研究的目的是展示产品或服务是如何运作的，而非简单的讲述。由于颂扬产品的是实际的用户而非制造商，因此显得更加可信。

用一位满意的客户作为例子，个案研究其实展示的是你的产品是如何运作的。它并没有堆砌事实和数据，而是讲述了一个吸引人的故事，生动地展示了产品的有效性。

如果个案研究能在潜在客户和满意客户之间建立起共鸣，同样会是一个强有力的卖点。人们倾向于认同与自己相似的人。潜在客户在聆听他们同行的故事时，会感到更加自在，因为他们的问题总是相似的。

相较于其他销售文档，读者也更相信个案研究。他们对广告持怀疑态度，认为小册子里都是夸夸其谈，甚至播客和公司博客也不足为信。但在个案研究中，如果一个没有动机和利益相关的客户对产品表达赞许，立刻就带来了可信度。

弗雷斯特市场咨询公司（Forrester Research Inc.）的一项调查显示，71%的人会基于信任和对方的可信度做出决定。描述客户对产品的积极体验是在市场中建立信誉的最佳方式之一。让客户对产品有信心，会大大增加他们与你做生意的可能性。

个案研究的最佳来源之一是销售人员。不过，他们更愿意把时间花在销售上，对营销沟通不甚关心，认为参与其中相当麻烦，且没有直接的回报。

你可以为销售代表提供有形的激励措施，促使他们产生寻找个案研究候选人的积极性：如果他的候选人被选中，销售本人就可以获得现金、奖品或旅游奖励。只要奖励措施足够诱人，销售人员搜寻个案研究候选人的积极性就会大大增加。奖励措施不必很大，但要足够吸引人——比如说一个新的 iPod。

为了给个案研究做准备，撰写者需要采访客户机构中与该应用关系最紧密的人。对小企业来说可能是老板，对大公司来说，可能是工厂部经理或工程师。在写手致电之前，应当先由与该客户打交道的销售人员或客户经理致电，确保客户愿意甚至期待参与。如果对方不情愿甚至抱有敌意，个案研究是很难写成的。

在采访过程中，尽可能多采集一些好的引文。在文章中多引用这些话，并标注来源于受采访者。

原因是：发表的个案研究因为可以作为推荐语发挥双重作用。

提示：如果受访人没有准确说出你需要的话，可以使用"你是说"的技巧。对受访人说："所以你是说……"然后就是你希望他说出来的话。如果对方的回答是："是的，我就是这个意思。"你就可以把你的话归为对方所说。

通常情况下，受访人的回答内容很模糊，这就需要采访者或撰稿人从采访中挖掘出具体内容。如果有可能，让对方为你提供数字，这样所说的话就会非常具体。

例如，如果受访者表示该产品降低了用能成本，但没有说降低了多少，一定要刨根问底："它是否减少了 10% 以上的能源消耗？还是超过了 100%？"他会给你一个估算数据，你可以把它变成一个近似数（例如，某系统对工厂能耗下降的贡献超过了 10%"）。

在个案研究发布之前，需要由当事人核准并签字。这些文件需要保留。如果受访者去了新的公司工作，你可能会找不到他。所以一定要妥善保存他签署过的许可书。否则，当你的案例授权遭到质疑，又拿不出签署过的许可书，就只能从网站上将其删除。

询问受访对象是否愿意成为参考客户。这样一来，有需要的潜在客户就可以与这位实际使用过该产品的用户进行交流。定期维护你的参考客户列表，确保名字和电话号码都是最新的，如有需要及时更新。

第18章
如何决定谁来写文案

GETTING YOUR
COPY WRITTEN

如果你是不用亲自写文案的企业主或雇主，如今有很多能帮你搞定文案的方法。有些方法已经沿用了几十年，有些则是我 40 年前从业时还不流行，如今已经大行其道的。还有一些是由技术驱动的，相对比较新。在本章中，我们将讨论如何在其中做出最好的选择。

18.1——

选择 1：自己写文案

在过去，许多客户因为以下原因自己撰写文案：

1. 他们对自己的产品和市场有深刻的理解，运用起知识来写文案会更加容易，不必花时间向不熟悉业务的文案人员解释。

2. 客户并不认可文案写作是一门专业技能。他们认为谁都能写。那么何不亲自下笔，还要付给文案人员钱呢？

3. 他们聘请了专业的文案写手，返回的文案并不是自己想要的，或是从技术细节到销售诉求都存在问题。他们发现指导对方完全按照自己的想法来写既挫败又麻烦。

实际上，你比外聘的写手和事务所更了解自己的市场和产品。当下对一些客户来说，有大量的文案写作课可供选择，可以习得一定的文案写作能力。对于这些有文案能力的客户来说，最好是选择自己写一些文案，将其他项目分配给员工或自由接案写手完成。

从经验来看，具备文案写作能力的客户在以下情况可以选择由自己下笔：

1 产品技术性较强，需要专业背景（例如工程学位）才能理解。

2 客户认为花时间来请写手且要保证速度，不如自己动手。

3 他希望用他的"声音"来写，认为写手捕捉不到这种声音。

具备文案写作能力的客户在以下情况可以选择外聘写手：

1 客户没有时间写文案。

2 客户没有写文案的意愿。

3 客户认为自己的时间应该花在其他工作上。

18.2——

选择2：外聘

事实上，很多客户要么不会写文案，要么不想写文案，要么没有时间写文案，认为自己要把精力专注在核心竞争力，比如机器学习或电路设计之上。这类客户往往会外聘文案写手，有的是自由接案写手，有的是事务所，原因有如下几个。

第一，撰写文案需要时间。忙碌的高管们知道，撰写文案并非利用时间的最佳方式。

第二，有些人认为，写作是一个耗费精力的苦差事，想不惜一切代价避开，这不是他们的工作范围。

第三，他们发现专业写手可以写出优秀的文案。

实际情况既不会让他们感到吃惊，也不会让他们有自卑感。

这样想想吧。我每周写 60 个小时的稿件，已经写了 40 年。出于这个原因，我可能比大多数有其他责任和任务的企业主和经理写得好一点儿。

"好一点儿"看起来可能不多。但根据经验，在网上推广消费类电子商务产品时，转换率只要提高几个百分点，就可以使总收入增加几十万美元，甚至更多。

杰克·赫韦在《公关日报》上就客户如何与自由接案写手或独立承包者有效合作给出了以下建议：

1 明确期望。

2 让自由接案写手及其同事了解客户更大的目的和目标。

3 给予对方畅通的沟通渠道，建立融洽的关系，提高生产力。

18.3——

选择 3：内雇

内雇指的是把文案撰写的工作分配给公司中的全职雇员，尤其是从事营销传播方面工作的人。但有些客户还会找来其他人，比如技术领域写手、公关专家，有时还有工程师。

与外聘自由接案写手不同，这些写手拿到简要材料之后就离开了，回来的时候带着一份初稿，内雇的方式有三个优势。

第一，自由接案写手可能手上有五六个项目，而内部雇员可以把精力 100% 用在你分配的工作上。

第二，内部写手更容易接触到相关专家。这些专家的办公室就在公司里。有些人可以通过分享自己的故事、观点和专业知识来为你的作品增色，但这些知识不会直接出现在文案素材里。他们还可以帮你审阅初稿，在第一页就给出重要的意见，从而影响后面的整体思路。

第三，大多数自由接案写手都独自坐在屋中写作。很多公司有多名文案人员。团队成员从审读初稿到提出新想法都会相互帮助。

尽管有上述诸多优势，如今仍有很多企业将文案工作外包，原因是：很多企业主确实相信文案写手有专门的技能，能带来很高的回报率；他们可以用外包的文案版本与其他版本进行对比测试。某些情况下，他们会用新的版本与已经在使用的版本进行对比，以确定新的文案能产生更好的效果。

18.4——

选择 4：软件

越来越多的机器人和人工智能软件取代了人类的工作。这种情况会发生在写作领域吗？

就在我为这本书的新版写作时，《大众科学》（*Popular Science*）发表了一篇文章，由斯弗克·约翰逊编码的计算机程序已经写了 270 万篇文章，占维基百科条目的 8.5%。

人工智能软件公司 Persado 以一种对比电子邮件主题行及其点击率的方式，对主题行重新进行修改。根据数据分析，Persado 的主题行比人类编写得更好。

18.5——

为什么有些客户不尊重他们的文案写手

文案写手及其工作经常受人诟病，有些写手感到自己受到了冒犯。为什么很多文案写手"得不到尊重"？我想原因有两个。

首先，写作比大多数行业都更主观。会计可以用账本显示账面余额，律师可以依靠判例和逻辑辩论支撑他的案子。但是写文案就没有这样的定式。

写广告可能有许多方式，每种方式都有它的优点。文案写手可能会说他觉得这个方式最好，但他不能证明这个点子比其他点子更好，这就需要客户能够相信他们，但是很少有人会相信他们。

当然，这本书在前面和其他部分中都给出了一些有效的文案创作方法。但不幸的是，很多客户和写手都不会注意到这些规则。如果文案写手的思维不清晰，那么他如何才能写出好的文案，又如何为自己辩护，坚持自己的作品是好作品呢？

客户不尊重文案写手的第二个原因是，说到底很多客户都会把自己的文案写手想象得比实际情况好。

医生、律师、会计、水管工、机械师、电视机维修工等工作领域都太专业、太复杂，他们的客户对此所知甚少，所以无法介入。但是所有人都能写作。（连鹦鹉和嘲鸫都会说话！）所以写文案这种工作并不神秘，客户就会觉得"只要我有时间，我也能做广告、写信件"。

如果你需要外聘文案写手，此处有3条改善关系的建议：

1 针对你的工作聘用正确的文案写手：有些人更适合你的产品和公司。

2 在专业性的基础上与写手合作。你要像尊重自己的律师、会计或医生那样尊重写手。给他一些空间，让他完成自己的工作，注意不要介入。

3 建立一个合理的文案审查原则。根据你这些具体的标准进行审查，不要从主观层面或是美学的层面做判断。总之，评论时要明确。

我们来具体看看计划中的每一步如何操作。

18.6

如何聘用一个员工或自由接案写手

如何找到一个文案员工或自由接案写手？如何得知哪个写手更适合你的

工作？这里有 10 条建议，可以指导你根据手上的工作，找到并选择最好的文案写手。

1. 多方打探

你需要找一个写手？最好的方法就是通过别人介绍。问一问你的朋友、同事和熟人，看看他们之前有没有聘用过写手，可以向你推荐。

这些人最有可能知道好写手的名字：

1 当地的广告公司和公关公司。

2 杂志版面代理和杂志编辑。

3 印刷商、摄影师、绘图师、设计工作室以及其他外部供应商。

4 附近制造业和服务业的市场推广经理。

在线寻找文案写手

我认识的大多数文案写手都有网站，你可以通过谷歌搜索到大量信息。

你最应该搜索的是：在线文案样例集、文案人员的简历和证书、客户名单、客户评价、对方掌握了哪些营销知识（如博客或新闻通讯）、文案委托的协议样本。

还有一些专业的"自由职业者网站"可以帮助文案人员和客户搭建关系。根据我的经验，这类网站大多吸引的是那些急需工作的饥饿的文案新手以及主要关注最低价格的客户。

---

2. 选择有相关经验的写手

选择一个了解你这方面业务的写手有三个优势：

第一，向他进行简单介绍时所用的时间会比较少，他能很快了解你的技术和市场。

第二，他已经会运用行业术语了，所以比起那些没有掌握行业术语的"门外汉"，你的员工可以更容易地接受他。如果你想让经理和工程师可以与写手紧密合作，可能这一点至关重要。

第三，写手曾与那些产品与你相似的客户一同工作过，所以他能基于自己的经验，对你的策略进行评价或提出新想法。

客户曾经这样问我："如果你想写计算机方面的文案，就非要变成计算机编程人员吗？"你不需要，有些写手一开始甚至分不清 Pascal 和 Python 有什么区别，但照样写出了伟大的计算机广告。但从另一个方面看，如果一个写手有编程的经验，那么比起从未写过代码的人，他确实会有一个更好的起点。

你聘用的写手不一定非要是你这个产品领域的专家。（关于你的产业，他知道的永远不会比你多。）但是他应该对你的产业有感觉，并且了解写作技巧，写出你想要的文案。

例如，你需要写手为你写一个加勒比新游轮的宣传册。不要指望能找到一个写手，手里有一个作品集，里面都是为加勒比游轮写的宣传手册，找到这种人的概率非常小。但你需要找旅游方面的专业写手，而不要去找那些坐在家里写订阅邮件、年报或是时尚广告的写手。

换句话说，针对你这条产品线，不要指望写手有专业方面的经验。你可以去找那些在同一个行业里做专业广告的写手，如旅游行业、高科技行业、家具行业或是医药行业。

3. 不要大材小用

并不是所有文案工作都需要相同的技术水平。一则是出售 1992 雪佛兰的布告栏广告，另一则是为埃克森公司（Exxon）创作的复杂的文案广告，二者的水平是完全不同的。

文案写手们的表现也分为不同水平。有的人是收费很高的专家级人物，有的人是中等水平的多面手，而有的是新人，只能做一些简单的工作。这些文案写手按照自己的技术水平收费，你可以适当地选择写手，不必大材小用，这样也可以省下一笔钱。

一家小型工业企业的销售经理需要一封推荐信，这封信会随着一个新的宣传手册发送到客户、销售代表和区域办事处人员手中。由于我有为 B2B 公司写短信和电子邮件的经验，所以给这类公司的文案往往都很有效，因此我相应一页至少要收取 1500 美金的费用。

4. 聘用与你风格相似的写手

有些传统的公司觉得自己需要改善一下形象了，于是它们聘用了当地最有创造力的广告公司。

第一条广告来了。它完全符合你对一个创意广告公司的所有预想——非常有创意。这时传统公司的客户会说："就是有点儿太不像我们了，能不能把它变得更庄重一点儿。这些跳舞的化学试剂桶有点儿……"

这时广告公司会大喊："你在抹杀我们的创意！"于是他们拿起报告，跺脚冲出会议室，将账单寄过来，从此拒绝再和这些粗俗的客户合作。

这个故事是想告诉我们：广告公司和自由接案写手很难说服客户，让他们在做生意的方式上有剧烈的变化。所以客户就要做好选择文案写手的工作，选出来的写手要与自己的工作方法和风格相近。

如果你喜欢硬性推销的广告，那这样的文案写手你就不会喜欢：他习惯了为大名牌做引人注目的"图片"广告；而你喜欢的是那种在标题中充满了优惠券和打折信息的广告，还要附有价格和购买地点的信息，主体文案要直截了当，推销产品的特点和优势。但是这种写手可能会认为标题需要"风雅"，需要用夺目的色彩视觉效果，他认为人们是"不会阅读长文案的"。

当然，他的观点不可能获得你的认同。这种创意广告可以让他获奖，但你不会将辛苦赚来的钱浪费在这种广告上。最好的方法就是双方在一开始就离得远一些。你聘用的写手应该是那种作品与你的风格相同的人。把有创意的广告公司留给那些想要"出位"广告的公司吧。

你喜欢长篇幅文案的广告还是短篇幅的？想要颜色炫目的照片还是简单的图形？想要信息性的还是情感性的？要语句简洁还是要辞藻华丽？你需要选一个风格和"广告理念"与你相近的文案写手。这样双方的工作关系都会很轻松，文案效果也会很好。

5. 迈出第一步

我们来假设你已经有了想要聘用的文案写手的名字。首先要做的就是致电或是致信给他，要求看一看他曾经的文案作品等材料。

至少你也要看看他的实验作品、简历或是简单的自我介绍以及客户名单。有经验的文案写手会准备好这样一个标准的文件包，除了这些还会有其他资料。而对于新手，你需要告诉他应该将什么寄给你。

在你评估一个自由接案写手的文件包或者网页时，这里有些要注意的事：

1 他的简历写得好吗？

如果一个自由职业写手不能有效地推销自己，那么他如何为一个自己并不熟悉的服务项目或产品创作文案呢？

2 你喜欢这个实验作品吗？

实验作品是他认为能代表自己最好水平的广告。如果你觉得作品没有潜力，就去找别的写手。如果这份作品不是你想要的，再看更多的作品也不会有什么改变。

3 看看客户名单。

确保这位文案写手有关于你的行业或相关领域的工作经验。不要聘用一位技术类写手为你写新的香水广告。你应该找一个喜欢做香水类广告，并且做得不错的写手。

4 文案写手是否将自己的费率和收费结构信息列了出来？

真正的专业人士会在一开始就告诉你自己的费率。如果你付不起，他也不想浪费你的时间和自己的时间。

5 文案写手还有什么其他相关的写作和沟通经验？

一个技术全面的文案写手除了创作文案以外还会做其他工作。写手还有什么其他作品？写过书、文章、论文或是演讲稿，还是做过研讨班或有教学经验？

6 看完所有材料后你有什么感受？

你已经看过了写手的所有材料，也和他通电话聊过了。那么他整体的材料看起来很"专业"还是很"业余"？你觉得和这个写手合得来吗？你对他完成这个工作有信心吗？直觉很重要，你要相信自己的直觉。

6. 不要企图占便宜

有许多小公司都会给我打电话说："我们是南泽西岛的一个小型制造业公司，之前没做过什么广告，但是我们看到了你的广告，我们想刊发一页的新闻稿，宣布我们的董事长下个月退休的消息。所以我们想和你见面看一看。你今天下午可以过来一下吗？"

让我来告诉你。除非你是一个大广告商，或是一家手中握有很多项目的广告公司，或是你承诺给我许多工作，否则你永远不可能见到我。为什么？因为如果我跳进车里，浪费一天中的好时光在各个小公司间四处奔走，只为了一篇收费 750 美金的新闻稿，那我就没有时间为我手中的一群客户工作了。

我想说的是：文案写手和律师、医生一样，都是专业工作者。如果你想要占用他的时间，你就要为这段时间买单。如今没有几个文案写手会主动打电话上门。

你可能会反驳："但是我想要聘用你！难道不该见一面吗？"

并没有这个必要，我们可以通过电子邮件、Skype 或 Zoom 完成任务。

"但是我想要见到你！"也可以，你可以来我的办公室，这点没有商量的余地。但如果这是一个考察性的会面，需要我离开办公室，那我就必须向你收费。如果你有工作想要交给我，那么我会将这次会面也纳入费用计算中，这一点的前提是双方都已经同意由我来为你做这项工作。

就像我说的，如果你是大广告主、广告公司，或是你拿着一份很吸引人的工作在我面前晃，那么我也可以破例。但是对大多数小公司来说，他们文案写作的工作很少，这样要写手赶过去还没有报酬的话就很不合理。他们能提供的工作数量并不值得在路上花费那么多的时间。

多数文案写手都会很高兴通过电话或是在自己的办公室里和你交谈。除非你会为咨询付费，否则不要期待写手会出门到你的办公室去。一个每天赚1000到2000美金的写手不会花半天时间去追一个500美金的单子。

在前互联网时代，文案写手会拜访客户的主要原因是，他们需要将装有作品样例的作品集交给客户。但到了如今，包括我在内的很多写手都会将自己的作品放到个人网站上（我的网址是 www.bly.com），只要点击鼠标，每个人都能看到。

7. 一开始就讨论收费问题

如果你请不起这位写手，也就没有必要交谈了。在一开始就讨论收费问题可以为你节省不少时间。

根据工作的不同，大多数写手都可以给出一个预计的收费价格：广告如何收费、推销信如何收费、宣传册又会多收多少。如果文案写手有价目表，你可以要求看一看。

这个预估只是一个大致的数额，确切的收费数额与具体的工作有关。但是这个大致的数字可以很好地告诉你需要为这份工作付多少钱。

如果写手是以时间而不是工作数量计费，你就要知道他每星期、每天、每半天或是每小时的收费标准。问一问他觉得这个工作需要做多长时间。将天数与每天的资费相乘，得出整体的预算。

同样要在一开始就讨论的还有截止日期。顶级的文案写手通常提前几周就已经被别人预约了，所以没办法做很紧急的工作。有些人期望我可以一夜间把他们的广告写出来，当他们发现不可能时会感到很震惊。因为他们没有意识到我的案头还有6份工作，都要在几周内做完。

你可以看一看通常写手做一个小工作（广告、信件）需要多长时间，做一个大工作（网站、白皮书、自动应答电子邮件序列）需要多长时间。如果你的时间很紧就要说出来，问一问写手是否能赶上这个时间。

文案修改的问题也要在一开始就讨论好。修改是包含在之前的费用里还是要额外收费？基本的工作费用中包含了几稿？写手可以在多长时间内进行修改？如果任务性质有变动要如何处理？其中还会包含修改吗？修改有提交的时间限制吗？

一定要了解写手对于修改的态度。否则就有可能在之后演化成矛盾。

8. 为文案写手提供全面的背景信息

你需要将所有你能提供的背景信息都发给写手。有了这些材料，写手才能根据工作给你一个准确的预算。如果没有这些材料，他就像是在"盲飞"，因为他不知道其中会包含多少调查工作，过高的估计会影响到预算的不确定性。

你需要向写手提供他所需要的一切信息，这样才能得到准确的文案预算，你也能得到一个最好的价格。

9. 把这些写下来

将费用、条件、截止日期和其他对于工作的描述写进订单或是协议书中。

一份书面的协议可以扫清疑虑，明确客户想要什么以及写手可以提供什么。在这个领域中，有太多的买卖双方因为只做了口头约定，而最终走向法庭。你不要犯同样的错误。一份书面协议可以对客户和写手双方进行保护。所以不要只是握手，要写下来。

10. 留出空间

一旦你聘用了写手，给了他背景信息，就留出空间让他工作吧。不要去打扰他，不要去向他要求"看看前几页"，也不要总是给写手打电话喋喋不休地问"怎么样了"。

你聘用的是一个专业人士，现在就让他自己工作。在截止日期或是之前你就可以看到你的文案了。文案会让你满意，也会很好地推销你的产品。如果你需要改动，写手会为你做这项工作，毕竟你付钱就是为了这个。

一位资深文案写手说："第一稿，客户拿到了他需要的东西。第二稿，客户拿到了他想要的东西。第三稿，客户拿到了他应得的东西。"

18.7——
如何跟文案写手一起工作

在创作第一稿的阶段，与文案写手最好的合作方式就是让他自己工作。他知道自己在做什么，也知道你会相信他。否则你最初也不会聘用他。

即便文案写手是在很远的地方工作，你们双方的工作关系也应该以融洽为开端。文案写作是一种合作关系：你提供给他信息和指示，写手创作出有说服力的作品，二者相结合你就可以售出更多的商品或服务。

如果合作的一方或双方都感到不悦，那么就会有人工作缺乏激情。如果缺乏激情，工作就会做得很糟糕。

这里有一些建议，可以使客户与文案写手之间保持良好的工作关系：

1. 薪酬合理

你需要为文案写手提供的服务支付合理的薪酬。要记住，没有得到报酬的工作者会是一个很不高兴、也很低产的工作者。如果写手拿到的薪酬太少，那么创作出来的作品也很少会有让人眼前一亮的语句。

生活中的任何事都是可以协商的，但也有尺度。一个有固定工作的写手可能会为自己感兴趣的工作降低 10% 到 20% 的费用。但是他不会愿意将价格降得更低。

一个需要工作的写手可能会把价钱降得很低。即便你觉得自己还能将价格降得更低，也要注意合理支付薪酬。如果你逼着写手将价格降得非常低，那他就不会对你的工作产生好感。你总会希望你的写手能充满激情，而不是十分冷淡。

2. 按时付款

在商业生涯中，很少有什么能比拿着一张未支付的发票更令人沮丧的了。而不幸的是对自由接案写手来说，客户经常会在一两个月甚至更久之后才会支付报酬。

请在 30 天内及时付款，这样以后你在任何时候打电话给文案写手时，他心中都会涌起一股暖流。如果你能在 10 天左右结清就更好了，在下次创作广告时，这位自由接案写手会努力为你创造出奇迹。

3. 担任协助的角色

你需要向写手提供关于产品、受众和工作任务的完整信息，保证能够随时回答他们的问题、提供指示。并且即时审查写手的大纲和草稿。

客户一方应该有一个公司与文案写手之间的联络人；否则文案写手不得不从众多的公司部门中追踪到总经理，这样效率就太低了，还可能会导致指令的冲突。

4. 不要浪费时间

避免不必要的会面。也许需要见一两次面，但是绝大多数的创作和修改都能通过电子邮件和电话完成。

不要将信息和修改意见一条一条地传给写手，要一次性将背景信息和修改意见交给他。

如果之前已经与你约好，就不要让对方久等，这是一种礼貌。这点对文案写手而言同样适用。

对文案写手与广告公司来说，时间就是金钱。如果你不浪费他们的时间，那么你的这项工作对他们而言就很划算，他们也会很高兴倾尽所有为你做出最好的广告。

另一方面，你浪费写手的时间越多，工作对他来说就会越不划算。最终不是花在创作上面的时间变少，就是将你的案子延迟。

总体来说，文案创作不需要客户与文案写手之间密切联系。联系的次数越少，效果越好。会面的时间不应超过2个小时，议程也要紧凑，电话会议也需要简洁扼要。

不仅写手可以节省时间（可能最后还会少收一些费用），同样你也节省了时间。

5. 让文案写手得到你的回复

当写手将他的文案发出去之后，直到下一个任务到来之前，他就再也没有从客户一方得到任何消息。他的内心一直在担心纠结：客户是讨厌还是喜欢我的文案呢？大概他们很喜欢？毕竟没有消息就是最好的消息，但是写手并不知道。

无论是一通很短的电话，还是一张简短得只有一行的纸条，只要是客户善意的话，就能鼓舞写手的自尊心。即便作品效果非常不错，写手也很少能得到反馈。

写手迫切希望得到表扬，获得自我满足感，而一张表达谢意的纸条可以极大地满足这些愿望。如果你还能真挚地奉承他一下，那么你很快就会被放在他"最喜欢的客户"名单的最上方。这一点能给你带来好处，你会得到更好的服务和更好的文案，而这会远远超出仅仅是努力所能达到的水平。

6. 理性地评价文案

"我不喜欢"是一句无用的评价，并且是对文案写手的一种挫败性的回应。

审核文案的重点在于要给出具体的、客观的评价。主观的、模糊的评论不会给写手的修改带来任何指导，通常只会伤害到他的感情，使他产生防卫心理，最终使得客户和写手之间的关系崩塌。

下面是关于审核和通过文案的规则。它们可以清除厌恶感与误解，向写手提供有效的、易于接受的修改方向。

1 评价文案时的错误

简单地说，你不应该因为自己没有时间而聘用文案写手，为的是写出自己能写的广告。

相反，你需要选择一个自己喜欢的好写手，退后一步，让他们按照自己的风格来写。

如果你的公司有需要遵守的准则（例如，永远不要说自己的产品"更好"，而要高度具体地说明它与其他产品的不同之处和优越性），在修改文案时将这些标出来。更好的做法是，在写手下笔之前就把这些准则告诉他。

关键在于，修改并不是将一个经验丰富的写手作品编辑重写，让它看起来像自己写的一样。如果你忍不住一定要这样做，不要把这件工作分配给其他人来做，而是换成自己写。

原因有两个。首先，文案写手不是读心术大师，他们并不知道你到底会怎样写广告。第二，这会将好写手束缚住，他们的全部精力都用来取悦你，而不是写出卖座的好文案。既要迎合你的喜好又要符合市场需求，基本无法办到。

2 如何修改、通过文案

阅读和修改文案与创作文案一样都是艺术工作。这里有些指导方针，可以帮助你审核文案，提出最强有力的改进建议。

*具体说出你的要求

对文案的评价要有根据、要具体。告诉文案写手他哪里写错了，你希望他如何修改。

这里有一些不具体和具体评价之间的对比：

不具体	具体
不够气派。	只有我们的产品才能提供这些功能。文案需要强调这种独特性。
文案没有为产品做合适的定位。	我们的处理速度比其他竞争对手快20%，这条应该放在标题里。
这条广告呆板无趣。	少写一些技术特点，多写一些产品能为人们带来什么。
这个故事不是我们想讲的。	这里有4处提供给消费者的利益没有写进文案里。
我不喜欢。	开头不错，但是我想做一些改动。让我来告诉你我是怎么想的。

记住，如果你只说自己想要修改文案是不够的，你需要确切说出要修改什么。

但这并不是说你应该去做文案写手的工作，自己修改文案。但是你确实需要将具体的、实际的更改建议告知文案写手，这样他才能将修改的部分加进来，重新修改文案。

要确保你的修改意见是书面的，不要只是口头协议（除非修改的部分很简单、很小）。将修改意见落实在笔头上是强迫你写得更具体。你可以使用追踪修订词语功能对电子文稿进行评价，这可以使你的修改更易于阅读，也为写手节省了努力分辨手写字体的时间。

* 需要通过的层级越少越好

谁该拥有通过文案的权力？通常有市场专家（一般是产品经理担任）、技术专家（工程师或科学家担任）、广告经理以及公司董事长。但是不要再多了。

对于广告里应该呈现出什么，每个人都有不同的意见。如果要取悦所有人，你最后的作品就会变成一条非常散乱、没有力度、内容单薄、没有有力卖点和观点的广告。

审查人员的数量最好是 4 个或更少，最多是 6 个人。如果数量再多，你就是在和一群人一起创作，而一群人是创作不出有效的广告的。

当我为小公司创作时，通常我的文案只有一个人审查：公司的老板或董事长。我一些最好的文案都是这样刊发的。如果这家公司的其他人也想在刊发前看一看，你可以把他们放到抄送人名单中。如果他们愿意，会给你一些他们的建议，但他们没有通过或驳回文案的权力。只有一些高层管理者才有决定广告内容的权力。

修改文案的 25-50-25 法则

在客户所做的修改中，大约有 25% 的修改有效果，大约有 25% 的修改起到了反效果，剩下 50% 的修改没有效果。

我的做法是什么？我接受了其中 25% 对稿件有效果的修改，并对客户的仔细审阅表示感谢。我也会接受 50% 的改动，只不过这些改动不会对文案效果产生任何实质性影响，这样做不会产生任何疑虑或争论。

对于会起到反效果的 25%，我会向客户说明原因。如果对方不同意我的观点，我也会愉快地接受。

---

*合规性情况如何？

合规性的意思是确保文案符合联邦政府及各部门所有法律和制度的要求。

例如，在撰写膳食补充剂的文案时，你不可以说产品可以治疗疾病。你不能说关节补充剂能治愈或消除关节炎。你可以说补充剂保护关节健康。更安全的说法是"可以"或"可能有助于"保护关节健康。

我并不是律师。我没有办法在法律或合规性方面给你建议。

但是，不同的公司在遵循监管规则方面的程度也不同。有些公司比较宽松，有些在发布文案合规性方面非常严格。

一位有经验的直销商给我讲了他的合规性原则："文案向着 100% 合规的方向每前进 10%，回应率就会下降 10%。"

* 表现得彬彬有礼

有些客户喜欢把写手的作品扯碎，还有些客户很麻木。他们没有意识到写作是一项高度个人化的艺术创作，写手会在个人层面上接受指责。

阿米尔·加尔加诺说有些人以威逼创意人员为乐。要知道有些创意人员的自尊心非常脆弱，要经历一段非常艰难的时间来处理被拒绝导致的情绪低落。你需要以一种体贴、周全、清晰的方式评价他们的工作。

你也不必像照顾孩子一样顾及写手，只要记住他们也是人。像你自己的雇员一样，他们会对赞许和侮辱迅速做出反应。

当一位写手的作品没有达到你的标准，在告诉他的时候要保持得体。不要说："文案不太好，你需要完全重写。"

相比之下你可以从赞扬开始，然后再说问题。可以说："总体来说你把这些东西整合在了一起，工作做得很不错。让我来和你说说我们的看法以及想要你修改的部分。"

公司都会花费大量资金激励员工。而外部供应商也会被你的赞扬、友善、礼貌和得体所鼓舞。对你的文案写手好一些，他们会给你最好的作品。

我的前老板是西屋电气的 T. C. 史密斯，他有一套聪明且有效的评价方法。先说"我喜欢的部分是……"，然后称赞其中一两处文案，只要你足够努力总是能找出优点的。然后说"如果是我会这么做"并给出自己的意见，有时这些意见对写手而言会是"暴击"。像史密斯这样以称赞开头，可以让文案写手更容易接受批评，不会那么抗拒。

* 让写手创作

"好的客户不会写文案。"SSC&B 公司前总裁马尔科姆·麦克道格尔说，"好的客户从心里明白哈佛商学院的人没有一个能写出好广告来。这就是为什么他们会找广告公司。"

让你的写手去做他的工作。不要自己创作或修改文案。如果你想进行改动，就将希望被改动的内容写出来，但是不要自己做这件事。把这些交给文案写手,他会为你重做这件事。

不要把自己变成学校老师或是业余作家。文案写手知道如何使用语言,并将它变成一种销售工具。

如果你认为广告没能反映出你的战略和目标,就提出来。如果其中有错误的部分,就指出来。但是不要自己把逗号改成分号,在"i"上点点,或是在"t"上画横线。将写作的工作留给写手完成。

* 不要投票决定

曾有一个客户要我制作两个版本的宣传册封面。他将这两个版本拿给他的母亲、父亲、妻子、岳父母、祖父以及几个喜欢的朋友看,2号封面得到的票数更多,他就用了这一版。你不要和我的这位客户犯同样的错误。广告文案需要由专业的商业人员评定,不要让朋友、亲人和邻居评定。

当浏览广告设计或阅读文案时,业余人员会从美学的角度进行判断,而不会从广告是否会促使他们购买商品这一角度判断。他们每次只会选择漂亮的、华丽的、富有诗意的设计。所以,也许这些人是出于善意,但他们对于广告的意见并不应该成为审批程序中的一环。

有些营销人员会在谷歌文档上给很多人传阅文案,他们相信得到的意见越多,文案就越好。

我和我的另一位前老板大卫·科赫的想法是一样的。有一天在办公室里,半数以上的人都在争论某篇稿件好不好。

然后大卫问我们:"你们知道麋是什么吗?"我们不知该如何回答,于是大卫说:"是委员会设计的一头牛。"从此,我制定了自己的审稿规则。

我发现,营销文案的质量与审查它的人数成反比。

* 要像消费者一样阅读文案

当客户手中拿着钢笔或铅笔阅读文案时,我就会感到担忧。这表示他是在以编辑的身份阅读广告,而非一个买家。

你需要从一个消费者的角度阅读文案。你要问自己:"如果我是一个消费者,这则广告会引起我的注意吗?我对这则广告的兴趣有没有强烈到足以让我阅读,至少是快速浏览文案主体的地步?我会不会记住这则广告,会不会想买这件产品，会不会去剪下优惠券行动起来？"

不要担心广告上没有公司董事长的图片，也不要担心上面没有肯塔基州工厂里新传送带的图片。如果消费者并不关心这些，那你也不需要关心。

* 为文案审查制作指导方针

就像我说的，文案写手看不穿你的心思。除非你告诉他，否则他不知道你的企业方针，不知道你的公司喜欢什么、厌恶什么。

你可以为你的写手制作一系列需要遵守的规定和指导方针。其中既要包括强制性的文体要求（例如，公司的名称全应大写，后面要有注册商标符号），也包括建议性的指导方针。

建议性的指导方针可以为文案写手提供线索，告诉他你们之前是如何做的（例如，你们可能更喜欢较长的、信息量大的宣传册副标题，而不喜欢简短干脆的风格）。但是文案写手只需要将这些方针作为参考。为了使文案更加有效，规则是可以被更改或打破的。

你可以让自由接案写手、广告顾问或是广告公司来帮你一起制定规则和指导方针。汇总之后，你可以决定添加一些新规则或是删除一些没有实际意义的指导方针。

在理想情况下，应当在分析测试数据的基础上制定和完善文案指导方针。例如，通过大范围测试，我的一个客户发现，半页报纸广告上 8 到 12 个单词的标题带来的订单数量最多。他还有很多其他方针，也是基于测试得出的经验，这些准则可以帮助他提高广告的反馈率。

第 19 章
设计和制作文案

GETTING YOUR COPY
DESIGNED AND
PRODUCED

19.1——
文案写手在设计中的作用

文案写手的工作是创作有销售力的概念。很多信息可以用文字表达出来，不过经验表明，一张有力的照片或图片再加上一个有说服力的标题可以提高广告效果。

在前数字时代，很多文案写手表示，版面设计的主要目的是让文案更容易阅读。年长人士（比如我）仍然认为设计的重中之重是让文案更易阅读，但很多年轻的销售人员已经将图形、图片和视频当作注意力的核心。

原因有两个方面。

第一，他们认为消费者是不阅读文案的，尤其是长文案。这个假设已经在无数次数字和印刷测试中被反复证明是错误的。或者更具体地说，普通网民和浏览网页的人确实不会阅读长篇大论，但潜在的客户和买家会阅读。

第二，他们是在数字化、视觉化的时代长大的人。他们认同"一图胜千言"的老话。但他们没有意识到，如果强大的视觉效果有文字加持，广告效果会更加明显。

如前所述，不阅读文案的人通常不是真的买家，只是浏览者。有意向购买的消费者会大量阅读产品的文案——如果看不到这些细节，他们就不会购买。有例外情况吗？当然。

视觉效果可以支持、加强和解释文案中的观点。但文案通常并不依赖视觉效果，即便是在数字时代，文案也可以独立存在。有些概念只有通过与图像和图片充分结合才能获得最好的表达。而对于其他内容，特别是注重示范的概念，视频的效果可能最好。

作为文案写手，有些时候你需要的不仅仅是文案。你可能还需要照片来向消费者展示你能提供的东西，并勾起对方的欲望（例如，旅游、时尚、珠宝、汽车、住宅以及其他事物由图片来表达最为清晰）。

为了帮助数字设计师、平面设计师和视觉艺术家理解文案写手想要什么，他们会绘制一个"文案草图"。顾名思义，这就是一张简单的草图，用来传达文案写手设想的布局，特别是标题、副标题、横幅、行动召唤、视频、照片和响应设置的位置。

我用微软的 Word 来制作文案草图，方便我随时将它插入其他 Word 文档。我也会将这些文案草图文档整理成子目录建档，因为这些文案草图通常可以在稍加修改之后重复使用，若有存档可节省不少时间与精力。

有些潜在客户会问我："你也做视觉设计的部分吗？"我的回答是："我不拍照，也不画插图。假如我的概念需要用图像表达，我会在文案中以文字说明画面或提供文案草图。"请看图 19.1 的例子。

图 19.1　文案写手对整版杂志广告的粗略设计

自由接案写手提交了文案草图——通常是一张粗略的草图，只是为了展示不同元素的摆放位置。

任职于广告公司的文案写手，则会将文案草图交给艺术指导加以美化。优秀的艺术指导会再加上自己的创意，强化文案写手的视觉概念。

有些广告代理商会提供两三个版面，让顾客从中挑选最喜欢的一个。不过在我看来，这就像律师跟我说："你觉得我应该用哪一套辩护词？"我相信广告代理商应该自己选出最好的版面，再将它交给客户，毕竟广告主付钱给代理商，就是希望代理商能够在专业的创意领域帮忙做出判断。

草图获得客户同意之后，广告代理商可能会再交出一份较精致的样稿，接下来才会拍照、付印。

为什么广告代理商要先制作草图给客户看？原因在于修改的成本，在草图上修改相对来说比较便宜，尤其是如今几乎所有的设计和排版都是在电脑上完成的。

19.2——
给文案写手的版面设计指导

广告公司的文案写手知道自己有设计部门同人的帮忙，可以将他的版面构想以精美的形式呈现出来。自由接案的文案写手则不然。因此，客户可以雇用自由接案的平面艺术家或是依靠公司的视觉团队。

其实，自由接案的文案写手没必要花钱雇平面设计师，只要让客户知道你虽然不会有样稿，但是会提供文案草图就行了。假如客户坚持要样稿，而且你也愿意提供这项服务，这时候再雇用平面设计师即可。

不过，既然多了监督平面设计的工作，你应该向客户收取额外费用。收费标准可以是雇平面设计师成本的一定成数，或收取任何你觉得合理的数目。

假如，上面说的提供版面草图或样稿设计，实在令你这个纯文字工作者觉得有点儿焦虑——其实你大可不必担心。

我接的案子中有 90% 不需要文案草稿或任何类型的草图。它之所以没必要，不是因为我的文案概念不需要靠图像呈现，就是因为我可以用文字描述来简单表达视觉设计概念。只有 10% 的案子视觉设计部分较复杂，或是必须靠图像来呈现，这时候我就会将它画成草图，但我的草图通常不会花超过 10 分钟的时间。

有了计算机的辅助，绘制版面草图的工作变得相当简单。因为不是每个广告都需要原创性的样稿，所以我画过的草图通常可以重复使用，或者只需要稍加修改；利用计算机来制图、存档节省了我不少时间。

就像我先前所说，我会把所有客户委托制作的草图存档，放在个人计算机里的"版面草图"文件夹。这些图都是用微软 Word 绘制的，最后再加上文案内容一并提交给客户。

以下是文件夹里的一个版面草图范例。你可以看到，这是一个广告明信片的版面，文案草图确实很粗略。文案写手不需要负责成品，版面只是用来显示文案编排的位置而已。

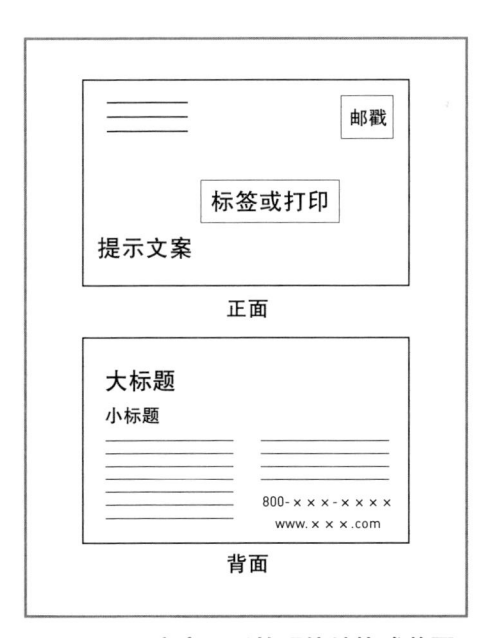

图 19.2 文案写手的明信片格式草图

我还有一些有意思的文案草图——有的可能会对你有帮助。

这些都是粗略的绘图，你可以使用绘图软件（例如 Adobe Illustrator）绘制，也可以用黑色记号笔画在纸上。

请注意，我没有试图对其进行修饰，让它们看起来很完整。那是设计师的工作，而且做得肯定比你好。文案草图要做的就是展示每个元素的位置以及相对的大小和重点。

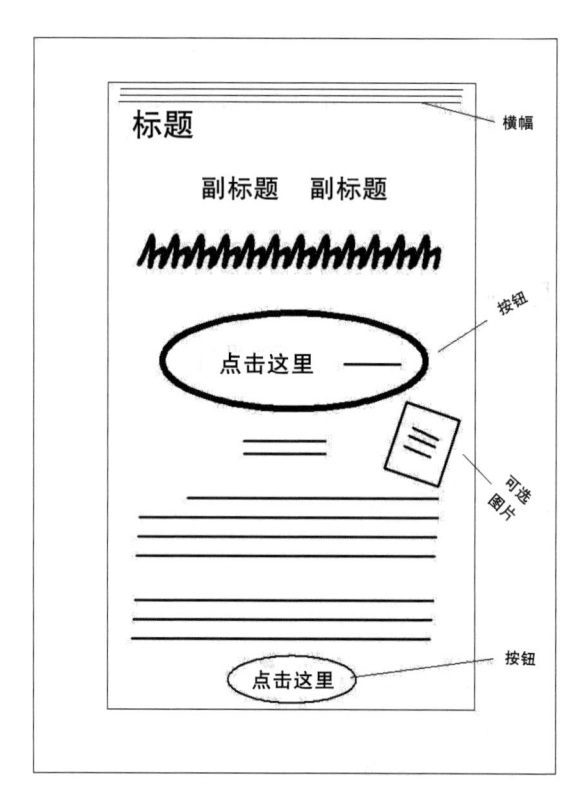

图 19.3　登录网页的文案草图

三折宣传册——信件大小，折叠成 6 个面

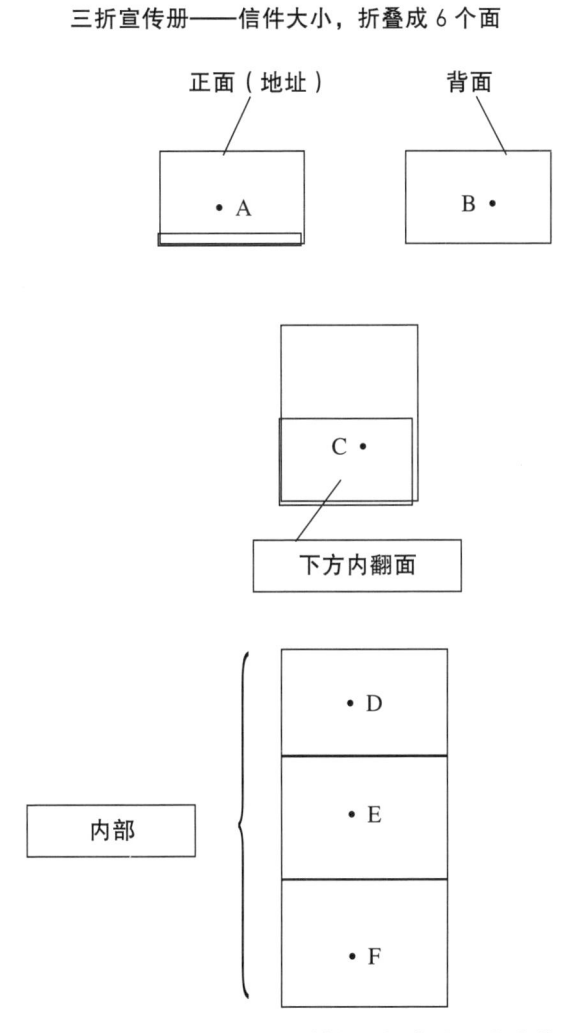

正面（地址） 　　　背面

・A 　　　　　　　B・

C・

下方内翻面

・D

・E

内部

・F

图 19.4　可以放进 10 号信封的三折宣传册文案草图

一位顶级平面设计师的 10 条建议

资深平面艺术家洛丽·哈勒说，遵循以下建议可以帮助你轻松摆脱营销素材中常见的平面设计错误：

1. 文案为王，永远的真理。

2. 可读性决定成败——无论是线上还是线下。

3. 深入了解读者。

4. 使用读者易读的字体。年长的受众读小字很困难，栏宽过大也不易阅读。

5. 时刻关注色彩流行趋势。否则你的设计会很快显得过时。

6. 你引导读者读什么，他们就会读什么。

7. 站在读者的角度看问题，变成他们，像他们一样思考，感受他们的痛苦，了解是什么让他们夜不能寐。

8. 阅读关于产品、服务或精神导师的推荐语。

9. 订购表单和购物车页面一定要简单易读，容易理解。读者不想有受骗的感觉。

10. 阅读文案，理解文案。与写手紧密合作，共同制订战略计划。互相信任、分享、妥协、学习、共同成长。一个团结的队伍永远更有可能获得胜利。

19.3——
其他设计建议

以下是每个文案写手都该知道的平面设计诀窍、规则与技巧：

1 首先，平面广告版面有个神奇配方"A 型基本款"（图 19.5），这是最简单、也最标准的版面：大照片放在最上面，照片的下面是大标题，标题下面是两三栏内文，公司商标与地址放在右下角。

2 A 型基本款看起来不炫，有些艺术指导甚至觉得它太老掉牙，不过这种版面设计有其道理，能够吸引读者注意文案，而且读起来比较顺畅。

3 你可能会想尝试其他版面配置，没问题，不过在尝试其他更"创新"的设计之前，至少先考虑 A 型基本款。

图 19.5　A 型基本款布局文案草图

4 一个版面应该要有一个视觉重点，也就是读者先注意到的地方，这个重点通常是图像，也可能是标题。

5 版面的设计应该引导读者的视觉，从标题、图像依序转移到内文、签名与商标；文案中的小标题与项目符号，将有助于顺利引导读者的目光。

6 在网页上，访问者的视线会最先落在主页的右上角，因此这里是行动召唤的好位置。

7 标题应该设计成粗体大字，这样做有助于吸引注意力。一个字体醒目、有力的大标题，绝对有聚焦效果。

8 假如你希望读者能主动回应你的广告，不妨利用优惠券。你的优惠券可以放在广告的右下角，不过广告刊登的位置应该避开右页的外缘。假如优惠券贴着"书脊"，也就是杂志或报纸中间的装订边，读者可能就不会将它剪下来。

9 如果你希望读者来电回应你的广告，你应该在文案最后，以较大字体印出电话号码。免付费电话的来电数量会比付费电话多。

10 如果你希望读者在线回复，用大号黑色字体将商品或登录网页的网址标出来，消费者可以阅读更多产品信息并在线购买。

11 照片的视觉效果比图画好，因为比起图画，照片更为真实可信。

12 全彩印刷比黑白印刷更引人注意，给读者的印象也较好，但全彩印刷的制作与生产成本，比黑白印刷昂贵得多。

13 在网站上，使用彩色不会增加任何成本。但还是要把大部分文案都以黑色字体放在白底上。用少量的红色或其他颜色来强调某个词或短语。

14 技巧娴熟的平面设计师能够为双色的宣传册或广告增添效果，但若落到技术较差的设计师手上，双色广告可能看起来廉价低俗。所以，当你的广告版面采用双色印刷时，务必注意最后可能呈现的效果。

15 广告版面越简单越好。元素过多的广告，包括图片、曲线图、表格、图表、侧栏等，由于看起来太繁复，反而会打消读者阅读文案的兴趣。只有技巧高明的平面设计师才能创作出元素多元却不至于令人眼花缭乱的版面。

16 选择字体最重要的考量因素是可读性。你选择的字体必须够清晰、容易阅读、友善，而且吸引人。字体的风格也很重要，因为你选择的字体会影响到广告的整体图像呈现。即便如此，最优先的原则还是可读性，绝无例外。

17 广告照片必须画面清晰、构图简单。假如你得在质量粗糙的照片以及不使用照片当中择一，我会劝你宁可不用照片。专业摄影师索费高昂，但在广告界这是必要花费。如今，很多人都能用智能手机拍出可以用于广告的高质量照片。

18 最好的广告照片能够彰显产品益处，或者是让你思考："看起来很有趣，不知道这里头发生了什么？"后面这一类的照片有故事性，却没有说完整个故事。它留给读者想象空间，勾起其好奇心，这样一来读者就会主动阅读文案，弄清楚这张照片到底要表达什么。

19 绝对不要出现任何使文案不易阅读的设计。你应该在干净的白色背景上印黑字，不要用有颜色的背景，也不要在黑色背景上印白色的字。最近我看过一个广告，文案不但印在桌布上，还拍成照片，这种设计当然不容易阅读。

当然，有些广告和很多网页的视觉设计具备相当的主导性，但就算如此，视觉设计也必须与文案相辅相成。一个经典例子是联合技术（United Technologies）的广告，它的广告标题说："就算你在西科斯基公司（Sikorsky）的黑鹰直升机的油箱打穿一个洞，它也可以在飞行中自行修复。"其广告的画面相当突出：我们可以看到直径5英寸的黑色圆圈。为了让这个画面更具戏剧性效果，广告印在厚纸板上，夹进杂志里。黑色圆圈的周围画上了虚线，你只要压一下这个黑色圆圈，它就会从页面跳出来，留下标题里提到的洞。

19.4——
文案写手身兼二职

关于文案写手、美术表现以及艺术指导，我有几个看法：

有些文案写手尝试学习第二专长，希望提高自己的市场价值；有些文案写手身兼摄影师，有些是艺术指导，有些兼职配音，有些则跨足电视制作人。

这种做法有其道理。雇用具备两种专长的文案写手，客户可以只花一个人的报酬来做两个人的事。但事实上，最好的文案写手是那些专注于文案的人。身兼二职的人，通常都不是任何一个领域的精英；就算有例外，我也只知道一两个能够兼顾的人。

举例来说，所有我认识的兼职摄影的文案写手，都只是平庸的作者和摄影师。原因可能是高明的文案写手太抢手，根本不会有时间拍摄照片。

无论真正的原因是什么，总之，我很少遇到一流的文案写手还身兼其他工作。

成功的文案写手——我至少认识一个这样的人——都很善于将自己的创意视觉化，不过他们的视觉概念与版面设计向来简单，原因可能是这些文案写手没有足以用来表达复杂视觉概念的绘图技巧，所以他们只用简单的线条小人和弯曲线条来绘制草图。相反，艺术指导有能力制作精细的草图，所以他们设计的版面会比较精致、复杂。

优秀的艺术指导可以为文案写手的简单概念增添视觉元素，强化广告的销售力度。头脑清楚的文案写手则可以从艺术指导的版面设计中，找到如何使文案更清晰、简单、容易阅读、读者也容易回应的方法。

广告设计并不像有些人想得那么复杂、神秘。有些外行人相信，而且设计师也鼓吹这种迷信，认为色彩组合、字体风格、摄影、图案、图解、版面配置等必然有某种高深的公式，为广告创造出神奇的销售力。

简单的版面是最好的设计，因为它比较容易理解，成本也低廉得多——然而，它通常是最有效的。

我有个文案朋友写过一个小尺寸黑白广告，推销在家自修外语课程。这则广告的版面设计平平无奇，几乎全部都是文字，除了在右下角画了一组教材。然而这个看似普通的广告，竟创造了超过 500 万美元的销售业绩。

沟通想法最重要的途径是文字而非图案。《圣经》里有数千个词语，但一张图片也没有。

重要词汇
Vocabulary

中文名称	英文名称	说明
客户	account	广告代理商的顾客。
客户经理	account executive	广告代理商的客户预算执行者，是广告代理商与客户之间的联系窗口。
广告点击率	ad click rate	也叫点击率，指点击浏览广告的百分比。
广告点击次数	ad clicks	用户点击广告横幅的次数。
广告浏览量（曝光次数）	ad views（impressions）	加载广告横幅的次数，统计访问者可能看到的次数。
地址	address	计算机或网站的唯一标识符，通常指网站的 URL 或带 @ 的电子邮件地址。
广告	advertisement	付费制作的信息，会指出费助者的身份。
广告经理	advertising manager	广告客户雇用的专业人士，任务是协调、管理公司的广告宣传活动。
联盟营销	affiliate marketing	网站 A 同意展示网站 B 的链接，从 B 的销售中获得一定比例抽成的广告模式。
联盟计划	affiliate program	一家公司通过你的网站链接到自己的网站从而获得顾客并向你支付一定比例销售额的模式。
亲和力营销	Affinity Marketing	针对有既定购买模式基础的消费者利用电子邮件、横幅广告或线下媒体开展营销。
集会模式	Agora Model	一种电商模式，建立庞大的电子名单并向其发送电子邮件进行产品报价，以此推动销售。

中文名称	英文名称	说明
集会出版	Agora Publishing	因发明了集会模式而备受赞誉的消费者通讯出版商。
锚	anchor	表现为单词、短语或图形图像，是一种超文本，以突出显示、下画线或"可点击"的形式链接到另一个网站。
小应用程序	applet	用 Java 编写的应用程序，可以在网页上展示简单动画。
影像	art	用在广告中的照片或图片。
艺术指导	art director	任职于广告代理公司，负责设计、执行构图部分以及广告的整体版面。
应用程序服务提供商	ASP（application service provider）	第三方供应商，为消费者开发和托管互联网和内联网应用程序。
视听文件	AV（audiovisual）	有文字和图片介绍。最常见的数字视听文件是 MP4，一般在服务器上发布。
化身	avatar	虚拟现实场景中用户的数字化呈现方式。
黑白	B&W	黑色与白色。
带宽	bandwidth	通过链接可以发送的信息（文本、图像、视频或声音）的数量。
横幅广告	banner ad	横幅是方形的信息，出现在商业网站（通常是主页）的顶部或电子杂志的首页，一般会超链接到广告商的网站上。
电子公告栏系统	BBS（bulletin board system）	用户可以通过调制解调器登录电子邮件、新闻网和聊天群的软件。
费用	billings	广告代理商向客户收取的报酬。
出血	bleed	图案或图片超过裁切线之外。
蓝筹	blue chip	高获利的公司或产品。
公司简介	boilerplate	因法律规定或公司政策而使用的制式化文案。

中文名称	英文名称	说明
作品集	book	见"作品集（portfolio）"一词。
书签	bookmark	一种返回网站的便捷方式，就像书签可以在读书时帮助人们定位一样。
退回	bounce	电子邮件无法送达。
品牌	brand	能够用来辨识产品的标签。
品牌经理	brand manager	广告客户雇用的经理人，负责品牌的营销与广告。
品牌化	branding	广告学中的一个流派，认为"如果消费者有所耳闻，我们就算完成了工作"。
宽带	broadband	多个信号共享带宽的数据传输方案。
单面印刷版	broadside	单面印刷的宣传品，可以折起来邮寄。
宣传册	brochure	促销某种产品或服务的广告手册。
浏览器	browser	用于查看互联网信息的应用程序。
预算	budget	广告客户打算花费在广告上的金额。
大宗邮寄	bulk mailing	以优惠邮资寄出大量相同的印刷广告。
项目符号	bullet	用来强调文案分行或分段的小图标。
隐藏广告	buried ad	被其他广告包围的广告。
企业对企业广告	business-to-business advertising	广告中的产品或服务，是以其他企业为销售对象。
按钮	buttons	点击一次会产生效果的对象。
缓存	cache	存储常访问信息的区域。
宣传活动	campaign	经过整合的一套广告及促销活动。
通用网关接口	CGI（common gateway interface）	创建接口脚本程序，允许使用来自按钮、复选框、文本输入等信息动态制作网页。
聊天室	chat room	可与其他成员实时聊天的网络区域。

中文名称	英文名称	说明
点击	click	访客通过点击广告跳转到某一位置，服务器对此进行记录。
点击诱饵	clickbait	在网站上发布复制内容，在其中塞满关键词，目的只为了吸引搜索引擎。谷歌很了解这种做法，常常会忽略这类点击诱饵；如果完全相同的内容一字不差地出现在其他网站上，它也会因此惩罚你。
点击漏斗	ClickFunnel	用于创建和管理网站的平台，使访问者进入在线销售漏斗，即营销活动中的一连串步骤，其目的是将点击量转化为获客线索或销量。
点击率	CTR（click-through rate）	点击超链接（一般在网页广告或电子邮件中）跳转到所附网页的用户百分比。
客户	client	接受广告专业人士服务的公司。
克里奥国际广告奖	Clio	广告界的奖项，颁发给年度最佳电视广告。
印刷广告	collateral	印刷版的产品信息，像是宣传册、传单、目录以及直邮广告。
理性购买	considered purchase	经过审慎评估产品之后做出的购买行为。
消费者	consumer	购买或使用产品与服务的人们。
消费者广告	consumer advertising	针对一般大众制作的产品广告。
消费者产品	consumer products	销售给个人而非企业或工厂的产品。
有奖活动	contest	消费者运用自己的技能，尝试赢得奖项的促销活动。有些活动会要求提供购买证明。
转化	conversion	促使在线用户采取特定行动，一般指注册以换取免费内容，或是从网站购买产品。

中文名称	英文名称	说明
cookie 文件	cookie	计算机上记录网络行踪信息的文件。浏览器会存储这些信息，使得网站在未来能够记住浏览器的访问请求。
文案	copy	平面广告、电视广告或宣传活动的文字部分。
联络人	copy/contact	直接与客户联系而非通过 AE 联系的广告公司文案写手。
文案写手	copywriter	撰写文案的人。
点击计费	CPC	单次点击成本。
每次引导成本	CPL	用户每完成一次引导的成本。
千人成本	CPM	一家每条横幅广告收费 1.5 万美元，并承诺有 60 万曝光量的网站，其千人成本为 25 美元（15000/600）。
单笔交易成本	CPT	每一笔交易的成本。
千次曝光成本	CPTM	每 1000 次用户曝光的成本。
创意	creative	用来描述与创作广告直接相关的活动，包括文案、摄影、绘图以及设计。
创意总监	creative director	受雇于广告代理商，负责监督文案写手、艺术总监以及其他成员的作品。
人口统计覆盖	demographic overlay	将人口统计学数据添加到潜在客户或客户名单中，在计算机上运行这些数据，并与已经包含该数据的其他名单进行匹配。
人口统计	demographics	用来描述人口分布特性的数据；这些特性包括年龄、性别、收入、宗教以及种族。
直邮广告	direct mail	未经收件人同意、主动寄发的广告。
直接回应广告	direct response	目标在直接获得订单或筛选出潜在顾客的广告，而不是要长期建立产品形象、赢得消费者认同。

中文名称	英文名称	说明
DNS 的域名部分	Domain Part of the DNS（domain naming system）	指显示主办方具体信息的域名。域名是互联网地址的重要分支，即最后一个点后的三个字母，它会告诉你在和什么样的组织打交道。在美国有 6 个广泛应用的顶级域名：.com（商业）、.edu（教育）、.net（网络运营）、.gov（美国政府）、.mil（美国军事）和 .org（组织）。
低端消费者	downscale	收入、教育、社会地位居于弱势的消费者。
向下钻取数据	drill down	研究浏览者在进入网页后的动作——深入到网页深处，深入到数据之中。
电子商务	E-commerce	利用互联网上的电子信息技术，允许各方直接销售或自动处理完成购买任务。
电子邮件名录	E-list	包含互联网地址的直邮名单，用于在互联网上发布促销信息。
电子邮件	E-mail	一种允许用户通过计算机发送和接收信息的网络服务。
电子报	E-zine	在线的新闻快讯。
编辑软文	editorial	报刊中广告、文章、新闻简报、补白以及其他由编辑和作者提供的材料之外的部分。
表情符号	emoticons	网络上的面部表情和手势，例如笑脸。
眼球数	eyeballs	点击和浏览指定网站或网页的人数。
常见问题	FAQ	frequently asked questions 的缩写。
外包	farm out	将工作交由外部供应商处理，而非在内部完成。
专题	feature story	长度完整的杂志文章。
费用	fee	广告代理商或广告专业人士在任务完成后，向客户收取的报酬。

中文名称	英文名称	说明
防火墙	firewall	某一组织内部计算机网络（其 IT 系统或内部网络）与互联网之间的安全屏障。
过激邮件	flame	指故意使用粗鲁语言或侮辱性文字的电子邮件。
悬浮窗口	floater	类似弹出或下拉式窗口，由于它是网页或登录网页 HTML 代码的一部分，因此不会被弹出式拦截器拦截。悬浮窗口用于收集访问者的电子邮件地址，通常会提供免费内容。
表单	forms	多数浏览器中承载文本输入的页面。
美国广告代理商协会	AAAA	American Association of Advertising Agencies 的缩写。
四色印刷	four color	全彩印刷而成的美术作品。
特殊版面广告	fractional ad	在杂志或报纸上，占版面不满一整页的广告。
自由接案写手	freelance	自由文案写手、摄影师、设计师、媒体购买人员或其他广告专业人士。
频率	frequency	在一个时间段内向一个浏览器发送广告的次数。网站需要使用 cookies 来管理广告频率。
文件传输协议	FTP（file transfer protocol）	允许文件从一台计算机传输到另一台计算机的协议。FTP 也可以用作动词。
全方位服务代理商	full-service agency	提供客户完整广告服务的代理商，服务项目包括创意、媒体购买、企划、营销及调查研究。
一般广告	general advertising	在消费者心中灌输产品偏好，借此促进未来在零售店或经销商及代理商的销售量；其操作模式与直接回应广告恰恰相反。

中文名称	英文名称	说明
图形交换格式	GIF (graphic interchange format)	一种常见的压缩格式，可在不同的计算机之间传输图形文件。
黑客	hack	非法访问网站窃取数据，未经授权更改网站内容或将网站关闭。
点击次数	hit	发出页面请求时，服务器日志文件会将该页面的所有元素或文件都记录为点击次数。
主页	home page	网站的主要入口或浏览器首次连接到互联网时的起始页面。
主机	host	连接到互联网的服务器（有独有的IP地址）。
企业刊物	house organ	公司自己发行的新闻快讯或杂志。
超文本标记语言	HTML	hypertext markup language 的简称。许多网页设计会用到这种程序语言。
超文本传输协议	https (hypertext transfer protocol)	在互联网上以 HTML 格式的超文本形式发布信息的一种标准方法。
安全套接字层超文本传输协议	https-SSL	以安全套接字层（SSL）加密以确保安全的超文本传输协议。
超链接	hyperlink	网页文本中的可点击链接，可将你带到同一页面的另一个地方，或是另一个页面，或是其他网站。
超文本	hypertext	呈现信息的电子文件，可以通过链接以多种顺序阅读，而不只是像印刷文本一样线性阅读。
形象	image	公司或产品的公众印象。
冲动购买	impulse buy	出于偶然而非计划中的购买行为。

中文名称	英文名称	说明
机构内部	in-house	公司内部的事情。
工业广告	industrial advertising	针对工业产品及服务制作的广告。
意见领袖	influencer	网上广受关注的人，利用自己的知名度影响读者购买营销人员的产品和服务。
顾客来询	inquiry	销售对象在接触广告或宣传之后，主动索取相关信息。
回复顾客邮件	inquiry fulfillment package	在销售对象主动来询之后，寄给销售对象的产品资料。
互联网	Internet	由大约6万个独立的、相互连接的网络组成的集合，使用同样的传输和数据协议，在不同的计算机和系统之间提供可靠和冗余的连接。
互联网域名	Internet domain name	识别互联网实体的唯一标识。
插播式广告	interstitial	是一种"侵入式"的广告模式，在用户没有特别要求的情况下自发投放。
IP地址（互联网协议地址）	IP address (Internet protocol address)	连接到互联网的所有系统都有自己唯一的IP地址，它由A、B、C、D格式的数字组成，每一部分都是0到255之间的十进制数字。
互联网服务供应商	ISP (Internet service provider)	提供互联网接入服务。
Java语言	Java	由太阳计算机系统公司（Sun Microsystems）开发的一种面向对象的编程语言，支持动态或实时更新信息等。
广告歌	jingle	电视广告中使用的音乐及歌词。

中文名称	英文名称	说明
JPEG 格式	JPEG（joint photographic experts group）	一种较新的图形格式，可显示有数百万种颜色的照片和图形图像，压缩效果好，且易于下载。
关键词	keyword	用于网络搜索的单词或短语。
登录网页	landing page	当你点进电子邮件内文中的超链接，你会被引导至一个有附加销售文案、可以让你在线订购产品的网页。
版面设计	layout	广告、海报或宣传册成品的草图。
销售线索	lead	见"潜在顾客（sales lead）"。
印刷设计公司	letter shop	负责印制销售信及其他宣传品的业务。
促销销售信	lift letter	放在直邮广告里的第二封销售信，目的是增加顾客回应。
连接	link	两个网站之间的电子连接。
名录经纪人	list broker	租赁邮件名录的人。
列表服务器	listserver	自动向订阅人发送电子邮件的程序，其目的是让整个群体同步新信息。
加载	load	通常是上传（upload）或下载（download），指将文件或软件从一台计算机或服务器"加载"到另一台计算机或服务器。
日志或日志文件	log or log file	跟踪网络连接的文件。
登录	login	用于访问（登录）计算机、网络或网站的标识或名称。
商标	logo	以特殊设计的文字呈现公司名称。
摸彩	lottery	消费者必须先购买产品，才能参加抽奖试试运气。

中文名称	英文名称	说明
麦迪逊大道	Madison Avenue	纽约市广告圈的大本营。麦迪逊大道位于曼哈顿东侧，不过以广告术语来说，麦迪逊大道也指位于曼哈顿中心的广告代理公司。
邮件列表	mailing list	可以给某些人自动分发特定主题的电子邮件信息。
市场	market	代表特定产品或服务的潜在及现有客户的一部分人口。
营销	marketing	企业制造、配销、宣传、贩卖产品或服务给顾客的流程。
营销传播	marketing communications	运用在营销产品或服务的沟通。营销传播包括了广告、公关以及促销活动。
大众广告	mass advertising	以一般大众为目标的广告。
媒体	media	将信息、娱乐及广告带给大众或企业界的沟通方式。
推销规划	merchandising	零售促销的活动。
元标签	meta tags	用于识别网页创建者，标明网页的HTML规范、关键词和描述信息。在线销售信息产品的模式。
调制解调器	modem	将数字比特流转换为模拟信号（然后再转换回来）的设备，使得计算机可以通过电话线进行通信。
信息收集页	name squeeze page	指登录页，一般都很简单，旨在用免费的内容或提供访问登录页或其他网页的权限以换取用户的电子邮件地址。
原生广告	native advertising	经过设计的软性广告。
网络礼仪	netiquette（Internet etiquette）	网络行为规则。

中文名称	英文名称	说明
网民	netizen	活跃的互联网用户。
新手	newbie	描述某一领域的新人，既可以指在线论坛，也可以指互联网。
新闻讨论群	newsgroup	新闻网上的讨论组，专门讨论特定主题的内容。
满意付费	on speculation	客户对工作成果满意、并且实际使用时才需付费。
一次性优惠	One-Time Offer	向他人提供的一种产品优惠，通常是针对刚刚订阅了你的电子杂志或加入了电子邮件名录的人，优惠只出现一次，不会再次出现。
选择性加入	opt in	同意在某一网站上注册并收到网站和其他前来租赁电子邮件地址公司的促销电子邮件。
选择性退出	opt out	要求电子名录所有者将你的名字从名录中删除，确保不向你发送任何促销邮件。
订购页面	order page	点击登录页面上的"立即订购"按钮时，会来到展示优惠信息的订购页面上，并可以在此下单。
包装商品	package goods	由制造商做好外包装的商品。包装商品价格较低，通常在商店货架上销售。
页面	page	所有的网站都是HTML格式的电子"页面"的集合。
页面浏览量	page views	用户申请访问页面的次数。
按点击付费	pay-per-click	一种广告定价模式，广告商根据消费者点击促销的数量向广告公司付款。

中文名称	英文名称	说明
PDF 文件	PDF files	Adobe 的便携式文档格式，是一种主要用于网络分发文件的转换格式。可以在其他程序中创建文件，然后转换成带有 .pdf 扩展名的文件，无论是哪种平台的用户都可以查看。
按日计费	per diem	每日收取定额费用。
PI 广告	per inquiry advertising	按客户询问情况支付费用的广告。出版商或广播公司根据广告带来的顾客询问次数，来向广告客户收取费用。
弹出式广告	pop-over	访问网站或登录页时屏幕上弹出的页面，通常会用免费内容获取访问者的电子邮件地址。
背投广告	pop-under	未进行操作离开登录页或网站时屏幕上弹出的页面，通常会用免费内容获取访问者的电子邮件地址。
作品集	portfolio	搜集作品模板的档案，当你要应征工作时，可展示作品集给潜在雇主看。
赠品	premium	提供给潜在顾客的礼物，借此鼓励他们实际购买产品。
公关新闻稿	press release	寄发给媒体的新闻信息。
产品经理	product manager	由广告主聘雇，负责监督产品或生产线的营销及广告的专业人士。
促销	promotion	除了广告之外，用以鼓励购买产品或服务的宣传活动。
销售对象	prospect	拥有金钱、权力以及欲望购买某种产品或服务的人。潜在的顾客。
心理图析	psychographics	各个群体的性格特质、想法态度以及生活风格的相关资料数据。
社方制作广告	pub-set	由出版公司自行设计、排版的广告。

中文名称	英文名称	说明
公共关系	public relations	为影响媒体而进行的活动，目的是促使媒体刊登或播出有助于提升公司及产品形象的内容。
出版人的信	publisher's letter	见"促销销售信（lift letter）"。
夸大	puffery	广告主对产品做出夸张不实的宣传。
吸引力	pull	广告带来的回应。
红皮书	red book	指《广告代理商标准目录》(The Standard Directory of Advertising Agencies)、《广告主标准目录》(The Standard Directory of Advertisers) 这两本书。
影片	reel	由文案写手撰写、包含广告范例的一部电影或录像带。
回函卡	reply card	已经印好地址的明信片，连同广告文宣一并寄出，意在鼓励销售对象做出回应。
市场研究	research	包括调查、访谈及研究，目的在于让广告主了解民众如何看待该公司及其产品，以及他们对该公司的广告有何回应。
销售漏斗	sales funnel	销售活动的系列步骤，其唯一目的是将点击量转化为潜在顾客或直接销售。
潜在顾客	sales lead	经过筛选的销售对象，主动对产品提出询问。
促销活动	sales promotion	用来刺激短期销售的营销活动，这类活动的例子包括优惠券、拍卖、折扣、赠奖、摸彩、比赛等。
版面	space	杂志或报纸用在广告上的篇幅。
特别报告	special report	访问者下订单或是给出电子邮件地址后，向其提供免费内容作为奖励。
分割测试	split run test	在一份出版物的不同副本中刊登一则广告的两个版本，以此测试广告的有效性。

中文名称	英文名称	说明
收集页	squeeze page	见"信息收集页（name squeeze page）"。
故事板	Storyboard	简要的系列插图，用于展示电视广告完成后的效果。
彩金	sweepstakes	消费者无须购买产品，就可以参加的抽奖活动。这类活动中奖全凭运气，目的在推销宣传。
提示	teaser	印在直邮广告信封上的文案。
贸易广告	trade advertising	并非面向消费者，而是面向批发商、分销商、销售代表、代理商、零售商的广告。
交易页面	transaction page	订单页面。
双色印刷	two color	以两种色彩印刷的平面广告或宣传册，通常是黑色搭配另一个颜色，像是青色、洋红色或黄色。也可称作"套色印刷"。
排字	type	以印刷专用字体排好的内容，可以用印刷机复制。
顾客群	universe	产品潜在顾客的总数。
高端消费者	upscale	以收入、教育程度和社会地位来看，社会经济水平较高的销售对象。
垂直出版	vertical publication	锁定具有特殊爱好读者的杂志。
线框	wire frame	显示网站主页或其他页面如何布局的页面，即标题、文案、CTA按钮、视频和图形等页面元素应该放在什么位置。

图书在版编目（CIP）数据

文案创作完全手册 /（美）罗伯特·布莱著 ; 刘怡女, 袁婧译. -- 北京 : 北京联合出版公司, 2023.9
ISBN 978-7-5596-7094-6

Ⅰ.①文… Ⅱ.①罗… ②刘… ③袁… Ⅲ.①广告—写作—手册 Ⅳ.①F713.8-62

中国国家版本馆CIP数据核字(2023)第117855号

THE COPYWRITER'S HANDBOOK, FOURTH EDITION: A STEP-BY-STEP GUIDE TO WRITING COPY THAT SELLS By ROBERT W. BLY
Copyright © 1985, 2005, 2020 BY ROBERT W. BLY
This edition arranged with DOMINICK ABEL LITERARY AGENCY
Through BIG APPLE AGENCY, INC., LABUAN, MALAYSIA.
Simplified Chinese edition copyright: 2023 Ginkgo (Beijing) Book Co., Ltd.
All rights reserved.

本书中文简体版权归属于银杏树下(北京)图书有限责任公司
北京市版权局著作权合同登记　图字：01-2023-4164

文案创作完全手册

著　　者：［美］罗伯特·布莱
译　　者：刘怡女　袁　婧
出 品 人：赵红仕
选题策划：银杏树下
出版统筹：吴兴元
编辑统筹：王　頔
特约编辑：张莹莹
责任编辑：管　文
营销推广：ONEBOOK
装帧制造：墨白空间

北京联合出版公司出版
（北京市西城区德外大街83号楼9层　100088）
后浪出版咨询（北京）有限责任公司发行
北京盛通印刷股份有限公司　新华书店经销
字数403千字　690毫米×960毫米　1/16　27.25印张
2023年9月第1版　2023年9月第1次印刷
ISBN 978-7-5596-7094-6
定价：78.00元

后浪出版咨询（北京）有限责任公司　版权所有，侵权必究
投诉信箱：editor@hinabook.com　fawu@hinabook.com
未经书面许可，不得以任何方式转载、复制、翻印本书部分或全部内容。
本书若有印、装质量问题，请与本公司联系调换，电话010-64072833